NONGCUN TESE JINGJI JIN GUANNIAN

农村特色经济金观念

NONGCUN TESE JINGJI JIN GUANNIAN

●张小良 著

重庆大学出版社

图书在版编目(CIP)数据

农村特色经济金观念/张小良著.—重庆:重庆大学出版社,2006.4(2018.3 重印)

ISBN 978-7-5624-3604-1

Ⅰ.农… Ⅱ.张… Ⅲ.农村经济—经济建设—通俗读物 Ⅳ.F303-49

中国版本图书馆 CIP 数据核字(2006)第 008452 号

农村特色经济金观念

张小良 著

责任编辑:姚正坤 梁 涛 版式设计:梁 涛
责任校对:李定群 责任印制:赵 晟

*

重庆大学出版社出版发行
出版人:易树平
社址:重庆市沙坪坝区大学城西路 21 号
邮编:401331
电话:(023) 88617190 88617185(中小学)
传真:(023) 88617186 88617166
网址:http://www.cqup.com.cn
邮箱:fxk@cqup.com.cn (营销中心)
全国新华书店经销
重庆升光电力印务有限公司印刷

*

开本:720mm×960mm 1/16 印张:17 字数:237 千
2006 年 4 月第 1 版 2018 年 3 月第 18 次印刷
ISBN 978-7-5624-3604-1 定价:22.00 元

简介

这是一本经济-科技类农村普及读物，主要结合农村特色经济事例介绍现代经济的最新理念，传播发展农村特色经济的"软"技术。

出版本书的目的，是通过讲述国内外发展农村特色经济的故事，通过一个个具体事例的剖析，开阔投资农业和从事农村工作的人的视野，激活他们的思维，拓展他们的思路，告诉他们如何科学、理性、符合经济规律地开发当地资源、发展农村特色经济，利用有限资源获取最大的经济价值，实现以人为本，全面、协调、可持续发展。

本书有以下五个鲜明的特点：

极强的针对性　当前，全国农村都在调整农业结构和发展特色经济，但结构怎么调、特色经济怎么搞？一些地方凭感觉、"跟风"，简单地减粮种菜种果种花种药，结果是菜滞销、果滥市、花掉价、药难卖，损失惨重，迫切需要科学理论的指导，需要有人为他们出主意、想办法，本书就是针对这巨大而强烈的社会需求而写作的。

多学科综合的知识结构　本书摆脱了一讲农业就单一谈农业科技的传统模式，运用创意经济、知识经济、循环经济、区域经济学、发展经济学、创造学、有机农业、现代营销理论、品牌理论、策划理论等知识，综合分析媒体最新报道的国内外发展特色经济的事例，达到启迪读者转变观念、解放思想、拓宽思路的目的。

寓道理于故事、深入浅出的行文风格　本书重在普及，所以注意避免高深的理论、晦涩的文字，避免空洞的讲道理，而是把理论寓于一个个具体的事例，有事例有分析、有理论有实践，写作上注意贴近读者，文字亲切，文章短小而又生动活泼、便于阅读，用讲故事的手法，让读者通过事例和对事例的分析来体会、掌握农村特色经济规律。

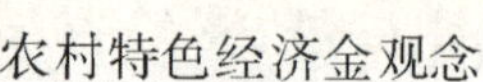

全球化的视野　本书站在全球化时代资源全球配置、资金全球流动、市场全人类共享的角度来看待中国的农业结构调整、看待中国农村特色经济发展与中国农民的致富，对于农业应对WTO的冲击，农产品走向世界有极强的指导性和重要的现实意义。

特别对乡镇、村干部的胃口　本书适宜于打算投资农林牧渔行业、农产品加工业以及食品制造加工行业的投资者和初中以上文化程度的农业从业人员阅读。

不过，从本书已在报纸上发表的一些篇章引起的社会反响来看，本书的内容也特别适合从事农村工作的各级干部，尤其适合乡镇、村干部的口味。

有的乡镇干部曾经告诉我，读了这些文章以后，讲起特色经济就不再是空对空，而是生动具体，知识含量、信息量和智慧的含量都大大增加，帮农民能够帮到点子上，管用；农民爱听，自己讲起来也挺有劲。

所以，他们把那些文章剪下来保存起来。

帮帮我们的父老乡亲！（代前言）

◇ 张小良

是农民痛苦无奈的泪水催生了这本小书。

我是一名直接或间接从事农村报道长达10多年时间的记者，我曾经那么直接、那么真切地感受农民辛辛苦苦调整结构，但产品却卖不出去的痛苦与无奈——1993年6月中旬的一天，我站在重庆市潼南县琼江边的黄土坡上，站在一大群农民中间，同他们一起守着那辛辛苦苦种出来却卖不出去的黄桃，听着他们撕心裂肺的哭声，眼睁睁地看着泪水从那被太阳晒得黝黑的脸上流过，然后又掉在浸满他们汗水的土地上；我的心揪紧、作痛，热泪不由自主地涌出来。

那一次，我在我供职的《重庆日报》上大声呼吁：帮帮我们的父老乡亲！当即引起社会关注，重庆市委市府和社会各界都行动起来，帮那些农民摆脱了一时的困境。

但是，近年来，全国各地在调整农业结构的过程中，果子烂在树上无人采，蔬菜、药材烂在地里无人收摘的事仍时有发生。

每当读到这样的消息，我就仿佛又看到那流泪的眼睛，听到那哭声，心又隐隐作痛。我不由得问自己：我能不能帮他们做点什么，让他们少走些弯路，少些哭声，多点笑容？

我查阅资料，走访农民和基层干部，隐隐约约发现一个问题：许多地方农村在搞农业产业化、搞特色经济，但是对于什么是产业化、什么是农村特色经济，为什么要提倡农村搞特色经济，怎样搞农村特色经济却知之甚少；有的人是凭感觉，更多的人走的是简单模仿、复制成功邻居的路径。

我发现研究区域经济的文章和著作很多，但在较小尺寸区域经济

(如县以下的乡镇、村社)发展方面、在具体地指导农民发展特色经济方面却极少;讲“因地制宜”的多,讲怎样“因地”、如何“制宜”的少;指导农民怎样种、怎样养的农技书籍比较多,指导农民按经济规律分析种什么、养什么能够赚钱的资料较少;为企业家为城里人策划的多,为农民策划的少。

我突然意识到,缺乏理论指导、缺乏经济学知识、缺乏现代市场观念、缺乏现代商品生产营销及策划的有关理念,导致当事人耳目闭塞、思路狭窄、方法单一,是制约农村特色经济发展的重要障碍;之所以有简单模仿、结构趋同、烂果、烂菜等现象出现,一个极其重要的原因,就是因为一些农村特色经济的操作者视野狭、路子窄、点子少、信息缺,往往是一种产品成功大家都来复制,千军万马过独木桥,造成某一产品在某一时间、某一市场严重供大于求的局面。

我坚信,农民增收、农村结构调整、农业现代化都必须按经济规律办事,必须依靠知识和创新——借助现代市场观念,帮助农民把闲置的资源变成财富,把通常看作废物的资源变成财富,把被浪费的资源变成财富,把增收的愿望变成真金白银。

其实,科技界的老前辈——我国著名科学家钱学森,早在1984年就高瞻远瞩地提出:要发展知识密集型农业,充分利用植物光合作用的产品,尽量插入中间环节,延长产业链;充分利用生物资源,包括植物、动物和微生物;充分利用现代工业生产技术,也就是运用现代科学技术、新技术革命的全部成果,来开发现代农业、林业、草产业、海产业和沙产业——钱老这些观点,对今天发展农村特色经济具有何等重要的指导意义!

作为一名曾经在农村呆过4年多、得到农民深切关爱的老知青,作为一名多年采访农业、农村、农民的记者,今天,我没有足以帮助农业、农村、农民发展的资金和技术,只能传播一些对农业、农村发展可能有用的知识和信息,如果因此让农民在农业结构调整、在发展农村特色经济时少走弯路、少流泪,就算是对父老乡亲尽的一点心意!

只是,“谁言寸草心,报得三春晖?”

这本书从酝酿到完成已历时数年,其间,市场风云变幻,文中所举

具体产品的事例也许早已发生巨大变化,请读者阅读时千万明鉴。万万不可因为本书把某产品某企业作为例子引用过,就看成是企业的资信证明,在与任何企业进行合作、交易的时候都必须对其进行仔细考察,严格审查其资质,以免受骗上当!

好在事例背后的道理至今仍然管用,没有过时。

近年来,我国各地农村特色经济发展已取得长足的进步;但是,我们必须清醒地看到:革命尚未成功,同志仍须努力。

希望这本小书能为下一步农业结构调整、农村特色经济发展、农民增收提供一些实实在在的知识和智力帮助,但愿这块粗陋的"砖",能够引出专家学者的"玉"——大家都来帮农民,有钱出钱、有力出力、有技术出技术、有知识有智慧的帮农民出主意想点子,替农民策划。

这样,农业、农村就能发展得更快更好,更多的农民就能早点过上好日子;农民生活好了,中国社会其他人的生活就会更好。

帮农民一把!

帮帮我们的父老乡亲!

目录

1　冬枣走红的启示

问题

特色资源到哪里去找？
怎么找？

金观念

寻找、发掘本地特有的植物、动物、矿物、微生物、气候、区位、文化等资源加以开发，形成别人只能望而兴叹却无法企及的独特产品乃至于产业，这就是“人无我有”——别人没有你却有，这是一种自然垄断。按说，这应该是农村特色经济的最高境界，是因地制宜的最佳体现，值得重视、值得狠下工夫。

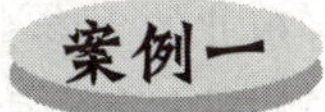

冬枣的启示

冬枣，近年来在我国北方以火箭般速度走红的特色水果，农村发展特色经济的成功典范。

冬枣，又叫冻枣、冰糖枣，是一种晚熟枣，其果实近圆形，单果重在25克左右，外形好似一个小苹果，冬枣的维生素C含量是苹果的70倍、梨的100倍。

关于冬枣的发掘和开发有许多种说法，现依据《人民日报》的报

道，分析研究山东省沾化县下洼镇发掘、培育冬枣，并使之产业化的过程，希望从中找出规律性的东西，以便各地农村发掘、开发传统珍稀产品时借鉴。

据报道，1992 年下洼镇一位镇领导到农户家中搞调查时，碰巧在一户农民家里品尝到了香脆可口的冬枣，当时觉得很有价值；回家以后一查林业志，知道全镇只有 13 棵冬枣，散落分布在农民的院坝里；再请教林业科技人员，知道冬枣的成熟期比一般品种要晚一个多月，冬枣不仅口感好，而且含人体必需的 19 种氨基酸和维生素，有较高的营养价值。

后来，他们又到国家信息中心查询，了解到当时全国还没有 1 000 亩(1 公顷 =15 亩)以上规模种植的冬枣。

正是在这样的基础上，镇里决定建设万亩冬枣园。经过几年艰苦奋斗，到 1998 年全镇已种植冬枣 59 万株，冬枣年产量达 20 万千克，市场价达到每千克 60 元，在香港、澳门都大受欢迎，仅冬枣一项全镇人均增收 450 元。

下洼镇开发利用冬枣过程中有三点经验值得注意：

发掘利用传统珍稀产品的意识。俗话说“一方水土养一方人”，农村发展特色经济首先就是要充分开发利用各地在水土、气候、物种、区位、文化、劳动力等方面的比较优势，创造特色产品，获取更高的收益。应该看到，一些地方在长期经济发展中，经过艰难的探索和尝试，发现了自己的比较优势，开发出自己的特色产品：国内有东北的人参、鹿产品，新疆的葡萄、哈密瓜，陕西延安的剪纸，山东菏泽的牡丹等；国外有泰国的香米、法国干邑的葡萄酒、荷兰的花卉、澳大利亚的羊毛等等，这些产品都有了名气、品牌，形成了规模。

但是，也有许多地方虽然存在独具特色的资源与产品，却没有成规模的开发利用，没有形成产业；或者是曾经有某些产品形成了规模、有较大影响，后来因为种种原因衰落了。这些就是农村发展特色经济时应该特别注意的了，因为这中间可能蕴藏着巨大的商机——由于前人已经做了不少基础工作(如品种的适应与驯化，品质的优化等工序)，相应的开发成本低而见效快。所以，开发特色产品应该优先考虑

从本地历史上和民间去发掘，农村干部群众都应该有发掘意识，一旦发现就不让它错过。

充分运用现代信息咨询系统，对拟开发产品的价值和市场前景进行科学论证。冬枣之所以开发成功，一是比别的枣晚一个多月成熟，别的枣在这个时段上已经无力竞争；二是营养丰富、口感好，受消费者欢迎；三是当时外地还没有 1 000 亩以上成片种植的，同一品种也没有竞争对手，存在市场缺口。

而当地决策者从一开始就注意查资料、向科技人员咨询，还到国家信息中心查询。经过这种科学论证，避免了盲目上马，避免了产品结构趋同，确保冬枣在开发早期对市场的垄断，价格保持在高位，给农民带来巨大利润，即使别的地方要模仿也有个品种和生长周期制约。

依靠现代科学技术解决保鲜难题。过去冬枣没能大规模发展，一个重要原因就是不耐贮存。这次规模开发冬枣，当地建起了冷库，还在农民中普及了保鲜技术，确保冬枣能够保质保鲜地运抵海内外市场，现代科技为冬枣大规模远距离运输提供了技术支持，也是成功的要素之一。

如今，冬枣不仅在下洼镇，而且在沾化县都已大规模种植，据 2004 年 11 月 19 日的《人民日报》介绍，该县已经发展冬枣密植园 52 万亩，2004 年生产冬枣 6 万吨，产值达 8 亿元，全县农民因此人均增收近 1 000 元。

小小冬枣竟然成为一个县的经济支柱，实在发人深省啊！

一棵奇树　富裕一方

2 000 多元钱 1 000 克的茶叶，一个村年产 1 000 多千克——仅这一项一年就增加收入 200 多万元。这种茶名叫白茶，这个村是浙江省安吉县溪龙乡黄杜村。

但是，谁能想到这号称茶中极品的白茶、这富裕一方的特色产业，

根源都在一棵树上。

据新华社报道,这棵树名叫“仙茶草”,生长在安吉县海拔800多米的天荒坪镇横坑坞,是当地唯一的一株奇树。1981年,安吉县的农业科技人员从这棵树上剪下枝条,进行扦插繁育,成功后在当地推广,于是,当地人就依靠这棵树发展出一个独特的茶叶产业。目前,安吉全县已种植白茶近2万亩。

安吉县发展白茶产业的经验颇发人深省:当前,各地农村都在搞特色经济、特色产品,许多从事农村工作的干部也知道,特色经济要成功,必须做到“人无我有,人有我优”,这当然是非常正确的。

问题在于,怎么样才能够做到“人无我有,人有我优”?

再问一句,别人“无”,你凭什么“有”;别人“有”,你又凭什么“优”?

如果不能正确而科学地回答这个问题,发展特色经济就可能是镜中花水中月。

而真正实现“人无我有”的一条重要捷径,就是深入发掘本地独特的资源,开发别人不具备条件发展的特色产品。

俗话说,靠山吃山,靠水吃水。各地有自己独特的自然条件,有自己的独特环境资源和文化,可能还有经过千百年时光和多少代人培植选育的、富有地方特色的动物植物品种。由于种种原因的限制,这些品种有的还停留在极小的范围内生产和消费,有的甚至濒临灭绝。人们也只是在口头上传说——某某地方的某某人,他家的什么果子特别好吃,某某地方的什么草,对什么病特别有效等。这种独特资源很可能就是开启一个地方特色经济之门的钥匙,找到这些品种,成规模地开发出来,往往就能够富裕一方,白茶就是一个成功的典范。

对这个道理,早点明白、早点动手,就早点获益。动手晚了,你就可能发现,本来是自己的特色产品却被临近村或者乡镇开发了,主要因为临近,自然地理气候条件相似,别人观念领先一步就可以抢先发财。

其实,一些领悟到这个道理的地方早已经悄悄动手干了起来。笔者2002年在《农民日报》一个不太引人注目的版面上看到一条短消息:北京市已经开始一项行动,拯救北京郊区传统土特果品——平谷

的佛见喜梨、房山的拳杏、大兴的洪村白枣等,2001年已经恢复开发了郎家园脆枣等10个品种,到2003年一共要恢复开发30个品种*。

应该说,这项工作并不好做:平谷的佛见喜梨早已踪迹难觅,林业科技人员踏破铁鞋才在老乡家发现10多棵老树;郎家园脆枣1986年就只剩44棵,科研人员曾经实验运用多种生物技术手段都没有繁育成功,前不久终于有了突破,一下繁育了10万株小苗。不过,正因为难做,做出来以后市场前景就非常可观,就可以享受品种垄断带来的高额利润。

北京不愧是高人云集的地方,在发展农村特色经济上也出手不凡,俗话说:“行家一出手,便知有没有”,这一招真是可圈可点!

所以,重视、保护并研究开发利用你身边那些稀奇古怪、叫不出名字的花、草、树、果吧,也许它就是富裕一方的“金钥匙”!

*《北京老果品三年恢复30种》作者　刘志强,原载2002年3月21日《农民日报》7版。

思考与讨论

(1)你那里有没有什么特别的水果、药材、蔬菜,甚至不知名的或有些不一样的植物、动物?这些植物、动物有没有可能开发利用起来,创造经济价值?

(2)你觉得可以从沾化县开发冬枣的过程中学到什么东西,他们到国家信息中心查询这一步有必要吗?如果你那里开发特色产品会不会同样去进行查询?

(3)你怎样理解冷冻保鲜技术的发展为冬枣的大规模发展提供了技术支撑这一事实?新的加工、贮藏、保鲜和运输技术条件,使一些过去无法实现的目标变为现实可能,你那里有没有产品可以利用新的条件进行大规模开发?

(4)你如何看待北京郊区开展的拯救传统土特果品行动,你那里有没有需要拯救的传统土特果品或者其他特色产品?

2 边远地区优势何在

问题

边远地区有没有经济优势？
优势在哪里？

金观念

每一个地方都有自己的优势，“边远”地区洁净的土地和空气，有特色的自然和人文资源都是优势所在。开发“边远”地区，首先要有正确的观念，要学会辩证地看待优势与劣势，要善于发现并利用自己的优势；而关键是思路要对头，信息要灵通，产品要适应现代市场经济的需要。

从产业上可以考虑：第一产业从事“有机食品”或者“绿色食品”的生产；第二产业，劳动密集或者资源密集型的农产品加工；第三产业，如果条件具备，可发展不同层次的旅游业。

前提：先建设足以支撑当前发展的基础设施。

关键：策划好项目，以极其优惠的政策吸引人才、资金、技术。

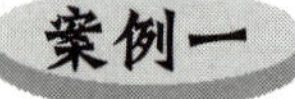

说说边远地区的优势

到边远山区采访，当地干部经常感叹：地理位置偏远给经济发展

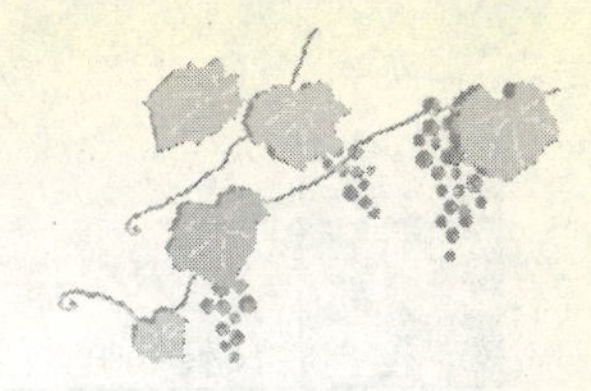

带来诸多不便！远离市场、交通不畅、信息不灵，同样的产品运费都要比别人高出好几角……一句话，在市场竞争中“摊位”不好，处于劣势，没有优势，举步维艰。

应该说，这话是有一定道理的。

那么，这是否就意味着边远地区因此应该受穷呢？

那就不一定了。

其实，“边远”也蕴藏着优势，也有发展的巨大潜力，关键在于能否找到并充分利用这些优势和潜力。

边远是一个区位概念，也是一个相对概念。人们说一个地方是否“边远”，首先是看交通便利程度，其次是它与中心城市的距离；凡称得上边远的，必定交通不便、远离城市。

事实上，优势也就在这里了。远离城市交通不便，就没有工厂的废渣、废水和冒黑烟的烟囱，没有汽车的尾气和刺耳的噪声，有的是碧水蓝天、清新的空气、绿色的植被、清洁的土壤、质朴的乡村生活、廉价的劳动力……这些都是宝贵的资源。

如果搞第一产业，可以发展绿色食品。在这种没有污染的环境里，只要教育农民种菜种果不用化肥农药，养猪养鱼用不含激素的天然饲料，就可以生产出受城里人欢迎的绿色食品。如今的城里人深受环境污染之苦，有的人自称是吃配合饲料过日子——因为猪、鸡、鱼大多是配合饲料催肥的，这种猪肉、鸡肉、鱼肉不过是配合饲料的另一种形态；有的人买菜专挑有虫眼的，免得有残留农药；土鸡蛋比饲养场的鸡蛋价格高许多仍然好卖。还有，近年来许多地方苹果滥市，但外商高价求购大小一致、农药残留量低的优质苹果却买不到。这些都表明人们对没有污染的食品的渴求，表明绿色食品的市场前景。

前些年到山区某贫困乡采访，一位干部讲到本地的封闭时说，当地农民养猪只知道用包谷红薯不知道用配合饲料，杀了猪就挂在烤火的火塘上方熏得黑漆漆的，又说当地包谷籽便宜还卖不出去。我当时就建议他们鼓励农民多养猪多熏腊肉，同时，干部到城里各大商场去联系推销。以他所报价格，相信城里人完全可以在家里吃到正宗农村“老腊肉”。

如果搞第二产业，可以利用本地资源和廉价劳动力发展加工业。前不久逛超市时买了一包干豇豆，500 克 11.8 元。据我所知，好些地方的农民都有把鲜豇豆煮熟晾干做干菜的习惯和条件，这家企业无非用塑料袋包装了一下，就进了超市，卖了个好价钱，说明边远山区搞“一村一品”大有可为。

如果当地风光秀丽、景色优美，适宜发展旅游业，前景就更可观了。

总之，边远地区也有自己的优势，关键是要发掘利用。

而发掘利用的第一步就是建设可以初步支撑当地发展的基础设施：能源、交通、通讯——更直白地说，就是公路要通、电话要通、电要通。

第二步就要有人把当地资源与现代消费市场结合起来，创造出适合现代消费者需要的产品，再把这些产品推销出去。

问题是，谁把现代消费观念和市场信息送往边远地区，谁又来完成这种结合呢？这就是各地农村开发中遇到的共同问题——人才短缺、企业家短缺。

边远地区开发所需人才更要靠特别优惠的政策来催生和吸引。

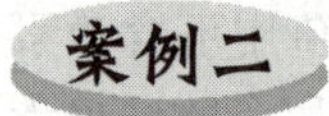

话说“得天独厚”

一位搞基层工作的朋友慨叹，搞特色经济不容易。他问：种粮栽果树算不算特色？养猪、种菜、办企业又算不算特色？如果算特色，如今水果滥市、粮价下跌、猪肉卖不动、企业亏损怎么办？

如果不算，又该怎样创出特色？

见他满脸疑云，我也反问他一串问题：泰国香米、美国提子为何不愁销？澳大利亚羊毛、瑞士军刀、法国干邑葡萄酒又如何？都是搞种植、养殖、加工业，为什么人家不滥市你却滥市？人家赚钱你亏损呢？

他想了想，说：人家产品质量特别好。

那么，为什么人家产品质量特别好呢？

他说，人家得天独厚！

我说，有道理，但又没道理。

说他有道理是因为泰国香米确实只宜种植在泰国东北部那种土质疏松且含盐碱的土地上，澳大利亚由于雨水充足草原宽广适宜发展大规模养羊业，法国干邑地区虽土质瘠薄却特别适宜葡萄生长。这都是特殊的天时地利造成的，同样的东西，别的地方生产品质就比不上，或是成本就比较高，这的确叫得天独厚。

说他没道理是因为这种“得天独厚”只是就某一方面而言，是一种资源与产品的最佳组合。如果把泰国香米种到法国干邑，把葡萄栽到澳大利亚草原上，在泰国东北部发展大规模养羊业，还得天独厚，还有特色吗？

所以，人家固然是得天独厚，你也有自己的得天独厚，关键是要去发掘、利用这种独特的资源，形成自己的特色经济。

这方面，重庆市武隆县以芙蓉江漂流带动旅游业，进而推动整个区域经济发展的经验可供参考。

许多重庆人都承认，几年前还不知道武隆这地方；而去过武隆的人也会承认，在那山高沟深，土瘠石头多的地方，种庄稼也罢，种果树也罢，都不容易，办企业更困难。但这只是一方面，另一方面是山高沟深，风光也好；办企业不易，环境也就没污染，绿水青山也是宝贵资源。

于是，他们由芙蓉江漂流、芙蓉洞开发起步，滚动开发了其他景点，现在，人们一提到武隆，便想到芙蓉江、芙蓉洞、仙女山，旅游业已成为武隆经济一大特色。

这时，也许有人会说，他们有江、有洞、有山，我们没有啊！

没江、没洞、没山能不能发展旅游呢？一些城市郊区近年来热起来的“农家乐”回答了这个问题。搞农家乐的是郊区的普通农民，这些农家附近虽没有特别绮丽的景点，但有原汁原味的农家饭菜，田园风光，加上离城近，城里人周末就可来休闲。收费也不高，所以颇受欢迎，方兴未艾。这算不算得天独厚。

其实，一方水土养一方人，每一个地方都有自己的得天独厚之处，能否发掘出来，培育出自己的特色，是工作方法和观念问题。

最后，我告诉朋友，搞特色经济，最重要的是有没有开发本地独具

特色、最具有比较优势的资源，形成适应市场需要的、独特的、有竞争力的产品，获得较好的经济效益，并戏改前人一联赠他，联曰：不审市即三产皆误，营造特色要深思；知天地则特色易出，唯我独有不愁销。

思考与讨论

（1）如果你住在边远地区，你现在是否还认为边远就一无是处，你有没有换一个角度来看待边远，你找到自己的独特优势了吗？

（2）从先基础、再开发的角度看，你那里的交通、通讯、能源等基础设施，是否能够支撑开发的需要？

（3）在市场需求与本地资源的结合点上创造出独具特色的产品，是农村特色经济的一般规律——你摸清本地资源的底了吗？了解市场需求的情况吗？

3 留着秸秆干什么

问题

秸秆能够做什么?

一年一度,全国各地的农作物收获以后,就产生了7亿多吨秸秆。

这么多秸秆、这么大一堆东西,在许多人眼里,却是毫无用处的废物,有的地方干脆放把火一烧了之,弄得浓烟滚滚,遮天蔽日,那么秸秆究竟有没有用,有什么用处?在农村发展特色经济时可不可以利用秸秆来做文章,怎样做文章?颇值得研究。

金观念

综合利用　变废为宝

在发展农村特色经济的过程中,有一条基本思路,就是变废为宝。这是一条成本低廉、简便易行,容易产生效益而又特别值得推荐的思路。

严格地说,世界上并没有废物,所谓废物就是被错误地看待的资源,是处于错误的时间、错误的位置和错误的形态的资源。

把这句话拆开来说也许更明白:人的粪便在一般情况下是废物,可在农民那里却是廉价的肥料;牛粪在草原上一堆一摊的,游客看见觉得是垃圾,但牛粪晒干以后却是牧民的燃料,牧民们觉得是能源、是资源——这是观念的差异。

出门旅游,喝完饮料,大饮料瓶再拿在手上就毫无意义了。且不说对于那些捡垃圾的人,这个瓶子就是两角钱。自己再往前走一段路，碰上卖蜂蜜的想买些回去，或者孩子哭着闹着要想带几个小蝌蚪回去养，却苦于没有工具，这时候要是遇上那个捡垃圾的，花一元钱把自己刚刚扔掉的瓶子再买回来也干——同样物品、同样的人，在不同的时间和地点，从垃圾变成了值钱的工具。

农民住在农村，看见蛐蛐儿和别的昆虫吃庄稼觉得烦人，太厉害了还得花钱买农药来治，但是如果养了一群鸡或者鸭，饿一两天不喂饲料，然后把鸡鸭赶到地里去吃，岂不是把虫子变成了饲料？再进一步，学习河北易县的农民，编些小笼子，一个笼子装一个蛐蛐儿，担到大城市里卖给城里的孩子，还赚一笔钱，是不是更好呢？

有时候，变废为宝首先就是转变观念，用科学的态度，正确地认识和看待废品，把它看成资源，寻找到适合它发挥功用的机会，然后再改变它产生的时间、所处的空间位置和形态，使之成为能够为人类创造财富的资源。

除了上面所说的，还有这么一些精彩事例：前苏联西伯利亚森林中某少数民族，猎获野鹿以后就知道剥皮吃肉，其他部分包括鹿角（茸）都被当作废物抛弃。一个很偶然的机会，一个美国人到这里旅游，发现了这个机遇，于是，花很少一点钱购买物品去买通部落里的人，请他们帮他收集作为废品的鹿角（茸），然后在香港高价出售野鹿茸，获取暴利。

再比如，在欧洲、美洲和中亚的许多国家，宰杀牛以后，牛的胃是被当作肮脏的废物被随手抛弃的。但是，他们不知道，在中国，这种东西经过加工整理，却是人们烫火锅时一道必不可少的菜，叫做“毛肚”。于是，前些年，就有一些人到俄罗斯等国家去以极低的成本收集和收购，贩运到中国牟利（当然必须按照国家有关规定报批并且检疫）。在美国，鸡被宰杀以后，鸡爪是作废品处理，但是中国人把它买回来，做成“卤鸡爪”和“泡凤爪”就变成了美味佳肴。

大家可以想一想，牛胃这种东西并没有改变，只是把它割开、洗净，运到中国，再把它切碎到适合人们食用的尺寸，火锅里一烫，就由又脏又臭、一文不值的垃圾变成了餐桌上的佳肴，按份计价，这中间有多少利润、多少启示？鸡爪从废品到特色小吃，也是这样。

变废为宝在我们中国这个人多资源少的国家，是创业、发财的一条捷径。因为被人们视为废品的东西，往往价格低廉，很多时候甚至贴钱让人去处理；所以，如果能够把废品变为资源，就能带来较大的利润空间。这是发展农村特色经济的一条捷径，特别值得鼓励和提倡。

在今天，变废为宝还具有特殊的意义，因为党和国家提倡科学发展观，变废为宝、发展循环经济就是实践科学发展观的体现。同时，变废为宝、发展循环经济也是顺应世界经济潮流的举措。

在具体操作上，变废为宝需要我们思维灵活、信息灵通、眼界开阔，要依靠科技，胆子要大，想象力要丰富。

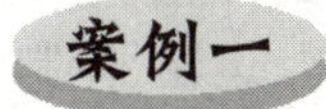

循环经济告诉我们生财之道

——把直线变成圆圈，把废物变成财富

直线是线，圆圈是圆，看起来似乎毫不相干。

但是，把一条直线的两头联在一起，把断头接上，就构成一个圆圈。

直线再长，终有尽头；而圆圈却没头没尾，周而复始，无穷无尽。

在人类的经济活动中，直线就是传统经济的资源利用方式：资源—产品—废弃物，这种生产方式高强度开采资源，以把资源中的很大部分持续变成废物来实现经济的数量型增长，直接造成许多自然资源短缺甚至枯竭，并给环境带来灾难性后果。地球对这些废弃物的容量是有限的，这些废弃物污染环境，危及人类生存，所以，人类还得花费大量资源和资金去治理，去处置。

而圆圈就是循环经济的资源利用方式：资源—产品—再生资源，

这种生产方式强调对资源的减量使用，多次、反复利用和把废弃物作为再生资源使用；不产生或者只产生极少的废弃物，有利于人与环境的协调发展，能够实现经济的持续增长。

把传统经济增长方式转变为循环经济的增长方式，简单地说，就是变直线为圆圈，就是变废为宝。

循环经济就是要循环起来，在资源的多次利用和循环利用中寻找发财的机会。

还是以农村最常见的养殖业为例来说明“直线”与“圆圈”是怎么回事。

过去，传统农业一家一户养殖，其生产过程实际上是循环的：养鸡、养牛、养猪——鸡猪牛吃草、吃粮食等植物——产奶、产肉、产蛋（牛还可以劳役）——这些动物粪便施到田里作肥料——促进植物生长——植物产品喂鸡猪牛，这就形成了一个闭合的循环圈。

但是在现代饲养业，强调规模化养殖，由于成本、运输、体制等原因，粪便无法还田，无法利用，于是成为废弃物，污染环境，就变成直线型关系：养鸡、养牛、养猪：鸡猪牛吃草、粮食等植物——产奶、产肉、产蛋（牛还可以劳役）——粪便——污染环境。

这样，我们可以看到，许多养殖场的鸡粪、猪粪、牛粪堆积成山，臭气熏天，污染农田，污染水源，周围的住户怨声载道，对养殖场的主人也造成极大的压力——这就是直线型经济增长方式的恶果。

那么，应该怎样改造它呢？

答案是：把直线变为圆圈，让它循环起来。

具体说来，有许多办法可以达成循环，这里且举两例：

先说简单的，就是根据养殖场的饲养规模，把附近大片的土地或者近处的荒山荒地一并承包给养殖场主，鼓励他利用畜禽粪便作肥料发展种植业、养殖业，这样循环既降低种植、养殖业生产成本，提高收益，又有社会效益——改良土壤、改造荒山、荒地。

比较复杂的是日本人的做法：据新华社报道*，日本人创造的“农畜多次循环生产法”，把农作物的秸秆粉碎以后养蘑菇，采完蘑菇以后剩下的菌料用来喂牛，牛粪又用来养殖蚯蚓，蚯蚓用来养鸡，蚯蚓粪可

以作养花的肥料出售,也可以用来肥田。这样一来,一个年饲养250头肉牛的饲养场不仅可以生产250头肉牛,还可以生产肉鸡10 000只,蘑菇150吨,蚯蚓粪400吨,不仅利用了废物,而且经济效益也比单纯养牛高多了。

从循环经济的角度看,哪里产业还是直线,哪里圈不圆,那里就有产业链没有接上,那里就有发财的机遇。

农村发展特色经济,要特别注意抓住这些机遇。

* 李斌. 刮目相看"小蚯蚓". 新华社,2001-5-13

实用招式

秸秆利用路子宽

如果出一道智力测验题,问秸秆能够做什么,一个幽默的答案是:可以挡飞机。

君不见,前些年华北平原、成都平原上的农民,麦收之后顺手点一把火烧麦秸,一时间浓烟滚滚、遮天蔽日,弄得天上的飞机都无法降落,最后迫使政府出面,以行政命令禁止焚烧秸秆。

在农村,秸秆是农业最常见的"副产品",水稻有稻草,小麦有麦秸,玉米、豆类以及其他杂粮都有秸秆。过去,秸秆一般有两大用途:要么当作燃料做饭烧了,要么沤在田里做肥料。由于占用空间、烧起来发热低、又冒烟又产生烟灰影响厨房清洁卫生,近年来农民做饭一般不烧秸秆了;种田也多用化肥,用秸秆沤肥嫌麻烦。于是,秸秆居然成了不少地方的负担,令农民和各级干部发愁了。

那么,除了点把火一烧了之,秸秆还有没有别的用途?

当然有,而且大有用途,准确地说,秸秆是个宝,就看你识宝不识宝,用得好不好。

下面就简单列举一些综合利用的思路供参考。

一是编织加工日用工艺品增值。有的农作物秸秆,比如说麦秸、稻草、玉米壳、高粱秆等,纤维长而且有一定柔韧性,可以加工成多种

多样的日用工艺品，例如日本人常用的榻榻米、草帽、草包、草鞋、草垫等，高粱秆可以做杯垫、厨房里用的箅帘等，这类加工，技术简单、成本低，属于劳动密集型但劳动强度不大，可以利用农闲时间，妇女老人都可以做，变废为宝增加农民收入，而且这类产品使用废弃后不污染环境，符合绿色消费的潮流。关键是要有人来组织，组织生产、销售和新款式设计、开发，保证产品与市场需求不脱节。

二是加工以后做饲料，过腹增值。加工方式有青贮、挤丝、氨化、熟化、块状压缩。秸秆有丰富的营养，做饲料喂猪、牛、羊、兔等家畜，完全可以替代牧草，但是，没有经过加工的秸秆本身有这样那样的缺点：纤维太长、太硬、扎嘴、不容易消化、不便于储存等。其实，只要简单加工，这些问题就可以解决：例如干玉米秸、大豆秸可以通过挤丝、粉碎等物理办法，使之变成柔和适口的饲料；青玉米秸、红薯藤等还可以通过青贮、氨化、熟化发酵的方式进行加工；有的占空间大、不便储存的可以压缩成饲料块保存。

秸秆做饲料，充分利用了秸秆中的营养物质，使之转化为价值较高的动物蛋白，实现了增值；家畜粪便肥田，效果也比直接沤肥好，而且投入不大、技术简单，值得推广。

三是作为工业原料转化增值。造纸、加工可分解的绿色环保的一次性餐具或者加工建筑材料。在现代社会中，对纸张和可分解的绿色环保的一次性餐具需求越来越大，而且秸秆造纸、做一次性餐具、做建材都有成熟技术，这类工业项目一旦投产将大量消化秸秆，只是这类项目投资较大，对技术、人才和环保的要求也相应提高，所以事先应缜密论证。

四是加工以后做菌料，生产食用菌。生产食用菌需要菌料，一些地方为了做菌料甚至砍伐树木，其实秸秆粉碎以后做菌料，就地取材废物利用，成本低效果好，还保护了森林，一石三鸟。

五是发酵以后做有机肥料肥田。这样做，增值效果肯定不如前边所说的项目，但比起在田野上放一把火烧了，农民起码可以省下部分买化肥的钱；再说，有机肥可以改良土质。如果生产有机食品，因为不许用化肥，有机肥更是必不可少的。

六是气化以后生产清洁燃料。这也是一种烧秸秆的方法，但是，却值得提倡。尤其是在那些燃料短缺的农村，用秸秆生产可燃气体供农民做燃料，高效、清洁卫生，又改善了农村能源结构，减少了对环境的污染，是一条颇有潜力的路子。

七是气化以后生产二氧化碳促植物增产。这是农民的发明创造，挖个坑把麦秸沤进去（当地人号称“反应堆”），等到发酵以后，用管子把产生的二氧化碳气体引到温室大棚里或者果树下，能够促进光合作用，使大棚里的作物和果树增产。

八是整理出口。我国稻草出口日本，每年赚回数百万美元。

九是加工为艺术品。如麦秆画之类，大幅度增值。

十是制作包装材料，如草绳、草袋、草帘等。我国每年总有地方发生洪涝灾害，草袋之类包装材料，价廉物美，是必不可少的；草绳作为建材包装材料，也有广阔的市场。

十一是集中燃烧发电。在国外已经有这类专烧秸秆的发电厂，也是集中处理秸秆的一条路子。

案例二

小龙虾的故事

在发展农村特色经济、推动农业产业化的过程中，不仅利用资源优势能够创造特色产品，利用废物也能够创造出特色产业。

在长江中下游地区，许多地方都出产一种野生螯虾；这种虾被称之为“小龙虾”，但与如今宾馆饭店出售的、生长在海水中的正宗龙虾又不是同一种生物。这种野虾的个头比正宗龙虾小，但比一般的河虾大得多；这种虾生活在淡水中，不需要人工喂养，在湖泊沟渠中自生自长，在堤坝田埂上打洞，繁殖力极强。就其性质而言，相当于北方的蝗虫。过去，许多地方的农民把它看成害虫，抓到以后砸烂沤肥。

不过，大约从上个世纪70年代开始，南京市民就把这种“小龙虾”当作野味来吃——这一点，许多人都知道。但据《人民日报》报道*，

只有江苏盱眙县敏锐地意识到此中蕴藏的商机，把“小龙虾”做成了盱眙的一道大菜。

盱眙县一是鼓励农民捕捉、贩运“小龙虾”；二是自2000年起举办“中国龙虾节”，创造“盱眙龙虾”品牌，扩大“盱眙龙虾”的知名度；三是鼓励当地个体老板创造出特色菜——“十三味龙虾”，并向南京大力推广，使之风靡南京。结果，“盱眙龙虾”年销售额超过1.2亿元，出口2 200吨，创汇300多万美元。

浙江玉环县地处东南沿海，每年在捕捞、加工海产品的同时，也有大量虾、蟹等海洋甲壳动物的外壳需要处理——许多地方都把这当成垃圾。玉环县了解到，这些外壳中含有丰富的甲壳素资源，而甲壳素是一种天然高分子材料，广泛运用于化工、医疗、食品、环保等领域。于是他们与中科院合作，开发提取甲壳素的技术，形成产业，产品出口英、美等10来个国家。2000年全县综合利用甲壳废弃物近5万吨，创造产值1亿多元，成了全国最大的甲壳素生产基地。

在河南、山西等地的一些荒山上生长着大片的酸枣树，这些树长在石头缝里，浑身是刺，盘根错节，生命力极强，但结的果实酸死人。砍了酸枣种别的果树，果树活不了，酸枣却“春风吹又生”，照样长得非常旺盛；不砍吧，这玩意儿又毫无用处。后来，某地开发了一项新技术，利用酸枣树作砧木，嫁接甜枣，几年间许多地方的酸枣树成了农民的摇钱树。

分析以上三个事例可以看出：思路开阔、信息灵通、依靠科技是变废为宝的诀窍。

思路开阔是说考虑问题思维必须灵活，不要绝对化，要学会从不同的角度看待事物。世界上“废”与“宝”往往是相对的，在一定条件下完全可以互相转化，废物其实是处在错误位置的资源；此时此地的“废”，在彼时彼地、别的用途上却是宝。

信息灵通是指广泛搜集各方面的信息。眼观六路、耳听八方，获取各个地方、不同层面的市场需求信息、科技信息、社会文化信息、人才信息，这样才能为废物转化找到途径、找到市场。

依靠科技是化腐朽为神奇的前提条件。科技是第一生产力，变废

为宝离不开科技。在“盱眙龙虾”的开发过程中,“十三味龙虾”就是新的烹饪技术的产物,甲壳素的提取、枣树的嫁接关键都在于依靠新技术。

所以,农村发展特色经济,要特别重视科技,注意调动科技人员,尤其是农业科技人员的积极性、创造性。

＊顾兆农.“虾有虾路”——从江苏盱眙看经济欠发达地区的发展思路.人民日报,2002-6-12

思考与讨论

(1)变废为宝是发展农村特色经济的一条重要路子——你那里有没有什么废物可以变成宝,或者你觉得别的地方有什么废物可以变成宝,可以创造财富?

(2)你那里的农作物秸秆是怎么利用的?可不可以在现有基础上作一些小小的改进,加大利用力度,延长产业链条,形成循环,比如通过养殖过腹还田,或者粉碎以后做菌料养蘑菇?

4　不仅香味能淘金

问题

在发展农村特色经济的过程中，怎样引进新产品、新品种、新技术？

金观念

放眼全球，立足本地，寻找并且引进最能发挥自己的比较优势，能够给本地带来最大效益的产品、技术，促进本地的经济发展。在选定目标以后，引进时就要百折不挠，要有克服一切困难、不达目的誓不罢休的精神和灵活多样的方法、技巧。

案例一

英国人、日本人

——他们怎样“引进”？

在发展经济的过程中，引进适应市场需求的新产品、新品种、新技术往往给一个地方带来新的活力。

看看早已是发达国家的英国和日本是怎么样“学习”、“引进”别的国家的特色农作物和传统农产品加工技术，对于我们这个发展中国

家发展农村特色经济不无启发。

茶——我们中国人对人类文明最伟大的贡献之一，中国人发现并培育的这小小树叶早已倾倒了世界上绝大部分民族。

从16世纪开始，茶叶就成为中国对外贸易最主要的商品之一，欧洲人为茶陶醉，喝茶上瘾，茶成为他们的生活必需品，每年需要从中国进口大量的茶叶；而当时他们的产品，却没有多少可以让中国人欣赏的。于是，只好用硬通货白银来购买茶叶，从而出现巨大的贸易逆差。

眼看白花花的银子大量流向中国，英国人起了歹毒的念头，干起了“国家贩毒”的勾当，他们向中国大量输出鸦片以扭转贸易逆差，并且依仗船坚炮利对抗拒鸦片毒害的中国发动了臭名昭著的“鸦片战争”。

但是，即使在“鸦片战争”以后，中国仍然是世界上最大的茶叶生产和出口国。

英国人又使出了另一招：

1848年9月，一个名叫福钧的英国植物学家来到中国，他的身份实际上是一个“经济间谍”；他此行的目的很明确：偷取中国的茶种和茶叶生产技术。

在中国，他化装潜行，偷偷摸摸采集到许多茶种，了解到许多茶叶生产的知识，如茶树生长的土壤要求、茶叶发酵的技术等。

他陆续把大量中国茶种和茶树苗偷运到英国的殖民地——印度；1851年，又在中国招聘8名茶叶生产技术工人偷运到印度。

随着茶叶品种的流失，种植和加工技术的失窃，随着印度、锡兰（今斯里兰卡）茶叶生产的迅速增加，给作为殖民者的英国人带来滚滚财源，而中国茶叶生产和出口在世界市场上的地位也相应一落千丈。（详见《谁偷走了我们的茶叶?》，载于2002年3月25日《参考消息》）。

福钧在英国人的眼里成为功勋卓著的“植物猎人”，但中国人失去了当时在世界上最畅销最具竞争力的产品——茶叶、茶树品种及生产加工茶叶的核心机密，给中国人带来的损失之巨大，直到今天仍然能感受到。

从那以来，即使在150多年以后的2004年，我们中国的茶叶在世界上的地位依然是面积第一、产量第二、出口第三、创汇第四，出口量

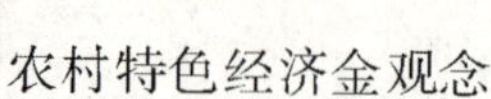

仍然排在印度和斯里兰卡之后。

韩国式泡菜，也算是韩国人的“国粹”，从高丽王朝中期开始制作泡菜到现在已有1 000年左右的历史了。

日本人过去本来没有生产和食用韩式泡菜的习惯，但是韩式泡菜在现代世界市场上的火爆，加上韩国借1988年的汉城奥运会对韩式泡菜大肆宣传，使得许多日本人认识并且喜欢上了韩式泡菜，韩式泡菜风靡日本。

日本人不愿意靠大量进口韩国制造的“韩式泡菜”过日子，他们要把韩式泡菜的生产技术学到手，为此，日本人“走出去、请进来”，可谓处心积虑，千方百计。

走出去——日本游客到韩国观光旅游，主动要求听“韩式泡菜”生产制作课，还把学习做“韩式泡菜”正式安排进旅游日程；留韩的日本留学生也通过各种途径，努力学习“韩式泡菜”制作方法。

请进来——以优厚的条件把韩国制作“韩式泡菜”的专家请到日本“传经送宝”。

日本人的功夫没有白花，几年下来，他们掌握了“韩式泡菜”的生产技术，在此基础上生产出的日本产“韩式泡菜”（日语称为“基姆齐”），不仅占领日本市场，也夺取了世界泡菜市场78%的份额*。

两件“引进”，给英国和日本带来两个新的、财源滚滚的产业——而且，如果说英国人偷茶叶还应该受道义上谴责的话，日本人学习“韩式泡菜”生产技术的方式却是合理合法，无可厚非，不仅如此，在中国农村发展特色经济，我们还应该认真学习这种精神和方法。

唯有这样，我们才能借全球化的东风，发展中国的农村特色经济。

* 曹世功. 韩国：泡菜背后故事多. 经济日报，2002-7-12

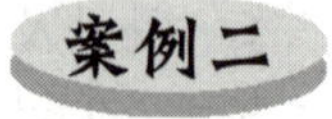

闻香识财富

百里香、鼠尾草，这些原本生长于地中海地区的香草，如今正沐浴

着东亚的阳光，吸吮着天山的雪水，在新疆的土地上挥洒它们那馥郁芬芳的气息，给新疆人带来芳菲、喜悦和财富。

据《农民日报》报道[*]，到2002年，新疆从地中海地区新引进的23种芳香植物，其种植面积已经扩大到30 000多亩(2 000多公顷)。

新疆人引进这些香花香草当然不仅仅是为了闻它们的香味，而是因为这些香花香草有着极高的经济价值、蕴藏着巨大的财富——从这些芳香植物中提取的芳香物质有着广泛的用途，被运用于医疗保健、香水、化妆品、食品等行业，在国际市场上供不应求。

仅以薰衣草油为例，每年国际市场的需求达到约3 000吨，但全世界的产量却只有2 000吨左右，物以稀为贵，短缺导致薰衣草油的价格高达每千克10 000元人民币以上。

据报道，目前国际市场对天然植物香料需求极大，而且还在以5%的速度增长。新疆人就是看准了这一发财机遇而行动的，不久的将来，也许新疆就会在此基础上建立自己包括天然芳香植物种植和香料提取在内的芳香产业。

当然，从引进品种到出口香料赚取外汇之间，还有一段很长的路要走，这路也不会一帆风顺。但是，我们得承认，他们的思路是高明的、颇有新意的，其中，特别值得各地农村发展特色经济借鉴的有三点：

首先是努力去找最赚钱的东西来种。土地生万物，但在不同的时间、地点，面对不同的市场和消费者，种植不同的产品，收入就大不一样。农业结构调整增加农民收入，说一千道一万就是要提高种植、养殖业的收益，让从土里刨食的人不再辛苦一年收获的产品除了填肚子，卖几个钱只够买农药化肥，连维持简单的再生产都困难。要做到这一点，土里种的东西就要值钱。那么，现在市场上有哪些农产品是值钱的呢？就得下大力气去找能够赚钱的品种和赚钱的门路，去找有关信息，用市场信息来引导结构调整，而不能靠老黄历、凭经验估摸。因此，树立起“找”的意识和信心，是发展农村特色经济的基本起点。

其次是放眼全世界，在全球范围内去找。赚钱的品种到哪里去找？这不仅是个眼界问题，更直接关系到农业结构调整的成败。有的地方要调整农业产业结构却不知道种什么好；有的地方发展农村特色

经济的做法就是看见邻村邻乡种什么养什么赚了钱，马上跟着撵，结果等到产品上市却因为大家都搞同样产品，供大于求而卖不上好价钱。这就是目光短浅、作茧自缚，把自己的视野束缚在鼻子下边这一小块地方带来的恶果。正确的做法应该是在全国、全世界范围内去找品种、找市场、找赚钱的机遇。

再次是特别注意从那些和本地环境大致相同的国家和地区去找，找市场需求前景好、产品价格高，又适合本地土壤、气候、水质条件的品种。

说得天花乱坠，还得落地生根，这又是调整农业结构发展特色经济中必须注意的，也是立足本地、依靠科学、因地制宜的体现。眼界放开以后，就会发现能赚钱的东西和门路都很多，在广告上甚至是“致富信息”漫天飞，这时候就需要头脑冷静，科学地权衡、严格的实验，验证某一个好的品种是否适合本地的自然条件。

古人早就指出，在南方本来酸甜可口的橘子移植到淮北就只能结出味苦、个头类似于中药材枳实一样的小果实。新疆这次引进的芳香植物来自与新疆同处于北纬30°至北纬40°的国家，其气候、光、热条件与新疆接近，就可以少走弯路，增大成功的概率，所以值得称道。

＊张鸿墀，陈国安. 新疆：芳香植物中淘金. 农民日报，2002-10-30

实用招式

引进，该引哪些产品？

第一招，找那些最赚钱、最好销的品种

例如，英国人当年派“经济间谍”偷偷摸摸地从中国“引进”茶叶，茶叶就是中国当时对欧洲出口创汇的最热门产品和利润最大的产品。如今，眼看秘鲁的玛卡（MACA）作为一种天然植物，在男性保健上颇受各国消费者的喜爱，走红世界而且供不应求，价格节节攀升，于是，西班牙、日本、美国都纷纷引种，都想在这能够找大钱的植物上捞一把。

第二招，找那些在某些国家或者地区已经不太赚钱，但是我们还

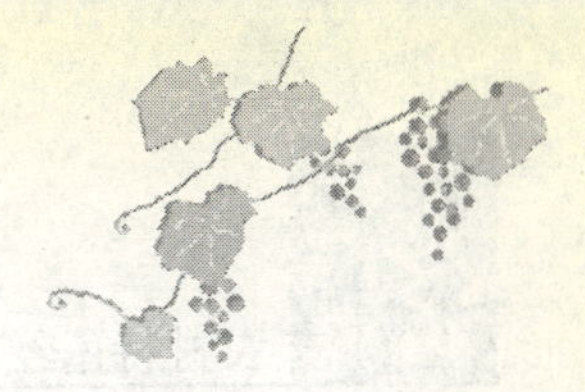

有赢利空间的产品

这就是所谓产业转移的概念,这些国家或者地区由于经济发展,劳动力、土地以及其他生产要素成本的提高,再种植、养殖某些农产品已经无利可图,但在我们这里却还有赢利的空间,而且比本地种植、养殖传统产品找钱多,就要主动承接,以提高利润水平。这方面的例子有山东的泡菜企业,它们从韩国进口生产"韩式泡菜"的白菜和辣椒种子,进行种植、初步加工以后,再返销韩国,价格比当地产的原料便宜三分之一到一半,韩国泡菜企业在此基础上再进一步加工、贴上标签销售——虽然中国企业的利润远不如韩国企业,但也有利可图,一步一步来嘛。

第三招,找那些有广阔的市场前景,但在当地因为种种原因还没有做大的产品

新西兰从中国引进猕猴桃就是属于这类,虽然猕猴桃号称维生素C之王,但是在当时的中国确实没有把它当作一回事,基本上就是野果的一种——不过,话又说回来,在1904年的中国,老百姓连饭都没得吃的,哪有经济能力吃水果?当时,腐朽的清王朝连国土都守不住,又哪里守得住一种野果?更不用说把它做大、做成产业。问题是,在今天的世界上,仍然有很多国家并不像我们国家现在这样社会稳定、经济有了一定基础,人民一心一意谋发展。在这些国家,即使有好品种、好资源,却因为种种原因得不到开发利用,对这些闲置的资源,我们就可以想办法引进,开发利用起来。

第四招,找那些市场在本地的产品

例如肯德基、麦当劳等洋快餐在中国的分店,它们生产炸薯条所使用的土豆,长期以来都是从美国进口,因为我国生产的土豆质量达不到它们的要求而不能使用。如果通过努力引进技术、品种,生产出达到美国人标准的土豆卖给在中国的洋快餐店,即使价格与美国的土豆一样(在美国,土豆价格相当高),它们节约了越洋运输的运费,我们多找了钱,当然是皆大欢喜。

第五招,找那些在价值链上比较起来价值更高,而且最有利于发挥自己比较优势的产品

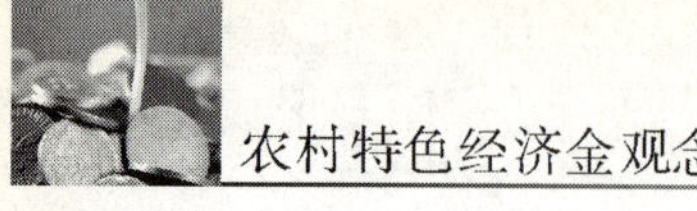

在发展农村特色经济的过程中，只有持续不断地寻找在价值链上处于更高端的产品，进行升级换代，才能稳步增加生产者的收入。例如，从养鸡到养鸵鸟，养羊到养鹿，从种本地水果到种外国水果，到按外国标准种并卖给外国人的水果，产品价值在不断提高，收入当然也就不断增加。

提个醒

一是引进，尤其是从国外引进，要严格遵守国家动植物引进和检疫的有关法规，特别注意保护国家的生物安全，防止生物入侵。要吸取上个世纪从国外引进大米草、水葫芦、福寿螺等动植物的教训——当时，引进这些动植物时都有良好的愿望：希望用大米草保护海滩；水葫芦不仅生长迅速、花朵美丽，还可以做猪饲料；福寿螺可以做成美味佳肴。但是，没想到这些东西后来泛滥成灾，破坏生态环境，治理起来要花费大量人力物力。

二是注意尊重和保护知识产权。不要天真地以为农作物没有知识产权，在发达国家，许多粮食、蔬菜、花卉、水果以及动物新品种都有专利，引进时就要考虑引进专利，否则就有可能引起官司。如果产品要出口，还可能被扣押，所以引进新品种必须有知识产权意识。而引进以后进一步开发产生的新品种、新技术，也要及时申请专利，用法律手段保守技术秘密，保护自己的知识产权。

思考与讨论

(1)你那里种植和养殖的品种，是不是最充分地利用了本地的条件，技术是否先进，效益是不是最好的？如果不是，为什么不尝试着换一个效益更好的品种，或者采用新的技术？

(2)你进行品种引进或者更新前做市场预测、市场评估了吗？考虑了生产周期吗？盈利的把握有多大？

(3)你的品种更新是不是“跟风”，是不是看见邻居种什么自己就跟着种什么，你觉得应该怎样改变？

5　蚕业不是独木桥

问题

茶叶、蚕桑这类传统大宗经济产品怎样才能跨越产品同质化和恶性竞争的独木桥?

金观念

摆脱功能固定的思维惯性,避免千军万马去挤独木桥,决不把产品死死地固定在一棵树上吊死;而是大胆拓展思路,大胆创新,走自主开发、多功能开发、深度开发的路子,以传统产品为基础,开发出适应现代消费者需要的、多样化的、有更广泛市场的多姿多彩的新产品。

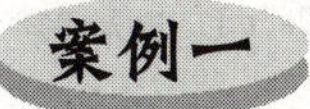

蚕业也有多条路

涨了,跌了;

跌了,涨了。

蚕农的心就这么随着国际丝绸市场行情的涨跌而上上下下,忐忑不安。

2002 年的情况令人担忧:一方面是国内不少地方在扩大栽桑养蚕的规模,另一方面是国际丝绸市场需求继续萎缩,国内市场上丝价已

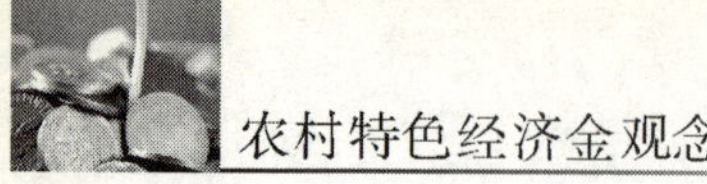

经跌到 1993 年以来的最低点。

面对现实，蚕业必须拓展思路、拓宽道路，避免把最终产品挤在普通的大宗丝绸生产和出口这一座独木桥上。

河南鲁山县拓展思路，养蚕不为丝的探讨值得我国广大蚕区借鉴。

据《经济日报》报道，河南鲁山有广阔的柞树林，全县 1/4 的人口靠养柞蚕为生，鲁山的柞蚕丝绸曾经名扬中外。但近年来，柞蚕丝绸市场急剧萎缩，形势逼迫鲁山人做出选择，要么放弃这一传统特色产品，要么为柞蚕另找出路。

他们思维的突破之处在于，把目光从只看到柞蚕丝放宽到柞蚕的其他产物：蚕蛾、蚕蛹等，特别是柞蚕雄蛾，是一种动物药材，具有独特的治疗和保健功能。他们利用这功能开发的滋补保健酒，上市仅 3 个月，不仅打开了国内一些大城市市场，泰国客商也赶来签订了年经销 20 万～30 万瓶的协议。当地人算了这么一笔账：以全县年产柞蚕茧 6 万担计，蚕茧产值 3 000 万元，丝绸产值约 1.2 亿元，但蚕蛾深加工后产值可达 3 亿元。

他们开发的这种滋补保健品最终能否成功，还要受企业管理、市场营销等诸多因素的影响，但起码可以肯定，他们的思路是正确的。

在此基础上，专家学者为他们进一步开发蚕蛹提供的建议是：可以食用、药用，可以种虫草，可以提取抗菌肽。而该县的长远打算是用蚕蛾开发化妆品，用蚕蛹生产水解蛋白、核苷酸、球蛋白、亚油酸，用废丝生产丝肽。

柞蚕的蛾、蛹、丝可以开发的产品，桑蚕的蛾、蛹、丝也可以开发。就综合利用的路子而言，桑蚕决不比柞蚕狭窄。

据新华社报道，我国科学家以蚕业生产的副产品蚕沙（蚕的粪便）为原料，研制出一种对治疗缺铁性贫血极其有效的新药。这种药物临床治愈率高，没有任何毒副作用，已经获得国家药监局颁发的二类新药证书和生产证书。

而日本企业利用蚕茧和黑醋研制的减肥食品“福山绢黑醋”，把从丝蛋白中提取的氨基酸和黑醋用胶囊混合包装。据说，消费者服用这

种食品不用减少食量就可减肥。

日本科学家的研究表明，蚕丝具有抑制细菌繁殖、防止紫外线照射等功能，可以开发出抗菌产品、化妆品；丝蛋白具有调节胆固醇、促进胰岛素分泌、促进酒精代谢等功能，可以开发出市场前景非常广阔的系列保健食品。另外，蚕丝的形状可以很容易地改变，可为果冻状、薄膜状和粉末，又可以借此开发多种多样的新产品。

我国安徽省的科技人员开发的新技术，在桑叶上涂抹天然色素，让蚕儿吃了以后吐出天然彩色丝，不仅减少了给丝染色的环节，而且产品绿色环保、价值更高，又开辟了蚕丝生产的全新思路，可谓别具一格。

一句话，对于蚕桑区域的干部和群众来说，对蚕桑多角度、多方面的综合开发利用才是阳关道，而且，综合开发利用蚕、丝及其副产品要早作打算，像古人说的：宜未雨绸缪，勿临渴掘井。

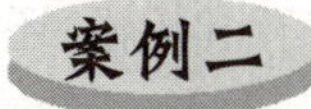

案例二

另眼看桑树

栽桑不养蚕，照样找大钱——听到这话，大部分搞农业的人都不会相信。

因为自古以来“蚕桑”就是连在一起的。为了获取养蚕带来的经济效益，人们才肯花费人力财力栽培桑树；栽桑就是为了养蚕。

也正因为如此，才会出现国际市场上丝绸价格上扬，各地就一窝蜂地大栽桑树；国际市场上丝绸价格低迷，农民就砍桑树当柴烧的现象。

中国是世界上主要的蚕桑区域之一，农民什么时候才能走出这种“少了赶，多了砍”的怪圈，什么时候才能避免这种社会财富的浪费——换句话说，栽桑树的农民是否可以不把自己仅仅套在一根蚕丝上？

答案是肯定的，也是简单的：开展桑树的综合利用。当养蚕不再

是栽桑的唯一,农民也就不必再为国际市场丝绸价格的潮涨潮落而大喜大悲了。

那么,除了养蚕,桑树还能够做什么呢?

其实,路子不仅多而且宽广。

首先说桑树的果实——桑葚,许多从农村出来的人都对那乌黑的桑葚有着甜蜜的回忆,那是农村孩子最幸福的时光——桑葚成熟了,农民一般不把它当水果,没有人想着靠它卖钱,就任凭孩子们去折腾。孩子们在桑树下大吃大玩,连嘴唇都被那紫红的桑葚汁染得发乌。

那一段时间,这些孩子的脸色是一年中最好的。因为,桑葚富含维生素A,B,C和钙、镁、铁、铜等人体生长必需的元素,特别有助于孩子的生长发育。据《本草纲目》记载:"桑葚味甘,性微寒,能生津,有滋阴补血、安魂镇神之效。"因此,现在农民完全可以卖鲜桑葚——甜甜的桑葚不仅味道好,而且由于蚕对药物非常敏感,桑树不能打农药,所以是天然的无公害食品。还可以搞加工——考虑到桑葚不便于保鲜,把桑葚加工成桑葚汁、桑葚酒和桑葚膏,不仅便于保存和运输,还大大增值。

其次说桑叶,桑叶中含有一种物质,可以降低血糖、抑制动脉硬化。用桑叶制成的桑叶茶具有止咳、防止高血压的疗效,还对糖尿病人具有辅助治疗的功效。目前,糖尿病作为一种"富贵病"在我国的发病率正呈急剧上升趋势,桑叶茶的市场前景看好。

另外,在我国传统验方中,还有利用嫩桑叶制作保健食品的。

日本科研人员发现,肉鸡上市前一段时间,在鸡饲料中加入一定比例的桑叶粉,不仅可以使鸡肉更鲜更香,而且可以减少鸡粪的臭气。

再次是桑枝——桑树的树枝树干(在农村一般是晒干了当柴烧)也可以加工增值,办法是粉碎以后接种灵芝。灵芝是具有滋补强身、扶正培本功能的珍贵药材,价值较高。

另外,据阿根廷《健康》杂志介绍,桑树的皮和细根还含驱除人体内绦虫、蛔虫的物质。

桑树综合利用已经有成功的事例:日本一个企业已经开发出桑叶茶投放市场。在国内,据《农民日报》报道,广东省蚕业研究所开发出

桑葚汁、桑葚酒、桑叶降血糖茶，它们还利用桑枝培育灵芝，不光灵芝赚钱，用灵芝的下脚料喂鸡，这种“灵芝鸡”营养丰富、味道鲜美，很受欢迎；而且，据说仅桑葚一项“农民每亩就增收千元”。

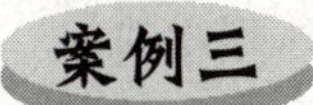

案例三

茶叶可以做什么？

茶叶可以做什么？

这是一个非常愚蠢又非常聪明的问题。

说它愚蠢，是因为在我们国家人人都知道，茶叶可以泡茶，而茶作为中华民族的传统饮料已经有五千年历史了；说它聪明，是因为在我们国家，确实很少有人思考，除了泡饮，茶叶另外还能够用来做些什么。

但是，日本人却想了；不仅想了，而且做了。

他们以茶叶为基本原料，对其有用物质进行多形态、多方面、多角度、多用途的开发利用，创造出形态各异、绚丽多姿的系列茶产品。这些产品大大延长了茶叶的产品链，提高了茶叶的附加价值；在丰富人民生活的同时，也给生产商带来了可观的利润，值得我们学习和借鉴。

先说“吃”，在我国西南的一些地方，人们把喝茶叫做“吃茶”；但是在日本，茶却是实实在在地被人们吃掉。日本的“茶膳”，从本质上说就是把日本料理加上茶叶：不管是作为主食的大米饭，还是做菜的鱼、肉、蛋、蔬菜、海鲜、汤，一律加上茶叶，就连饭后的甜点，如冰淇淋、酸奶、糕点等也加茶叶。

除了“茶膳”之外，日本人还在面包、年糕、馒头、饼干、面条、豆腐，以及果汁、糖、酒——总之，食品中能够加茶叶的，都尝试加进茶叶或者茶粉，使之带上茶的清香，借助茶的功能，形成独特的风味。

再说“穿”，日本人从茶叶中提取儿茶素，利用儿茶素具有抗菌消炎的功能制作内衣、床上用品等。例如，日本静岗县一家技术中心开发了含儿茶素的抗氧化棉纤维，用这种纤维制作接触人皮肤的纺织品，具有预防皮炎的功能。

日本人还从绿茶中提取绿色染料，给服装染色。用这种天然染料染制服装，市场销路极好且价格昂贵。一件短袖衬衫最低价200多元人民币，高的要卖700多元人民币。另外，含有茶叶成分的鞋垫，因具有良好的抗菌除臭功能，而受到那些“臭脚大仙”的热烈欢迎。

在“用”的方面，茶叶制品就更多了。据《经济日报》报道，2001年10月在日本静岗县举办的“2001静岗世界茶叶节”上有一个统计，仅用儿茶素制造的产品就有350多种。这些产品包括沐浴液、化妆品、手纸、漱口液、洗涤用品等。日本一些大企业，还把茶叶的抗菌除臭功能运用到空调的除尘除臭上，取得了可喜的效果。

综上所述，我们可以看出，在日本人的眼里，茶叶，决不仅仅是一种只可以冲泡供饮用的饮品；而是一种神奇植物的叶片，这种叶片有许多方面的用途有待于人类分别开发利用：颜色、形状、香气，还有许多对人类健康有益的物质。

这种叶片的物理形状可以根据需要而改变，粉碎成茶粒或者茶粉；叶片里的物质既可以与叶片共存也可以分离；茶可以通过榨汁、泡水、泡酒而综合提取有效成分，也可以单独分离某一种或者几种物质，例如儿茶素、茶多酚、黄酮类加以利用；作为一个整体，这种叶片由于具有独特的色、香、味，可以单独使用，也可以作为一种添加剂，加入别的东西，从而创造出别具一格的新产品；而别的东西也可以以一定比例与这种叶片组合而形成新的饮料品种。

从这个角度来看，日本人在茶叶的综合开发利用上，思路比我们开阔，点子比我们多，所以成果也比我们更丰富，赚的钱也比我们多。学习他们的经验，在茶叶多方面开发利用上迎头赶上，这也许就是我们这个世界茶业发源地国家所必须面对的新挑战吧！

思考与讨论

“创造学”里有一个术语，叫“惯性思维”，具体到产品的功能上，体现为“功能的固定性”。那么，什么叫“功能的固定性”呢？

有这么一个发散思维训练的问题——“砖头有什么用处?”

一个人回答:可以造楼房、造桥、垒花台、铺路、修水渠、起厕所、造围墙、垒猪圈、建鸡舍、砌粮仓……就这么一直“造”下去。

另一个人回答:可以造楼房、做武器、当砝码、做砖雕艺术品、作路标指示方向、发信号、做笔在地上写字、当写字板、当直尺、砸核桃、磨成粉做颜料、遮光、挡子弹、隔热、导热、保存热量、吸水、干时做绝缘物、湿的做导电物、一磕两半一人保存一半做联络信物……

我们看到,前者只把砖头当建筑材料;后者眼里的砖头不光可作建筑材料,还可利用它的质量、硬度、线条、颜色、对光热电和液体的反应、可加工性能等性质,所以答案丰富多彩,发散思维能力强。

而发散思维能力的强弱,是创造能力高低的一个重要指标。

(1)这样看来,平时我们对待茶叶、桑树、蚕丝的用途,是否有点像前者?

(2)如果摆脱了“功能的固定性”,你觉得它们是不是还只有那些习惯的用途?

(3)是不是也可以拿茶叶、桑树、蚕丝等农产品的用途来做个发散思维训练,开发出更多让消费者爱不释手的新产品?

6 保野生 创特色

问题

开发"准野味"——
能不能成为一条农村特色经济路子？

金观念

"家花没有野花香"——一句话说明了"野"的魅力。充分利用本地资源和条件，通过杂交、驯化等方式家养或者放养的方法养殖野生动物，或者种植短缺、独特而又有广泛市场需求的"准野味"——野菜、野花、野果、野生药材等，这是发展农村特色经济的可行思路，这样做既能保护野生资源，又能满足市场需求，一句话，把本地闲置的、尚未开发利用的独特资源利用起来，转化为财富，这样就容易创出特色。

案例一

开发野生资源，创造特色产品

辽宁宽甸县永甸镇军民村妇女主任黄丽洁怎么也没想到，她对一只受伤大雁的关爱，会给她家带来一种特色产品。

据《农民日报》报道,1999年秋天,黄丽洁以300元钱的代价从一位打柴老人那里买下一只生病受伤的大雁。经过她的精心照料,这只大雁的伤病很快痊愈了,并因此对黄丽洁家产生了深深的依恋:想把大雁放回大自然,却赶也赶不走;把它送到野生动物保护站,它居然绝食3天,心疼得黄丽洁只好把它接回家。平时,大雁就和黄丽洁家养的6只母鹅一起生活。

2001年春天,当她家母鹅产蛋并孵出小鹅以后,黄丽洁喜出望外,原来,这些小鹅不仅外貌很像大雁,可以低空短距离飞翔,而且这些小鹅生长速度快、觅食能力强、抗病力强。小鹅一周时体重达350克,两个月就长到4 500克,三个月体重可达6 000克。

由于这种鹅肉带"野味",味道鲜美,人们纷纷购买,产品供不应求。据说,黄丽洁在县畜牧部门的技术指导下,正在扩大她的"雁鹅"队伍。

应该说,黄丽洁当初买下大雁时,是出于对动物的一片爱心,根本没有注意它的性别,更没想到大雁会有这么一段给她带来可观收益的姻缘。而《广州日报》报道的广东清远县附城镇一位退休教师卢伯,却是以他坚持不懈的耐心饲养野猪得到成功的。

卢伯最初买回12只野猪仔饲养,但这些家伙野性十足,不吃东西、见人就发怒、撞栏杆、撞墙,撞得头破血流,很快11只野猪就一命呜呼。为了让这最后一只活下来,卢伯天天用温柔的语气和这只野猪"交谈",慢慢地,野猪对他熟悉了,开始吃他喂的食物。

野猪长大了,找来一只家猪和它完婚,谁知它又大发脾气,对"新娘"又咬又撞;原来,它不满意"包办婚姻",要自由恋爱。于是,卢伯又把"新娘"放进隔壁猪圈,让它们先做"牛郎织女"隔栏相望,建立感情,然后再成婚——如今,它已有15位配偶。产下的杂交小猪瘦肉率高、脂肪低、生命力旺盛、生殖能力强、耐粗饲料,再加上肉质细嫩鲜美,还带"野味",在市场上颇受欢迎,猪肉价格是普通猪肉的几倍。

这些准野味诞生的生物学基础是"杂种优势",即杂交后代具备了父母双方的优点。据说,青藏高原上的牦牛,就是因为在野外放牧时,野牦牛混杂其间因而具有野牦牛的血缘,从而具备耐高寒缺氧,能在恶劣的环境下劳作等特殊优点。

培育这些准野味受欢迎并能够赚钱的市场基础是广阔的——作为大自然的产物，人类离自然越远，回归自然的欲望就越强烈，野味对于许多消费者总是具有难以抗拒的原始的诱惑。而且，随着社会的发展，工业化、城市化的推进，随着野生动物保护法规的实施，可以供人类食用的"野"的东西越来越少，物以稀为贵，价格自然就高，利润也很可观。

正因为如此，有商业眼光的人开始培育各种各样的"准野味"——野猪、野羊、野鸡、野鸭、野鹅、野兔、蛇等，为了让消费者"验明正身"，相信野味的货真价实，人们还给这些"准野味"作上标记——例如，把家鸡与野鸡杂交的小鸡放归山林饲养之前，给每只鸡佩上标牌；在小野兔的耳朵上戴上耳环，这样，等它们长大以后就成了有身份证的"正宗野味"，足以让消费者大大方方的掏钱。

所以，对于山区和丘陵地区的群众来说，爱护野生动物、保护野生资源、合理合法地开发利用野生资源，是发展特色经济的一条好路子。

"野"字天地真广阔

马齿苋、蕨菜、侧耳根、灰灰菜——这些年，城里消费者在吃过中国的、外国的、顺季节的、反季节的、自然生长的、温室大棚培育的蔬菜以后，野菜又悄悄成为许多餐厅饭店的新宠。

在城里形形色色的餐饮广告中，"野味"始终带着一种原始的诱惑，吸引着不少饕餮之徒。

这些现象说明什么？

这说明，人类文明发展得离大自然越遥远，人类回归大自然的愿望就越强烈——毕竟，人也是大自然的产物，是自然之子啊！

这就带来了问题，也带来了商机。

问题是，随着地球上人口的增多，随着科学技术的进步，随着工业文明的推进，越来越多的植物和动物要么已经被人类驯化利用，要么已经灭绝；剩下的既能存活下来保持"野"的特征，又能供人类食用而

品尝其“味”的动植物品种是越来越少,再加上《野生动物保护法》等法律、法规的限制,人类要品尝“野味”越来越困难了。

商机在于,人类在“吃”、“穿”、“用”、“休闲”等方面返璞归真的强烈愿望所创造的巨大市场需求,可以为农业结构调整带来巨大的市场空间和多姿多彩的赚钱机会,因此,“野”应该成为各地农业结构调整和发展特色经济的一个重要思路。

在具体方法上,起码可以从三个方面入手做“野”文章。

第一,在可持续发展的前提下,在有利于资源的永续利用的情况下做好野生资源的开发和商品化工作,避免资源浪费。目前,在一些山区和边远地区,由于不知道野菜的价值,无人开发利用,野菜就是山上长的野草,年年随春风而生,又随秋风而枯萎,造成资源白白浪费,而当地群众却守着资源过穷日子。对于这些地方,当务之急就是寻找市场信息,针对市场需求进行开发。

只是在开发的时候需要注意,一要开发,二要保护,不能掠夺性开发、不能斩草除根;而要从长计议,合理利用。

第二,对一些短缺的野生动植物资源,可以采用“种植”、“家养”的方式,生产一批“准野味”以满足市场需求。例如,种植侧耳根(鱼腥草)、马齿苋等野菜;养殖野猪、鸵鸟、野鸡、蛇等野生动物。这些产品虽然从严格意义上说并不是“野味”,但对消费者来说却有替代效应;作为生产者,产品既能满足消费者的“野味”情结,自己又能借机发财,又何乐而不为呢?

第三,充分发掘各自资源优势,有意识地创造出一些带有“野”气、“野”味的商品。2001年,重庆市某山区农民家养的母猪“私奔”上山,回来后为这户农民生下了一窝小野猪,令这家农民喜出望外,表示要珍惜这“野猪”资源,广泛繁育饲养这“野猪”发财。

我正为这农民可贵的资源意识和商品观念叫好,祝福他能够发财梦圆之时,又看到新华社消息:广西阳朔县的农民培育出“野香猪”,不过,这一次可不再是“私通”的结果,而是“拉郎配”,是“奉旨成婚”。

原来,广西环江毛南族自治县特产一种“香猪”,这种猪个头小巧玲珑,肉质香脆鲜嫩而不肥腻,在市场上颇有名气,阳朔县金宝乡引进了50头母香猪在本地饲养。

不过,这个乡的领导很可贵的一点就是他们并没有停留在简单的引种上,而是在考虑怎样创造出与“香猪”不同、有自己特色的产品。这时,他们想到了“野”路子,从山林里抓来野猪与“香猪”杂交,培育出既有野猪的“野”味儿,又有“香猪”的“香儿味”的“野香猪”。

据悉,当时金宝乡就已经与“香猪”原产地——环江毛南族自治县的客商达成销售8 000头野香猪的协议,野香猪将成为当地农民增收的特色产品和拳头产品。

金宝乡创造的经验其实可以给人们许多启发:既然野猪可以与家养品种杂交而产生“准野味”,那么,对野鸡、野鸭、野羊、野兔可不可以采用同样的思路呢?

提个醒

一是,种植的野生植物和养殖的野生动物必须是国家法律法规允许的。

二是,开发这类产品属于标新立异、“剑走偏锋”,所以,事先要特别注意调查消费者接受的程度和市场规模,宜从小规模开始,严格地按照市场需求,逐步培养消费群体,上规模须审慎。

思考与讨论

对野生动植物进行驯化,对其中经济价值高的品种,进行规模化人工养殖或者种植,是人类几千年来创造财富的基本模式。

欧洲人对烟草、甘蔗、棉花、罂粟的引种和规模化种植,曾经为资本主义创造了数不清的财富。

无疑,在今天,发现和驯化有价值野生动植物仍然是创造财富的重要手段。

那么,在你那里有没有什么稀奇的、不常见的野菜、野花、野果、野生药材、野生动物可以开发利用起来呢?

7　保姆菲佣比一比

问题

农村大量劳动力怎样才输送得出去？
农民应该到哪里去找工作？
农民进城打工，怎样才找得到钱？

金观念

一方面，通过多种多样的实用知识培训提高劳动者素质，更好地满足市场对各种劳动力的要求；另一方面，政府积极收集并发布各地的用工信息，减少求职的盲目性；如有条件，政府适当组织和推介，往往能够收到令人意想不到的效果。

案例一

保姆与"菲佣"

"保姆"在中国是个城乡皆知的事物，因为城里人好多家庭都雇有保姆，农村人口进城很多人从事保姆这个职业。那么，"菲佣"是什么呢？"菲佣"是大众传媒对在香港从事家政服务、来自菲律宾的女佣人的称呼，香港人叫她们"宾妹"；说白了就是香港的保姆。

但是，菲佣又绝对不能等同于内地所说的保姆。和保姆比，菲佣有“三高”：一是受教育程度高，菲佣在菲律宾国内不仅接受了完整的义务教育，还上了两年家政班（相当于我国的大专），接受了家务方面的专门训练；二是家政水平高，她们不光会做日常的家务事，还懂烹饪、会插花、能护理老人、还会教孩子说英语；三是收入高，菲佣的月收入通常在3 000港币左右，雇主还要包吃包住，这收入甚至高过菲律宾国内一般大学生就业后的收入水平。

因此，她们占领了东南亚家政服务市场，仅香港就有10万菲佣。

菲佣的“三高”正好映衬出内地保姆的不足：受教育程度低就不用说了，有的甚至一个大字不识；做家务水平低也是普遍现象，炒菜不会、收拾屋子不会、护理病人和照顾老人当然更不会，几年前，某地还发生过因小保姆年龄太小、无知，而用洗衣机洗孩子，以致酿成惨剧的事。现在有很多家庭请来保姆还得从做饭、收拾屋子这些事一一从头教。当然，保姆的收入也低，每月几百元人民币包吃住。

其实，现在很多人讲起家里请保姆的经历都有一肚子苦水：一些保姆不敬业、做事敷衍了事、能不做就不做；还有的保姆不懂规矩，有的对雇主家里的事随便插嘴或者把雇主家的事拿出去摆给别人听（泄露雇主家庭隐私），有的随便留宿男女朋友；有的不善良，觉得雇主有钱，对我再好都是应该的，不能以心换心等等。

菲佣与保姆比较给我们两个启发：一个是随着社会的进步，不光高技术行业要求从业人员具有较高的知识技术含量，服务行业也要求具有较高素质的劳动力。因此，提高劳动力的知识附加值大有可为。一个是国际劳务市场还有很大潜力可挖，菲佣可以打到香港来，我们的劳动力也可以打到别国去。世界银行的一份报告称，国际劳务市场容量达2 000万人。7 000多万人口的菲律宾有700多万人在国外谋生，每年汇回国的外汇达70亿美元。

可以设想一下：如果农村乡镇把愿意进城当保姆的人组织起来培训一下在雇主家如何为人处事、如何敬业、举止如何得体、如何注意自己的个人卫生、如何使用家用电器、如何做家务事，教一些烹饪和护理知识，也教她们如何依法保护自己的合法权益。这样，城里人可以雇到更多令人满意的保姆，农村劳动力转移更顺利，保姆在农村的家庭

增收也有了稳定的途径，可谓一石三鸟。

还有，如果把城里那些有一定文化知识、有一技之长、又愿意出国打工的人组织起来，针对国际劳务市场的需求进行外语和有关知识技能培训，然后，积极把他们推向国际市场(有兴趣也可以考虑去和菲佣抢饭碗)。那么，出去的人赚了外汇，腾出的岗位可以安置待业人员，还减轻了社会的就业压力，岂非皆大欢喜？

当然，这些都离不开扎实有效的教育培训和组织。

而且，这些事做起来也不会像说说那么简单，但事在人为，这些事应该有人“为”，更应该有政策鼓励人来“为”。

附记：

此文写于1998年，4年以后的2003年1月，《深圳特区报》刊登消息，“菲佣”将于当年春节前后进入深圳，月薪达3 000余元人民币。而且，20多名“菲佣”人还未到，先被预订一空，供不应求。

这严酷的事实说明，不管我们的保姆打不打出去，别人都要打进来；在经济全球化的今天，素质为王，素质高的在竞争中绝对占优势，即使当保姆，在国内照样面临激烈的竞争，在家门口照样有被打败的危险。

也许，我们真的应该请几个“菲佣”来教教我们的保姆怎么待人、接物、处世、做事了；否则，一旦国家允许，“菲佣”说不定还会深入内地呢。

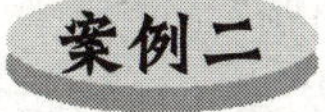

培训造就优势

先上家政服务班学习做菜、饲养宠物、家庭保洁，甚至如何说话、如何让雇主喜欢等本领，到雇主家工作以后再交学费——这是北京通州区富平职业技能培训学校的一个创举。这所学校是由著名经济学家茅于轼和亚洲开发银行驻中国代表处首席经济学家汤敏联合创办的，是这两位著名学者推动农村发展、转移农村剩余劳动力的一个实

验基地。

据《中国青年报》报道，在学校 2002 年 4 月 8 日举行的开学典礼上，年过七旬的茅于轼先生谆谆教诲他的学生——那些来自山西吕梁山区、河北、湖南等地的农村女孩，“学会与雇主搞好关系，学会说话，学会讨人喜欢，学会做几个好菜……”这样一位经常给博士和政府高级官员讲课的著名学者，为什么要亲自给那些农村孩子讲课，为什么要抓培训保姆呢？这似乎是一个在旁人眼里小得不能再小的小问题。

另一位学者汤敏的回答是，对于经济学家来说，保姆问题是“不能再大的大问题”，因为它涉及农民、农村、就业、城市化、信用、教育融资等一系列直接影响中国发展的重大问题。

为什么这样说呢？大家知道，目前我国农村劳动力严重过剩；农村要发展、农民要富裕，就必须大力转移农村劳动力，让农民进城，推进城市化。但是，农民进了城要吃饭、穿衣、住宿，钱从哪里来？要在城里呆下去，需要劳动技能，技能从哪里来？而且，没技能挣不到钱，没钱又学不到技能，陷入这怪圈的农民就只好徘徊在城市之外。

前些年，安徽无为的保姆之所以能在北京火爆一时，就因为无为人历史上做保姆的比较多，做保姆的技能既在世代之间传授，同代人之间也口口相授，钱财可以互借，还可以互相介绍引荐雇主，靠老乡关系在这怪圈上撕开了一个口子。

老乡和关系的力量毕竟有限，而两位学者创立“先学习就业再交费”的学校，就是要摸索打破这怪圈的企业化运作模式，为更多的农民进城开辟一条快捷通道，所以说是“不能再大的大问题”。

站在农村发展特色经济的角度看，两位学者的做法也颇有借鉴的价值。尤其是一些人多地少、资源匮乏，比较优势不突出的地方，更应该学习两位学者的做法，靠培训造就优势、创造特色。

仍然以保姆为例，如果某个地方出钱（甚至贷款），把本地愿意外出打工的妇女集中起来进行家政方面的培训——如何带小孩、照顾老人、使用家电、炒菜，再讲一讲做保姆的禁忌和规矩、讲一讲如何与雇主沟通与交流，道德上讲一讲诚信、讲一讲以心换心，法制上讲一讲那些保姆盗窃雇主财产被判刑的案例以及做保姆如何自我保护的办法，

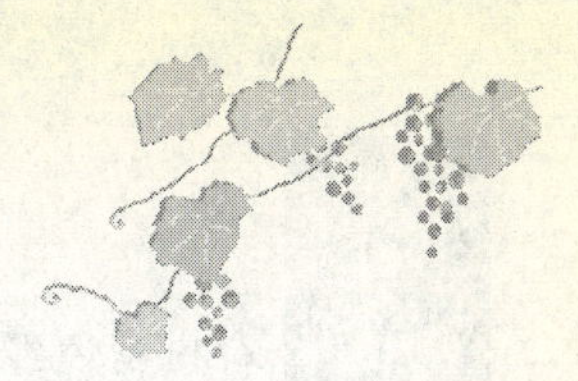

包括有问题找妇联或者新闻媒体投诉等等。

这样一来,这个地方的保姆在城市劳动力市场上就获得了竞争优势,雇主都愿意请这种不用教就会做家务事、又懂规矩的保姆,时间一长,这个地方的保姆有了名气,身价更高,寄回家的钱更多,自然就带动了一方经济发展。

其实,追溯一些地方特色村、特色乡的发展历程,就会发现,有的地方就是因为某一个人从外地学习了一种技术,由于这种技术找钱,亲戚朋友邻居都来学(自发的培训),扩散开来,最后,这个地方就靠这种技术形成了特色,富裕起来了。所以,只要培训的内容是市场需要的,靠培训完全可以造就一个地方的特色和优势。

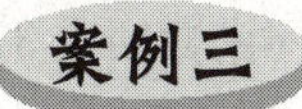

"打工专列"四三二

河南农民到新疆摘棉花居然乘上了"棉工专列"!而该省某县为确保2 000多农民赶上专列,还一次组织40辆大客车,由交警开路,直接把农民送进火车站!

令人感慨的远不止这些,据《人民日报》报道*,从2003年8月18日起由河南到新疆摘棉花的10万农民,是由政府作中介的:政府出面与用人单位联系、组织报名、签订务工协议,报名后即分组编队,由干部率队前往。据说做得好的地方是:买车票由信用社提供短期贷款,交通是统一包车包专列,工资统一与用人单位结算,农民只管放心摘棉回来后到本地信用社领存折就行了。

河南这样做,对推动农民外出务工起码有四大好处:

一是政府向农民提供权威可靠的用工信息,避免了农民盲目外出打工的不确定性,降低了农民外出的门槛,减少了风险,有利于更多农民走出去。

二是增强了农民外出打工的保障。这种组织对组织的联系,避免了一些黑中介坑害农民,也可减少用工单位损害打工者合法权益的行为,防止拖欠打工者工资。另外,往返有专车专列,也增加了打工者在路上的安全感。

三是统一组织的民工素质比较整齐,有组织、有领导,有利于与用工单位的沟通,用工单位用得放心、省心,达到了“双赢”的效果。

四是深度开发了农村劳动力资源,有效地增加了农民收入。据报道,河南前往新疆摘棉花的绝大多数都是妇女。这些人中一些人以前就通过种种关系去新疆摘棉花。但也有一些家庭妇女因为种种原因是不会走那么远去新疆打工的,好些人就窝在家里。但政府一组织,资金、交通、安全都有了保障,去摘几个月棉花,收入千儿八百块钱,这些人又何乐而不为呢?

农民增收难,一个重要原因就是就业不充分,闲着哪来的收入?据统计,10 万摘棉的农民一个摘棉季节起码可以为河南赚回 1.3 亿元现金,这可是实实在在增加了农民收入!

“棉工专列”还可以给从事“三农”工作的人三点启发:

第一,各级政府组织在推动农民外出务工方面作为的空间还很大。首先是寻找并核实用工信息方面,政府信息更灵更畅,工程、项目上马都应主动考虑劳务需求,主动联系;其实,河南这次还是新疆建设兵团主动上门与其签订合同,为什么就没有人上门去新疆签合同呢?其次是在提供多方面的服务上下功夫,让打工者放心出门、安全出门、安心工作,抱财归家。

第二,对西部劳务市场的开拓应高度重视。过去人们一说打工就是往发达地区,往东部沿海城市走,这是对的。但党中央实施西部大开发战略以来,对西部的转移支付明显增多,各类项目大幅度增加,相应的对劳务的需求也在急剧扩大,极有潜力。

第三,农业劳务市场是颇具潜力的市场。从新疆的情况看,每年收摘棉花就需要 30 万至 40 万摘棉工,河南去 10 万人,另外也还有 20 万至 30 万人的就业机会。除此之外,新疆的西红柿采摘和宁夏等地的枸杞采摘等农业产业化项目也需要人手,2003 年 6 月,宁夏惠农县委宣传部一位副部长向《人民日报》反映:当地枸杞丰收,却缺少人手采摘,当地农民心急如焚。农产品采摘季节性强,报酬不高,但组织好

了也有利可图，既能推动特色经济，又能增加农民收入。

当然，学习河南的做法也有两点值得研究：

一是在组织带领农民外出务工时，如何从体制上解决带队干部的积极性、报酬、作风、管理等问题，如何防止他们异化为打工农民的“官老爷”，如何降低组织运行成本或者尽量少增加打工农民的负担。甚至，下一步还要考虑如何过渡到让农民自己选人带队，自己制订制度，组织管理自己。

二是政府在运作过程中，如何逐步引进协会和商业保险以分散组织责任、降低风险的问题。政府不能也不应该在这中间长期承担无限责任，否则，一旦务工农民有个天灾人祸、三长两短，政府就可能面临扯不完的皮，赔不了的钱，好心办好事就不一定有好结果。

解决了这两个问题，这种形式的劳务输出就可以长期坚持了。

＊李杰. 豫新携手：专列拉出“棉工经济”. 人民日报，2003-9-13

思考与讨论

现在，通过培训提高农民素质，加速农村劳动力转移，已经成为许多地方的共识。

但是，这并不意味着问题的终结，而是一些新问题的开始，例如：

(1)如何激发农民参加培训的主动性、积极性？

(2)如何提高培训教材的适用性、内容的针对性及实用性，方法的科学性，做到学以致用，提高培训的效率，降低成本？

(3)培训中，如何把做事的技能与做人的道理巧妙结合起来，使被培训者在两方面都有提高？

(4)各地农业劳务市场如何开拓？

8 你有什么好饭菜

问题

美食能不能带动一方的特色产业发展？
如何开发美味佳肴，推动农村特色经济发展？

金观念

回答是：当然可以。

而且美食是一个投入少、潜力大、见效快、文化意蕴极其浓郁，而且劳动密集、综合带动能力强的民生产业，是饮食文化的大有作为的领域；但是，要加快美食行业发展，借美食行业发财，需要注意在以下几方面狠下工夫：

(1)重视烹饪文化，把"一道好菜"、"一道美食"作为本地特色经济发展或者本企业竞争力重要组成部分来重视和推动；

(2)发掘民间的美味佳肴，加以推广；或者鼓励餐饮业进行菜品创新，一旦出新就大力推广；

(3)配套生产特色菜肴所需要的各种原料；

(4)大量培训当地人掌握这菜肴的技术，鼓励他们外出开店，或者鼓励本地商家以连锁店特许加盟的形式向外地扩张，力争在更大的范围掀起这种美食(菜肴)的热潮；

(5)为这种美食设计统一的名字或者品牌、标志，供外出开店者统一使用，便于扩大影响，树立"正宗"的概念，叫响名气。

(6)经过一段时间的流行以后，鼓励本地的企业生产这种美食的成

品、半成品或者正宗的作料以便进入千家万户，成为家庭日常美食。

(7)更进一步就是想办法打向国际市场，吸引国外美食家。

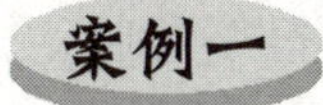

案例一

你有什么美味佳肴？

火锅、酸菜鱼、辣子鸡、辣子田螺、啤酒鸭、邮亭鲫鱼、泉水鸡、羊肉汤锅、鹅掌汤……最近20年，重庆这个喜欢“尝新”的城市究竟流行过多少特色菜肴？

也许当地的美食家也很少有人能够一一历数，但是有一点却是可以肯定的：每一种特色菜肴的流行，都曾经有力地带动了一方经济的发展，带动了相关产业的兴旺发达。

从重庆江津市津福乡发端的“酸菜鱼”，在当地兴起时，就不仅促进了本地餐饮业兴旺——一串鱼馆琳琅满目；还扩大了全乡的养鱼规模，又带动了邻近地区的青菜种植和酸菜加工。到后来酸菜鱼风靡重庆，又从重庆走向全国，对鱼和特制的酸菜的需求更大，对全市种植、养殖、加工业的带动就更大了。

辣子鸡的流行，一度使地处荒郊野外的重庆歌乐山十八梯一带人满为患；原产于重庆大足县邮亭镇的邮亭鲫鱼在全市一流行，让养鲫鱼的农民收入大增，甚至在大规模流行已经过去的现在，邮亭当地产的鲫鱼仍然供不应求，还要从外地购进。

而“泉水鸡”这道菜的流行则让重庆的南山上崛起了长盛不衰的“泉水鸡一条街”，这只“泉水鸡”能量之大，远远超乎一般人的想象，请看下面这组数字：2001年，“泉水鸡一条街”卖出约60万只鸡、30万只兔、250吨鱼、100吨猪肉、50吨牛肉、400吨酒，消耗辣椒、花椒各10吨。创造收入近1亿，纳税300多万元。

我相信，任何地方的领导人都巴不得自己辖区内有这么几道好

菜。但令人遗憾的是，很少有地方主动出击，把“一道好菜”作为自己发展战略重要组成部分，下大力气培育，引导潮流，进而带动本地经济的发展。

有的地方本来有颇具地方特色的菜肴，也因为没有人发掘推广而被冷落，另一方面，当地人还在为发展农村特色经济找不到好项目而发愁，这不是端着“金饭碗”讨饭吗？

分析一下重庆曾经流行菜肴的流行模式，酸菜鱼、邮亭鲫鱼、泉水鸡是发掘的当地家常菜，辣子鸡是从贵州引进的，它们最早兴起的地方要么是公路旁的小店，要么是旅游景区，因为菜肴本身有某一方面特色，通过过往客人的互相介绍、口口相传，名气越来越大，风靡一时。这些菜肴的流行也像时装的流行一样，各领风骚一两年，然后就变成各宾馆饭店乃至老百姓家中一道日常菜肴。

这就决定市场上不断需要新的特色菜肴满足人们求新求异的心理，也给各地带来了机遇——鼓励老百姓发掘本地民间特色菜，或者引进外地有特色但近期未曾大流行的菜肴，加以改造，在当地景区或者餐馆推广，力争挤进流行菜肴行列，向外地、向大城市推广。

同时，结合菜肴所需的各种原料，调整当地农业结构，为特色菜肴配套，这就是最简单方便的生产加工一条龙。

中国是一个饮食文化非常发达的国家，除了有名的八大主流菜系的菜肴以外，民间还有许多特色菜肴（人称江湖菜）可供发掘，这是一个富矿，含金量极高。而以特色菜肴带动一方经济发展，其实是加速一方经济发展，推进农业产业化、带动农民致富的一条费省效宏的路子，应该引起各地高度重视。

如果中国每个地方（区县，甚至乡镇）都推出至少一两种风味独特、别具一格的美味佳肴，不仅能够以饮食文化强有力地带动农业结构调整和特色经济发展，还可以选出100个甚至几百个地方特色菜肴推荐给外地客人，以“吃在××”增加地方的吸引力，烹饪文化将成为吸引游客、增加游客在本地消费的亮点，有力推动旅游业的发展。

案例二

以特色菜肴的发掘与创新，推动一方经济发展

伴随着改革开放20多年取得的巨大成就,现代中国人物质生活已经发生了翻天覆地的变化。

过去,人们经常取笑中国人见面就问“吃了么”,甚至面对刚从厕所里出来的人也这么问,让被问者不知怎样回答是好。应该说,这样的问候语的确是饥饿年代的产物,带有“短缺经济”的意味。

今天,对绝大多数中国人而言,吃饱,已经不是问题;吃好、吃出特色正成为许多人的追求,这就决定了餐饮业“钱途无量”,美食经济大有作为,这也对菜肴创新提出了更高的要求。

菜肴能不能创新、怎样创新?

据《经济日报》报道,上海饮食行业协会一位领导讲过这样一个发人深省的故事:20世纪90年代他担任上海水产局领导,当时大力发展远洋渔业,从远洋捕捞回一大批银鳕鱼,他拿着鱼去请教烹饪专家,问能否加工成美味佳肴一饱上海人的口福,几次三番,专家都说不行。

真的不行吗?

几年过去,如今,银鳕鱼已经成为高档宴会上的一道美味,价格非常可观。

铁的事实证明,菜肴可以也完全应该创新,菜肴创新商机无限——换句话说,小创新赚小钱,大创新赚大钱。

其实,真正靠菜肴创新带动一方经济发展的成功范例,还是要数江苏盱眙县,它们借助一道“十三味龙虾”的新菜肴,把长江中下游地区许多地方都出产的一种野生螯虾(俗称“小龙虾”),变成盱眙县的一大经济支柱,使“盱眙龙虾”年销售额超过1.2亿元,出口2 200吨,创汇300多万美元。

前面所说重庆南岸区南山上的农民就靠挖掘一道民间菜肴“泉

水鸡”，年创造产值上亿元，小小一道菜在南山上带起了一条街，富裕了一方的农民，还带动了附近农村的养鸡、养兔和种蔬菜、种调味品等农村特色经济项目。就其富民的效果而言，一道菜的功效不亚于一个大型企业。

那么，他们是否把美食经济这篇文章做完、做到极致了呢？

当然没有。

可以说，菜肴创新潜力巨大，犹如时装流行，变幻无穷，没有什么道理，但有市场、有巨大商机，而且符合世界最新的文化经济潮流。

再说，今天这个时代也为菜肴创新提供了极好的条件：

第一，改革开放以来，引进的一些新的动植物品种已成为新的烹饪原料和调味品，如牛蛙、罗非鱼、银鳕鱼、大鲮鲆（多宝鱼）、鸵鸟等，这些都是过去的传统菜肴中没有用过的原料。

第二，人口流动性增强以后，一些闭塞偏僻的地方特有、不为人所知的特色菜肴被介绍到更大的范围，受到更多的人喜爱，成为新的时尚菜肴。南方的辣子鸡、酸菜鱼都属于此类。

第三，国门打开以后，中外饮食文化互相影响、互相借鉴、互相融合，有可能产生一些中西合璧的菜肴（像国外中餐馆的某些中国菜），这种菜肴既能满足中国消费者的口味，也能满足外国消费者的口味，可谓“食贯中西”。

有了这么好的条件，再加上美食经济具备投入少、效益高、带动力强、辐射面广的特点，所以，套一句广告词来说是“用了都说好”，不只说好，还要上瘾。

重庆南岸区不仅从“泉水鸡”这道菜里吃出了“味”，还悟出了美食经济的“道”。所以，它们开发长江滨江路，搞的“美食一条街”又大获成功，这里汇聚了许多江湖特色菜肴，引来食客如织，可谓车水马龙、夜以继日、日进斗金。

它们还在南山上设重奖举办“烹鸡大赛”，希望借此开发新菜肴，造就美食新热点，吸引更多的食客，带来更好的经济效益——也堪称神来之笔。

据商务部商业改革发展司公布的数据，2001 年全国餐饮业营业额

为4 368.9亿元,2002年达5 433.3亿元,2003年达6 156.8亿元,2004年营业额达7 486亿元,连续四年,每年上一个千亿元台阶;按他们的估计,到2006年,全国餐饮业营业额将突破10 000亿元大关,餐饮业的潜力和前景由此可见一斑。

以菜肴创新带动美食经济进而带动一方经济,绝对是发展农村特色经济的好思路。

思考与讨论

(1)重庆某县出产的白鹅是当地著名特色品种,但是除了本地人,外地人却不怎么吃这鹅肉,所以本地养殖白鹅一直难以上规模。你觉得,如果该县大力开发与鹅有关的美食,能不能带动当地鹅产业发展?

(2)你那里有没有一些别的地方没有或者罕见,而且味道怪、吃法怪、做法怪、材料怪的食品可以开发出来向外地推广?

9 脆草鱼有没有商机

问题

"技术诀窍"是什么?
为什么说"技术诀窍"对于农村发展特色经济至关重要?

金观念

一个小小的"技术诀窍",很可能成为一个地方发展特色经济的支柱,成为一个地方兴旺发达的关键。所以,在农村发展特色经济时,要把"技术诀窍"当作宝贵资源,高度重视"技术诀窍";要善于发掘、利用本地传统的"技术诀窍",充分发挥"技术诀窍"的效用,开发自己独特的、别人做不出来的产品(这是真正的人无我有)。

如果本地现在还没有"技术诀窍"的话,那就要想办法引进、创造自己的"技术诀窍",并且牢牢保守住"技术诀窍"的秘密,千万不要泄露机密。

案例一

"中山脆鲩":教训与机遇

给草鱼喂一定量的胡豆,草鱼的肉就变成脆的——就凭这一点知

识,一个镇长期独占香港的草鱼市场,获取垄断利润。

而且,如果他们自己不把"金饭碗"砸破的话,这秘密我们大家本来是无从得知的。他们也还可以长期独占这秘密带来的巨大利润,让别人干看着他们找大钱却毫无办法。

但就因为他们中一些人的贪心,因为这些人的偷工减料,不仅打破了自己的"金饭碗",连技术秘密也被公开了。

这金饭碗就是"中山脆鲩"的饲养技术以及由他们长期独占的港澳市场。

广东人称之为鲩鱼,其实就是草鱼,是我国著名的四大家鱼之一。发源于重庆江津市却受到全国美食家喜爱的"酸菜鱼",大多以草鱼为原料。

草鱼的肉鲜美,不过煮时易烂,口感绵而不脆。但是,据《农民日报》报道*,广东中山市小榄镇生产的"脆鲩",其肉或煮或炒,入口都是脆的,吃起来清脆爽口,别有风味,虽然价格比普通草鱼高出50%,在港澳市场上仍然颇受欢迎,平常,每天由小榄运往这两地市场的脆鲩在5吨左右。

造成这种草鱼的肉清脆爽口的技术一般人不知道,但其实不复杂:到6—7月高温季节就给草鱼喂胡豆,持续一段时间,当草鱼吃胡豆达到一定量(5 000克左右),鱼就变成了"脆鲩"。这样做虽然饲养成本要增加15%~20%,鱼的卖价却比普通草鱼高50%,投入产出比很高,效益极好。正因为如此,当地许多农户都投资养脆鲩。

由于一哄而上技术不过关,更由于一些人"人心不足蛇吞象",又想鱼肉脆,又不愿意多喂胡豆,偷工减料,结果养出的草鱼其肉说脆不脆,说绵又不绵,成为"半脆鲩"。

这种"半脆鲩"一投放市场,立即带来了一系列恶果:

第一,砸了"中山脆鲩"的牌子,严重影响了当地水产品的信誉;

第二,大量"半脆鲩"被退货,造成惨痛的经济损失;

第三,媒体对此事进行报道时"拔出萝卜带起泥",把"脆鲩"的喂养方法公诸于众,使小榄镇的农户再也无法独享技术垄断带来的超额利润,新的竞争者必将迅速崛起;

第四，从那以后，鱼贩子在当地收购“中山脆鲩”，再也不敢凭感觉、凭信任，而是要从农户养的鱼中，随机抓出一条，从背上割下肉，用开水烫熟以后，尝一尝究竟脆不脆才决定买不买，由此加大的交易成本，则要分摊到农户头上。

对这件事，有人发表意见，劝说农民不要自砸招牌，要讲诚信。这话对不对？对！造假的人会不会因此而住手？不知道。

我们知道的是，只有造假者意识到，一旦自己制造的假货被识别出来，沉重的打击将明确无误地落到自己头上他才会住手。而要做到这一点，就需要制度安排。

新西兰奇异果国际有限公司虽然采取公司加农户的组织形式，但他们从农户那里收购的奇异果(猕猴桃)各装各的箱，各家的包装箱都用电脑编了号，一旦发现问题，一查编号就知道是谁生产的。惟其如此，产品很少出现质量问题。“中山脆鲩”其实也可以这么做。

农村特色经济发展中，如何保证产品质量整齐划一是各地都碰到的问题，解决这个问题，教育和制度安排缺一不可。

最后谈谈这事可能给各地带来的两个机遇：

一是各地的养鱼户可以生产这种脆草鱼，让广大消费者都尝尝脆鱼片的滋味，养鱼户自己也借机发财。

二是这技术一公开，各地都养脆草鱼的话，对胡豆的需求将大大增加，农民应盯准行情，早做准备。

＊刘强. 脆鲩不能自废武功. 农民日报，2002-5-31

重视“技术诀窍”，发展特色经济

脆草鱼为什么能够独占香港市场？因为过去只有广东中山市小榄镇的农民才知道用什么喂鱼、怎样喂鱼才能使鱼肉变脆。

碣石镇的春联为什么特别好销，因为只有碣石镇的春联纸不褪色、墨不流泪；而且，以前也只有碣石镇的几家企业才知道，如何才能

让春联纸不褪色、墨不流泪。

这就是技术垄断给他们带来的好处。

而这些技术不见于经传，也不一定申报了专利，准确的称呼应该是“技术诀窍”（Know-how）。可别小看这个“技术诀窍”，这可是个好东西，是赚钱的宝贝。

在发达国家，“技术诀窍”是非常受重视的，它被看做是技术“王牌”；所以，无论企业大小，谁掌握的“技术诀窍”多，就说明谁的实力雄厚、竞争力强，因为它拥有大量别人不知道的“技术王牌”。

以生产“瑞士军刀”为代表产品的瑞士小企业，都拥有自己的“技术诀窍”，而且中小企业人均拥有的“技术诀窍”还比大企业多。正是依靠“技术诀窍”，这些企业能够确保自己的产品高人一筹。有一家专门加工手表壳的小企业，竟然拥有320项“技术诀窍”，员工人均4项，该企业已经历90年而不衰，“技术诀窍”应该是企业永葆青春的不传之秘。

同理，在我国各地农村过去也有这样一些生产特色产品的“技术诀窍”，这些“技术诀窍”往往秘不授人，甚至有“传子不传女”、“传媳不传女”的规矩。

各地农村在发展特色经济的过程中，应该对“技术诀窍”给以高度重视，一是要发掘和保护这类“技术诀窍”，依靠“技术诀窍”支撑自己的特色产品；二是要善于总结、组装，及时把生产中发现的“技术诀窍”总结、配套并保护起来，成为当地经济发展的“镇山之宝”，决不轻易告诉别人，更不允许外传。

写到这里，我不禁替小榄镇的养鱼户和碣石镇生产春联的专业户感到非常遗憾——用什么喂草鱼鱼肉才会变脆，用什么做墨汁写春联不褪色，本来别人不知道，这是你们整个产业赖以生存的秘诀啊！怎么能轻易告诉记者并且让他们登在报纸上呢？如果别的地方都来跟着学，你的脆草鱼、你的不褪色的春联，还能卖那么好的价钱吗？

其实，也不光是他们，一些从事农产品加工的大企业也在不经意间就泄露了自己的“技术诀窍”：据报道，某企业经过研究发现，羊在某一段时间生长特别快，以后生长变慢。因此，在羊长到××公斤体重时屠宰，肉最嫩，投入产出比最高，换句话说，最经济、最赚钱。

在我这个不是学畜牧专业的人看来，该“最优、最经济屠宰点”的发现，比起把羊养大、养得又肥又壮再宰杀，于牧民而言节约了饲料，于企业而言使羊肉更鲜嫩，对于增强企业产品的竞争力大有好处，无疑应属于“技术诀窍”。

但是，该企业在接受采访时，不仅把选择“最优、最经济屠宰点”的思路，而且把这个点的具体数值告诉记者，并登在一家大报上，惟恐别人不知道，这就有自己主动公开“技术诀窍”的味道了。

日本2001年技术出口额达12 468亿日圆，2003年提出“知识产权立国”，并全力防止技术外流。日本的做法，对于我们各地发展农村特色经济时，重视技术专利和技术诀窍是一个很好的提醒。

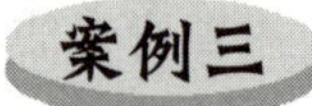

案例三

赶鸡上山与技术诀窍

农业生产中也有一些技术诀窍，既不是高科技，没有得过什么大奖；也没什么专利，技术不复杂。引进这类技术诀窍也不花什么成本，有时是一句话就可点破的，但它对于发展农村特色经济却有实实在在的效果，一旦引进，就能让农民增收。从事农业、农村和农民工作的人应高度重视，积极收集推广。

以农村养鸡为例，过去农民养的是土鸡，饲养方法就是在房前屋后敞放，这样养的鸡，肉质香，蛋也比较值钱，但规模不大，成活率不高，农民收入有限。

后来各地农村普遍推广规模化养鸡，一户农民动辄可养鸡几千只几万只。这种方法养鸡是把鸡关在笼中统一进食、进水、防疫，喂配合饲料，饲养空间利用率高，好管理，产品上规模，农民增收效果也不错，所以在很多地方得到推广运用。

但这种方法也有问题：一是鸡笼鸡舍一次性投入是一笔不小的款额，不少农户要靠贷款才能解决；二是这种方法养出的肉鸡和产的鸡

蛋在市场上普遍不如土鸡、土鸡蛋(北方叫柴鸡、柴鸡蛋)受欢迎,价格比土鸡和土鸡蛋低一大截;三是市场上饲料价格波动,对农民收入影响较大;四是从2002年起,中国市场上对鸡蛋质量要求更高,养鸡业已进入微利时期,利润率总体下降将影响养鸡农民的收入。

而从本质上解决上述四个问题的办法就是运用一项“软”技术——赶鸡上山。

所谓“赶鸡上山”就是在规模化养鸡时,不把鸡关在笼舍中饲养,而是把它们成群地散放进山上树林中,果园里,茶园里,甚至荒竹草丛中进行饲养——就这么简单。

技术虽简单,效果却不简单。广东信宜市大力推广“赶鸡上山”,养鸡产业销售收入在2001年就达15亿元*。

使用这项“软”技术起码有以下好处:

第一,山上无污染,鸡成活率高;

第二,这种方法养出来的鸡一定是土鸡,这种鸡产的蛋一定是土鸡蛋,所以鸡和蛋的价格高,经济效益好;

第三,成本低。据广东信宜市畜牧局计算,由于不用置鸡笼等设施,每只鸡的成本就降低4元,这还不包括节约的劳动力,鸡在山上吃虫子、草籽等所节约的饲料钱。

第四,鸡粪零散地排在山上,改良了土质,(如果是在果园、茶园里,效果更直接、更好)促进了其他植物、小生物生长,这些植物和小生物可能又为鸡提供饲料和有益的生存环境,形成了良性的生态链,减少了对环境的污染和破坏。

由于这项技术实用,许多地方都在用;由于这项技术“软”,不同地方又有不同的做法,有的还有发展。

河北某县,一方面要求全县牛羊必须下山圈养,免得破坏山上种的果树;另一方面鼓励农民上山“养柴鸡”。鸡成了土鸡,果树施了有机肥,一举两得。

湖北谷城县采用的办法是:小鸡阶段集中饲养,集中时间防疫,等鸡长到一定大小就上山散放。

天津一位农民利用荒地养1 000多只鸡,白天鸡在草丛中觅食,晚

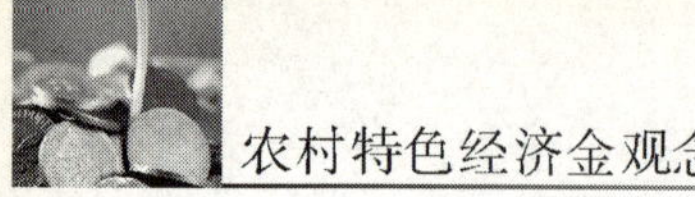

上还在荒地上空挂起两盏电灯，灯光诱来大量昆虫，让聚集在灯下的鸡群痛痛快快地吃“夜宵”，到鸡群吃得差不多了再关灯。

鄂尔多斯草原上的牧民利用草原敞放养土鸡，白天鸡吃草籽、昆虫，晚上也开电灯诱虫子给鸡吃“夜宵”，几个月时间鸡就长到两公斤多重，不仅卖价高，鸡给草原治虫，鸡粪给牧草施肥，一举三得。

技术诀窍虽“软”，增收效果却是硬的。这些技术具有成本低、推广容易、使用方便的优点，农民知道了就会用，用了就有效果；更容易成为干部给农民出的金点子，干部帮农民增收，送钱送物送技术送信息都能起作用。从这意义上讲，这类软技术只要运用得当，就可成为一个地方农民增收的软黄金。但这些软技术有的人会把它归入经验一类。技术也罢，经验也罢，都是对农民增收有利的知识，只要运用得当就会成为农村干部的得力助手。

＊吴永亮，陈目，徐彦梅. 15 亿元是怎样孵出来的. 经济日报，2001-5-10

实用招式

如何开发利用技术诀窍

“我有一项技术诀窍，但是除了目前的用法外，就不知道怎样进一步开发利用”——经常有人这样诉苦。

面对这样的倾诉者，我总喜欢把老祖宗庄子在《逍遥游》中讲过的故事重复一遍：

从前，宋国有一个家族，世世代代从事漂洗丝绵的行业——因为这个家族掌握了一个秘方，可以确保家族的人即使寒冬在水里漂洗丝绵，手也不会皲裂。

有人知道这个消息后，以 100 斤黄金的大价钱向这个家族购买这个秘方。

于是，这个家族开会商议，有人说，我们靠这秘方，世世代代漂洗丝绵也找不到几个钱，这一下就卖百斤黄金，卖了卖了。

这位中国历史上最早认识到技术的价值、并且以诚信的态度进行“技术交易”的购买者买到秘方后，就把这秘方搞了个“民用”转“军用”，而且拿着这秘方去告诉吴国国王，使用这秘方以后，将士们冬天在水上作战就不会出现手脚皲裂等影响战斗力的问题了。

后来，吴国和越国之间发生战争，吴王就命令他率领吴国水军去作战，吴国水军使用了秘方果然见效，在战争中打败了越国水军。吴王因此赏赐他一块土地，让他治理。

这位庄老先生讲完故事以后，大为感叹：同样是秘方，有人用来搞一个糊口的小行当，有人却靠它得了大的利益，为什么，就是因为用途不一样啊！

那么，后者的用途又是怎么不一样的呢？

仔细一想，其实就是扩大了秘方的使用范围，把同样的技术运用到可以创造更高价值的领域去，进行了技术的横向转移。

如果用创造学范畴的发散思维来分析、来追溯，也许这位秘方购买者知道那个家族有秘方以后就进行了一番思维的“发散”和投入产出的分析，题目就是：秘方用到别的什么地方能够找大钱？

首先考虑有哪些人必须长年累月与水打交道：船工、渔民、洗衣妇、(染坊的)漂染工、水兵……

其次考虑怎样运用秘方利润最大、投入最小，而且周期最短：

方案一：利用秘方办个企业，规模化生产“防冻防皲膏”，这是一个长久的可持续的生财之道，但是要再投入资金、招聘生产和销售人才、征地建厂，还要防止别人仿冒，赢利周期比较长。

方案二：当技术中介，倒卖秘方赚钱，但要找到识货的、又出得起价的买主。

方案三：技术入股，坐收红利。也要找有钱投资的、识货的、而且还尊重知识产权的人，免得他把秘方搞到手，就把你一脚踹了。

思来想去，反复权衡，最后，大约此人确定了以下四点：

一是搞民用产品不如军用产品利润高(古今中外都是这样)；

二是技术入股效益最好；

三是与国家合股搞军用产品最划算，泄密的可能性最小；

四是鉴于吴、越两国国家关系紧张,近期发生水上战争的可能性极大,赢利回报的周期也不会太久。

然后,他就毅然决然地投资买了秘方;结果,他赢了。

——其实,这就是技术诀窍、秘方拥有者的致富之道。

思考与讨论

(1)你觉得中国农村有没有"技术诀窍"的概念?

(2)农村中那些"传子不传女"、"传媳不传女"的秘方、秘技是否属于这个范畴?

(3)你那里有这类"技术诀窍"吗?保护起来了吗?利用起来了吗?

(4)有没有想过依靠自己新创造的"技术诀窍"培育特色产业?

10 加工其实并不难

问题

农产品加工门槛是不是很高，是不是技术要求非常高？
有没有简便易行的加工方法和领域？

金观念

(1)农产品加工是一个广阔的领域，既有那种要求投资大、技术高的项目，也有简便易行的项目，尤其是在食品加工方面，许多项目就是平常人都掌握的在家做饭做菜的技术，投资不大，市场需求倒很大，一般人都可以做。

(2)对一些民间传统的农产品简易加工技术应该给予高度重视，一是因为这些方法比较简单且世代相传，生产成本低；二是因为这些方法加工的产品往往带有浓郁的地方特色，容易成为特色产品；三是这些技术与某些现代技术(如包装技术)结合，效益将倍增。

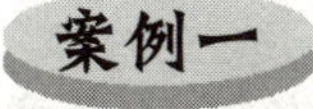

案例一

加工其实不难

在农村，许多人一讲起农产品加工就觉得非常艰难，没技术、没资

金、没销路、没人才——总之,困难重重,搞不成。

这完全是一种误会。

农产品加工其实是可深可浅,既可简单,又可复杂,并不是人们想象的那样,一说加工就要现代化的大工厂、大机器。很多时候,农产品加工的技术就是日常生活技能,加工完全可以因陋就简,土法上马找钱。

仍然以小麦的深加工为例,要用小麦生产味精、汽油、A淀粉、B淀粉、低聚糖当然需要现代化的设备,要大笔投资,要现代科学技术。

但是,用小麦生产的各种各样的面食如馒头、包子、煎饼、饺子、面条之类则是"家常便饭",在我国许多地方这些都是主食,基本上人人会做、家家要吃的。正因为家家要吃,所以消费量大;现代人又讲究方便快捷,自己不愿意劳心费神去做,愿意花钱买个现成——这就是大小超市里的速冻饺子、馒头、花卷、玉米窝头长销不衰的原因所在——可惜大都不是农村生产的产品。

所以,如果从事食品生产加工,技术不复杂,投资也少,找准市场、批量生产,就可富裕一方。

河南省临颍县龙堂村,靠生产挂面让全村人都走上了富裕路,龙堂挂面成为当地名牌。

吉林省磐石市朝阳山镇红五月村的农民把家常过日子吃的煎饼做成产业,有的做煎饼,有的申请品牌包装销售,每公斤煎饼的利润有一块多钱。生产煎饼用完了本村生产的粮食还不够,还要到周围村里去收购粮食。

江苏灌南县有1 500多农民到东北开包子店卖包子,每人每年的收入有30 000多元。

再进一步,就是现在年轻人喜欢吃的面包、糕点、饼干之类沾点"洋"气的食品,生产投资不大、技术也不复杂,可以比较容易地掌握,从而成为农民致富的途径。

据《解放日报》报道,江西的一个山区小县——资溪,全县竟然有4.2万农民从事面包的生产销售,这些人就凭借烤面包的技术走出山区,把面包店开到了国内700多个县市。据统计,最多的时候,资溪人在上海开了420多家面包店(铺)。面包帮助资溪许多农民完成了原

始积累，走上了富裕路。

那么，这个县的农民是怎样掌握烤面包技术的呢？原来，15 年前，当地的两个年轻人当兵在部队上学会了烤面包的技术；退伍以后开面包店，一年就赚了 3 万元。后来，这两个人把技术传给几十个农村青年，这些人分赴外地开店也找了钱。于是，就这么一传十、十传百，全县有 4 万多农民学会了烤面包。有些人外地找钱，回本地消费，如今，县城里一半以上的新楼是烤面包的人投资兴建的。

资溪能够办到的事，我国农村许多地方也能够办到。烤面包技术在资溪的传播是偶然的、完全民间的、行政没有干预的，传播的速度也不算很快，都取得了如此可观的成效。如果选择几项有市场前景的实用技术对一些有一定知识、有闯劲的农民进行培训，然后让他们到广阔的市场上去开拓，去闯荡，会有什么结果？

农产品加工不难，发展食品工业也不难，关键是要干，实实在在地干，按市场规律干。

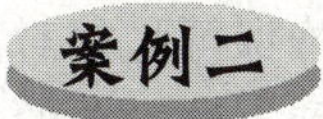

案例二

换思路就有出路

重庆市某县一个区有 100 万株香椿树，每年春天春风一吹嫩芽萌发，这嫩芽就是颇受欢迎的“椿芽”。椿芽被用来凉拌做菜，或者切得碎碎的、打几个鸡蛋搅拌均匀，煎成蛋饼，入口生香，那种别致的清香味儿，让人觉得仿佛在品尝春天。

但是，这个区的地理位置偏远、交通不便，加上椿芽的采摘时间短暂、难于保存，所以大城市的消费者虽然知道这些香椿树的存在仍然没有口福；而当地的群众除了每年可以尝尝鲜以外，也只有眼看嫩芽长成老叶，守着这资源受穷。

这些年农村搞农业产业化、发展特色经济，当地干部自然也打起这片香椿林的主意——要是办一个速冻蔬菜厂，把这些椿芽进行速冻加工，然后运往大城市销售，城里人香了嘴，办企业的发财，山里人也

借此赚点钱，岂不是“三全其美”？

然而，遗憾的是，香椿芽的速冻加工作为一个招商项目推出许久，却无人问津，令不少干部纳闷不已，难道真的有人看着白花花的银子不愿意赚，是跟钱有仇怎么的？

我当然为这些干部急于为群众谋利益的热情感动，但另一方面又想和他们算一笔账：以一棵香椿树一次可采摘250克鲜椿芽计，100万棵就可以采摘250吨；假设采摘期25天，每天就要采摘加工10吨。每天加工10吨椿芽的速冻设备要投入多少钱？这25天过了以后设备又拿来干什么？多长时间能够收回投资？这是从投资和生产上来研究，如果再从市场需求、价位、运输成本等方面研究，恐怕投资者更会慎之又慎了。

投资者不来是不是就没有办法了呢？其实，办法是有的，但要换思路。

一个思路就是每年春天在城里组织“采香椿之旅”，结合附近景区的旅游吸引客人来当地，又采又吃又带走，为农民增加收入。

另一个思路是简单加工。大家都知道，蔬菜速冻保鲜是相对高档的保鲜技术，相应的一次性投资就高；如果我们找到一种简单的加工技术，把技术教给当地农民，一到春天家家户户都来搞加工（就像有的地方做干豇豆一样）；然后，再找企业把产品收集起来，加上包装销往城里——这样做，不仅充分利用了当地香椿资源，还利用了当地的廉价劳动力；投入少、成本低、规模可由小到大、风险也低，也许更适宜边远地区发展特色经济。

那么，有没有这样一种技术呢？当然有。在云南中部某县，当地人一到春天家家户户都采摘椿芽，用开水一烫、加上盐，晾干后就成了颇具地方特色的干菜“干香椿”，据说风味非常别致。

令人感到庆幸的是，目前在许多大城市的市场上还没有见到云南或其他地方产的“干香椿”，也就是说，如果该县的人到那里去学到技术、加工出产品还来得及。

不过需要提醒的是，广大消费者喜不喜欢“干香椿”还有待市场来检验。换句话说，即使加工成功，在开拓市场方面也需要下大力气，好

的思路和细致的操作缺一不可。

思考与讨论

(1)搞农产品加工需要破除神秘感——在你眼里,做泡菜、霉干菜是不是加工?但是韩国人却依靠做泡菜的技术,每年出口大量韩式泡菜,为韩国换回10多亿美元的外汇。你觉得中国式霉干菜或者其他传统加工方式有没有可能向韩式泡菜学习?怎样学习?

(2)搞农林产品加工还需要打破思维惯性,多方拓宽产品的功能。

就以在中国南方常见的竹子为例,据国际竹藤组织在其网页上介绍,竹子可以制造的产品达1 500多种,例如——

日常用品:药、烟灰缸、桶、篮、床、窗帘、书架、碗、盒、箱、刷子、纽扣、烛台、拐杖、桌子、玩偶、蛋杯、扇子、篱笆、引火物、薪材、笛、鼓、风琴、木琴及其他乐器,地板、花钵、框架、家具、衣服、门、谷物储器、发夹、把手、帽子、水烟袋、香柱、罐、风筝、刀、漆器、梯、勺子、灯和罩、庭园绿化、席、床垫、药物、餐巾套环、装饰品、切纸器、夹子、马球、拨浪鼓、圈环、仪式用品、串肉签、夹板、搅茶器、玩具、牙签、火把、盘子、格子架、伞、储水器、哨子、储酒器、扁担、簸箕等;

在工业方面可以制造的有:竹液、活性炭、针灸针、飞机部件、酒精、啤酒、暗榫钉、焰火、灯丝、织布机、纸浆、人造丝、蚕茧托盘、织布梭等;

在交通方面可以制造:脚踏车、船篷、船、桥、缆 、两轮马车、填隙物、飞艇、平底帆船、筏 、四轮马车、马车地板、手推车等;

在渔业上可以制造:篓、桅、浮标、渔网、舷外叉架、渔竿、帆、诱捕装置等;

在农业上可以制造:筐、坝、堤、农具、食物、马牛羊饲料、蜂鸣器、灌溉管道、支撑物、水闸、桩、防风障、风车等;

在建筑方面可以制造:鸡舍、房屋 、竹合板、柱、加固物、房顶、绳、脚手架、隔板、盖板、临时庇护所、塔楼、旗杆等。

这些,不过是1 500余种产品的一小部分,但是,平时我们想到过竹子有这么多的用途了吗?如果连想都没想到又怎么能做到呢?

11 牡丹杀了回马枪

问题

为什么号称“国色天香”的牡丹，在海外转了一圈，沾了“洋气”回来，就变得花大、色艳、观赏性极强，在市场上特别受欢迎？

金观念

留过洋的牡丹花大、色艳、观赏性强，那是别人进行创新的结果。这生动地说明，即使是“国花”、“国技”、“不传之秘”也要不断创新才能确保领先地位，创新应该是增强各种产品核心竞争力的主要手段，农产品当然也只有不断创新才有出路。

国色天香 遭遇“回马枪”

牡丹花雍容华贵，号称“国色天香”。

牡丹在我国有数千年的生长和栽培历史，在传统文化中，历来有“洛阳牡丹甲天下”的说法，颇得国人喜爱；近年来，人们在酝酿评选“国花”，牡丹又是强有力的竞争者，是主要候选花卉之一。

然而，2002 年从上海《解放日报》传来消息：“洋牡丹”登陆上海

滩，而且在花卉市场上的销售形势明显好于我国国产牡丹——只因为洋牡丹在花的颜色纯度和花的大小上都远远超过国产牡丹，赢得了消费者的青睐。

“国色天香”变成“还乡团”，杀起“回马枪”，这不能不说是一个令人悲哀的故事，但这悲哀的故事我们还必须听，必须警醒！

牡丹作为中国传统的“国色”的确是大自然对我们的厚爱。承蒙祖先的庇荫，直到20世纪80年代，我们的牡丹都还可以“甲天下”——当时，我国每年出口牡丹数百万株，在国际市场上一枝独秀，牡丹秀色可餐，受到各国爱花人的追捧。正因为如此，引起了荷兰、日本等国的重视，到20世纪90年代，这些国家纷纷从我国引种牡丹花。

引就引吧，问题的关键在于，引种以后他们没有就此止步，而是利用其科技优势，对牡丹进行杂交培育；每年培育出3～5个新品种，时间一长，就形成一支娇艳动人的牡丹“海外兵团”。这些新品种，花大、色艳、观赏性强，当然赢得了青睐，占领了国际市场。

另外，美国人还按照国际惯例，抢先登录了牡丹的国际名录。

与此同时，国内的牡丹新品种培育却步履蹒跚，大量的是老品种重复。长期原地踏步，没有创新，纵然是“国色天香”也有落伍的时候；不知不觉国产牡丹的姿色、芳香和观赏性就落到了人家后边。“落后就要挨打”，所以，那些在海外沾了“洋气”的牡丹就堂而皇之地杀回来抢市场了。

从这件事得出的教训就是搞特色经济、种花养草也必须努力地、大胆地创新。我国的牡丹虽然有几千年栽培历史，却抵不过别人几年创新，这让我们充分领教了创新的巨大魔力。

加入WTO以后，提升全民族的创新能力已成为当务之急。创新必须落实到方方面面，要培养大家的创新意识，引导大家从自己手边的工作，从一点一滴的小事做起进行创新，让大家明白，不管是培育一个新品种，开发一种新产品，创造一个新工艺，推出一个新的服务，都是在提高国家的竞争力，是在推动国家的兴旺发达。因为，在未来的竞争中只有不断创新才能立于不败之地，因循守旧、重复照抄必然会落后。

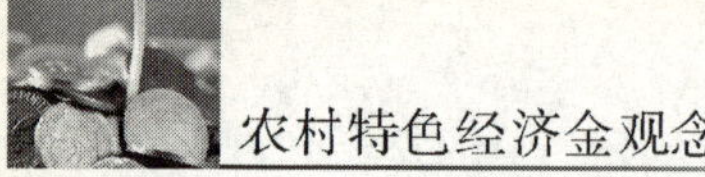

创新必须依靠科技,所以我们必须大力提高农民的科技水平,提高农产品的科技含量,当然更要采取措施调动广大农业科技人员的积极性和创造性。

而最关键的措施就是为创新提供制度保证。

其中非常重要的一点就是保护农作物和园艺花卉新品种的知识产权。我们知道,培养、选育一个新品种往往需要投入大量的精力和资金,要克服许多艰难险阻才能获得成功;如果新品种培育出来以后,大家都可以无偿使用,那么谁还愿意去搞那费钱、费力又没有好处的创新呢?

大家都不创新,产品就永远在低水平上重复,就只好在价格上竞争,互相杀价——“窝里斗”,最后大家都赚不到钱。

正因为如此,国外对花卉新品种也实行专利保护:如果你培育出一种花卉新品种,进行了登记,别人要引种这种花就必须向你交费,得到许可才行;否则,就是侵犯知识产权,被告上法庭,侵权者有可能赔得倾家荡产。

有了制度保护,创新就可能给创新者带来滚滚财源,这样,大家都愿意去创新,就不断有新产品被开发出来,就增强了这个国家或者地区的创新能力,提高了竞争力。

因此,尊重知识产权就是保护社会的创新能力,侵害知识产权不仅害人害己,也危害国家的创新能力。

思考与讨论

(1)有的人不明白,花卉也能创新?花卉当然能够创新!外国人借牡丹给我们上的一课,就是花卉的创新,通过杂交、嫁接、改造种植技术以及其他方式,改变花的颜色、花的大小、花的香味、花的开放时节以及延续时间,从而提高花的观赏性。培育新品种,进而增强花卉的市场竞争力,其实这种创新是很多人都可以做的——许多人都喜欢在阳台上栽花种草,这里边也可以展示你的创造才能,你做了吗?

(2)我也能够创新?你当然能够创新!创新并不是科学家、农学

家、园艺家的专利，创造学告诉我们，每一个人都有创造能力，关键在于你是不是开发利用了你的创造能力；而且创新也并不都是造原子弹、发射宇宙飞船这样的大项目，改变花草的形态，研究提高瓜果产量的技术，都是创新。一个国家、一个民族，如果每个人都从自己手边开始，从一点一滴的小改进着手进行创新，积小成大，整个国家的创新能力就加强了。

(3)请问一问自己：我有没有创新的意识、我有没有创新的行动、我有没有创新的成果？

12 拉长拉长产业链

问题

怎样才能延长农产品的产业链？

金观念

在农村发展特色经济，要想创造好的经济效益，就要特别注意延长农产品产业链，对资源进行综合开发，多产业、多层次、多角度、多方面地开发利用资源，从而获取多方面的收益。在农产品的加工上更是要“层层剥皮”、“吃干打尽”地进行农产品的深加工，使农产品多次增值。

案例一

链条增一环，就能多赚钱

可以说，努力延长农产品产业链、产品链，已经成为农村发展特色经济、增加农民收入的主要手段。但是，对于许多农民和农村基层干部来说，这个“产业链”是个什么样子，又应该怎样来延长产业链，仍然是一个需要学习的话题。

经济学家王东京曾经介绍“产业链”：我们的老祖宗——原始人要吃鱼，就跳进水里去用手抓，抓到以后，顺手拾点柴火烤熟就吃。这个产业链就只有抓鱼—加工鱼，这么两个环节。

随着人类不断发展进化，人们知道，用网捕鱼比用手抓鱼效率更高，划着船到深水区去下网又比只站在岸边撒网捕的鱼多。但是，织网要绳子，做绳子要采集纤维；造船要木料，砍木头要工具，造工具又要材料。这样一来，原始人“抓鱼”这个生产环节，后来就演变成造砍树工具—砍树—造船—收集纤维—造绳子—织网—捕鱼，这样一个产业链条。而且，每增加一个环节，可能就是增加一个专业分工和商品生产、交换的机会，相应给社会带来财富。

小麦是我们身边最常见的一种粮食作物，过去，农民收获麦子以后，除了留下自己吃的以外，其余的麦子卖了，麦秸当柴煮饭烧了，这产业链就只有三环：种植小麦—出售小麦—副产品做燃料。

王东京又算账：如果农民不是直接卖小麦，而是对小麦及其副产品进行加工以后再出售，价值就会大大增加：卖 50 千克小麦收入 50 元钱，假设农民把这 50 千克小麦拿去磨成面粉，得到 40 千克面粉，近 10 千克麦麸；面粉则可以卖到 80 元钱，麦麸抵加工费后还可盈余 10 元。如果再把这 40 千克面粉加工成 56 千克馒头出售，可卖 100 多元钱。小麦—面粉—馒头，多一个环节就提高一些价值。

同样，如果农民不把麦秸烧掉，把它编成草辫或者进一步制成草帽、草垫、挎包等草制工艺品，就可增值 5 ~ 10 倍。

那么，小麦深加工的产业链是不是只有这么长呢？不，还长得很。

麦麸可以作饲料养奶牛，牛奶不仅可以卖鲜奶，还可以加工成酸奶、奶粉、奶油、奶酪。

小麦磨粉过程中，可以分离出胚芽，胚芽榨出的油可以制成具有抗衰老、降血脂功能的保健品。

面粉可以做大饼、挂面、面包、饼干、方便面、速冻水饺等各种各样的食品。

面粉还可以深加工提取“面筋”，“面筋”又可以制造没有污染的“绿色粘合剂”。

面粉中还可以分离出 A 淀粉和 B 淀粉，前者可生产葡萄糖和低聚糖，后者可以生产谷氨酸、氨基酸、饲料和肥料；面粉中分离出的戊聚糖还有减肥保健功能。

甚至连存放多年的陈化粮小麦都还可以用来生产乙醇，乙醇与汽油按比例混合配制的乙醇汽油可有效降低汽车尾气污染，具有广阔的市场前景。巴西在2001年消费的乙醇汽油已达1 000万吨，约占该国汽油消费量的一半。

不要以为我在吹神话，上面说的项目在河南大部分都已经投产。

也正是基于上面所说的道理，如果有人问我农产品怎样增值？我的回答是：延长产业链，进行深加工。

如果问我农产品加工怎样找项目？我的回答是：着眼产业链，进行深加工。

如果问我农民怎样增加收入？我的回答仍然是：延长产业链，大搞深加工。

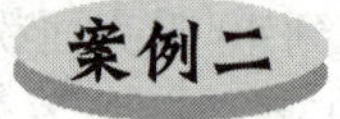

特色旅游纪念品

——旅游产业链上重要的一环

近年来，各地都看到旅游业发展的巨大潜力，纷纷投资开发旅游景点；而且许多景点也确实获得了巨大的经济和生活效益，成为支撑当地经济社会发展，安排大批当地人就业的支柱产业。但令人遗憾的是，在旅游产业链中，经常有一环被忽视——那就是旅游纪念品。

产业链、产业链，产业链链条的每一环都意味着商机和金钱；因此，那些忽视产业链上相关环节的地方、单位和个人，实际上就等于白白放过了一些赚钱的机会和岗位。

由于职业关系，我有机会去过许多旅游景区。

令人遗憾的是，即使是一些非常有特色的景区，其旅游产品开发也令人不敢恭维——千人一面、千篇一律，缺乏地方特色、缺乏个性、缺乏鲜明的人文色彩、缺乏好的设计、缺乏质量管理，已成为许多景区旅游产品的通病。

2004年9月，我有机会去了神农架，这里的旅游产品令我眼前一亮。在这里，我看到许多有地方特色的产品，如草药、干果、蜂蜜、茶叶、蘑菇、特色工艺品，大约有几十类上百个品种，欣赏之余，也花了好几百元钱狂购一番，以至于离开神农架时两手都不够用，差点带不走。

选购的过程，其实也就是深入了解和思考的过程。我觉得，神农架的特色旅游纪念品是我所见过的旅游区里开发得最多的和最好的；但是细细琢磨，仍然有不足的地方：

第一是开掘不够

对有关神农氏的人文资源开掘不足——神农架有一个宝贵的资源，就是它的名字，以及由名字引起的联想，虽然没有任何证据，但在旅游者心中，神农架与神农氏有某种天然联系，神农氏尝百草，是中华民族的健康守护神，这个题材的旅游纪念品还大有文章可做，目前尚未开篇。

自然资源开发不够，药材与山货都还有较大的潜力，适宜神农架区域生长的中草药品种很多；但是目前在该地售卖的品种还太少，特别是针对当前现代人常见的富贵病的品种太少。

特色旅游纪念品应该是干货鲜货并重、就地消费的和带走的并重，但是目前是干货多，鲜货少，考虑让游客带走的多，让他们就地消费的少。

花卉资源开发不够，尤其是具有神农架当地特色的花卉、盆景资源没有开发。

特色菜肴开发不够，尤其是滋补药膳，与神农氏挂得上勾，应该是重要方面。

第二是健康牌打得不够

神农架与大自然、与神秘有天然联系，产品应该尽量往绿色产品上靠，往保健上走。目前已经有这势头，还要进一步加强。

第三是加工不够

核桃不去壳，板栗不炒，商家无法长期保存，当地人减少了就业机会，消费者买了以后当时没法食用——也就不能刺激他们进一步购买的欲望。

第四是包装不够

药材的包装与说明，学名及种属，功能和禁忌等应该统一、正规，绞股蓝（龙须茶）的包装比较好，但是说明连功用都没有；也没有方便旅游者长途携带的包装。

第五是市场规范不够

要竞争但是不能恶性竞争，不能因为竞争造成价格混乱。乱杀价，最后还是坑了自己。

案例三

靠智慧和创意延伸产业链

延伸农产品的产业链就像拉橡皮筋，用力越大拉得越长，而这个“力”，不是蛮力，更多的是考验人的想象力。有时候，有的产业确实是个敢不敢想、想不想得出来的问题——尤其是某些隔得远的链条和环节，从表面上看，似乎与原来的产品就没有什么关系，但是别人一旦做出来又令人佩服、令人叫绝。

人们经常见到的产业链上大部分环节都与主要产品有“血缘”关系，起码是亲戚关系。就像前面所说的那样，用陈化小麦生产乙醇汽油，这乙醇汽油虽然在外形上已经一点都不像小麦了，但是它毕竟是小麦生产的，是小麦的“老幺儿”。

而产业链上另外一些东西就不一定与主产品有什么直接联系了，它们如果有关系的话，就是一个处在邻近的同一空间或时间里，是邻居关系，最多像森林与蘑菇的关系，是个共生关系。

还是举个例吧！

如果我们承包了一个果园，种了柑橘树，除了收获柑橘以外，每年柑橘花开的时候，还把柑橘花收起来，提炼香精，还养蜜蜂，采柑橘花蜜，用柑橘皮提炼香料，每年柑橘成熟了请客人来摘柑橘等等——这些都属于与主产品有直接关系的产业链链条。

而我们利用果园的空间，树下种南瓜、冬瓜、牧草、蘑菇（长期作物

与短期作物结合）；养蚯蚓、昆虫、鸡、鸭、鹅、兔、鸽子、牛、猪、狗、鹿（种养结合）；利用果园空气好环境优美的特点，办个“老年公寓”找钱（一、三产业结合）；利用果园位置好，人流量大，在果园的上空给别的企业做一个空飘气球广告赚一笔——这些就和柑橘没什么关系了，只和“园”有关系。这些项目，柑橘园可以做，桃园、梨园、杏园、林场、苗圃都可以做，这就只能称之为间接延长了产业链。说直白一点，就是充分发掘利用果园这一空间环境的兼容性，加以综合利用，从而创造出更多的财富。

从这里也可以看出延伸产业链的两种不同方式：直接延长与间接延长，前者更多地依靠知识和科技，后者更多依靠智慧和创意。

间接延长产业链，要在结合上做文章。

长短结合：仍然以柑橘园为例，柑橘树生长周期较长，如果栽下柑橘以后就一门心思等结果，显然浪费土地和阳光雨露，可以在园里种一些短期作物，增加收入；柑橘成林以后，也还可以间种一些短期作物。

上下结合：不同高度的植物动物，各有各的生活空间；同样是植物又有不同的生长要求，有的喜光，有的却适宜在荫凉的环境里繁衍。利用果园种南瓜或者蔬菜，各占各的空间；养牛结合养鸡，各走各的路，各觅各的食，各得其所，但收入却增加了一份。

其实，上下结合得最好的还是大自然，走进原始森林，去看看从森林的上空，直到树下的土壤里，互不相干、甚至互相依存地生活着多少种生物，这些生物中又有许多是对人类有价值的。所以，我们还得向大自然学习。

中国林业科学院的专家也曾经建议，在石灰岩地区植树造林的时候，可在某些树苗（例如栎树）的根部接种黑块菌菌种，开发利用林地的地下空间。这样，树在地上长，黑块菌在地下长，黑块菌不仅不妨碍树的生长，还对树的生长有促进作用。生长6年后，黑块菌就可以开始收获，一棵树下每年可以采收2 000克左右，而且可以连续采收80年。黑块菌在国外号称世界三大美食之一，每千克售价高达100美元左右，几十年下来，菌的收入远远超过树的价值。

种养结合:种草养牛,牛吃草长肉,牛的粪便又肥田,促进草的生长。种养结合往往能形成良性循环,收到比单一产业更好的效益。例如,兴办规模化养猪场、养牛场,养猪养牛的效率上去了,但是粪便处理却成了问题,堆着是污染,排入江河也是污染,怎么办?一个办法是修建沼气池处理粪便;同时,把养殖场附近的大片土地也承包过来,种粮食、种饲料、种草、种花。这样,猪牛粪便发酵生产沼气,沼气液和渣用来肥田,田里生产的粮食饲料又促进猪牛生长,降低了成本,提高了效益,保护了环境,经济、社会效益双丰收。

一、二、三产业结合,关于这一点,在《一二三规则》中有详细叙述,但是,那里主要讲同时从三次产业角度来统筹规划农业开发,不要单打一;而从间接延长产业链角度看,办果园的同时办个食品加工厂,利用果园空间晾粉丝、晒干菜,加工各种食品,是第二产业,兴办"老年公寓"那就是第三产业了。

思考与讨论

(1)延长产业链复杂吗?说复杂就复杂,说简单也简单。

就以前面所说神农架卖核桃的人为例,把核桃买回来再卖出去,链条就是一环,赚的就是价差;

如果把核桃砸开,剥出核桃仁来卖,产业链就是不是延长了一环?

不要小看这一环,通过这一环,核桃增值了,剥核桃劳动量并不大,妇女老人都能够做,增加了就业,创造了财富。

再进一步,不把砸出来的核桃仁散装出卖;而进行分类:外形完整色泽好的适宜直接销售,外形略有破损、色泽不太好的出售给做桃片或者油炸桃仁的企业,破碎的卖给加工核桃粉的企业。这样,产业链又增加一环,核桃进一步增值。

再下一步,核桃加工得多了,可对核桃壳进行综合利用,这又是一环。

(2)在你身边,有没有可以拉长产业链而增加财富的项目?

(3)你打算怎样延长正在生产的产品的产业链?

13 跨年柚子是珍宝

问题

农产品"反季节"为什么容易创出特色，容易卖出好价钱？

金观念

所谓某一个农产品品种的"反季节"，就其本质而言，是从与同类大宗产品隔开相当时段的上市时间中凸显优势，以时间换空间，以时间换市场，实现在某一区域、某一时段的人无我有，形成特色，从而占领市场——这就是"反季节"农产品一般能够在激烈的市场竞争中取胜、获得比较好的经济效益的根本原因。

而要创造"反季节"农产品，可以通过特殊（早熟、晚熟）品种栽培、特殊地形的利用（同一品种在不同海拔地区、不同纬度区域的栽培）、特殊小气候的巧用、特殊资源（例如温泉、冷泉之类）的运用，延长新鲜农产品上市时间等途径来达到目的。

案 例

跨年柚子是珍宝

那是30多年前，在农村当知青的时候，我所住的老乡家院子里有一株碗口大的柚子树，年年秋天树上都挂满了绿油油的大柚子，叫人

看上去都觉得非常养眼——但是，令人非常遗憾的是，每年冬天摘下柚子剥开以后，人们总是双眉紧皱、龇牙咧嘴地吃着那又酸又涩又苦又麻的柚子。当时割“资本主义尾巴”，水果对农民来说是极其珍贵的，对这柚子农民是不吃可惜吃又受罪，最后是咬紧牙关往肚里吞——好歹算是吃水果啊！

那时我就觉得很奇怪，为什么要种这种东西呢，这么难吃？曾经劝告老乡嫁接好的品种，只是由于当时实在找不到好的穗条而作罢。

后来有一天，我突然从报纸上看到，省里一个科研单位对这种柚子进行了研究，发现这种柚子其实要到第二年春末夏初才成熟；如果等到那时再采摘，柚子就甜美可口了。我兴高采烈地告诉老乡，他说：怪不得这东西这么难吃，原来还没熟呢。

说归说，到了冬天他照样把柚子摘个一干二净，他的解释是：冬天柚子挂在树上，只要家里没人，半个村的小孩都会来打主意，他们扔石头砸柚子，柚子倒不一定被砸下来，房上的瓦被砸烂不少——因此，直到我离开农村，也无法验证和无缘品尝那柚子成熟后的味道。

面对许多地方抱怨特色经济找不到好项目，我又想起了那柚子。

我们知道，各种水果都以各自独特的美味吸引着消费者，但令人遗憾的是：第一，水果的生产大都有季节性和地域性；第二，大都不耐储藏。所以，即使有钱，人类也不能一年四季、在全球各个地方都吃到新鲜的樱桃、荔枝、草莓、西瓜、柚子等各种有名的水果。正因为如此，人类想了多种多样的办法：在生产方面，利用温室、利用科学技术选育早、晚熟品种，在气候允许的情况下尽量延长上市时间；在储藏方面，运用冷库、保鲜剂等延长保存时间；在加工方面，制造水果罐头、果汁、果脯、蜜饯，以便常年食用。

不过，这些方法也有缺陷：早、晚熟延长的时间很有限，温室、冷库、保鲜剂增加了成本、提高了价格，而且保鲜时间也有限，仍然不能保证常年供应；罐头、果汁、果脯、蜜饯虽然一年四季处处可以食用，但它只能部分替代而不能取代新鲜水果。

所以，那些在自然状态中生长、与常规品种成熟时间错开一两个季节的水果品种就显得弥足珍贵了。近年才被发掘出来并在北方以

火箭般速度扩展的冬枣，让人在严冬里吃到清脆可口的鲜枣；重庆长寿湖的夏橙，使消费者在夏天吃上鲜橙。这些水果不仅卖出了好价钱，销路也很好，产品供不应求，完全没有常规品种的“卖果难”之忧。

这些水果成功的秘诀就是以时间换空间，具体说，就是以异常的上市时间拓展出广阔的市场空间，可以称之为“反季节水果”。

因此，各地在发展特色经济中，如果发现了这类品种就应该做到高度重视、深入发掘、依靠科技、科学决策、发挥优势、规模种植、形成产业——这样往往能实现人无我有，获得极好的经济效益。

说到这里，又想起老乡院子里的那棵柚子，会不会有人去发掘、开发它，建设“春柚”基地，给乡亲们带来可观的收入呢？

思考与讨论

“季节”这个概念，主要因素是日照、降水和气温等，其中气温又是重要指标。如果农产品生产地的气温，与市场所在地的气温有较大的差别，某种农产品又有很大的需求，就有了利用常规品种生产“反季节”农产品的基本条件，就可以发展“错季节”或者“反季节”农产品。

但是，这只是一个因素，还要考虑成本：你这里生产“反季节”农产品，起码要达到多少价格才有利可图？以这个价格加上运输费用运到市场，产品还有没有竞争力？与当地的温室大棚产品比，有没有优势？

还要考虑保鲜，产品运输到市场时，有没有障碍？会不会变质甚至烂在路上？

还有规模的大小，能不能形成经济规模，从而占领市场？

(1)你那里有没有这种适宜发展“反季节”农产品的、独特的气候资源或者地理资源，利用起来了吗？

(2)如果发现独特的“反季节”品种，你会不会珍惜它、开发它？

14 南瓜酒香醉游客

问题

我的邻居搞特色经济项目获得了成功，我又不想模仿他、跟在他后面撵，我该怎么办？

金观念

看见别人开发旅游景点找了钱，我也搞个景点？别人开发一个大溶洞，我也开发一个小窟窿？别人办企业成功，我也一模一样模仿他搞一个？别人养鸡我养鸡、别人养羊我养羊。这其实是笨办法，是从众心理在经济生活中的反映。这就是一些地方农村特色经济项目“同质化”，或者叫做结构趋同的源头；这样容易造成某一产品供大于求，形成恶性竞争的态势。如果大家一窝蜂搞同一产品，甚至会搞得投资者血本无归。

好的思路和办法是主动为已经成功的企业或者产品配套，借他的成功势头，发展我的特色产业——这就叫做“攀龙附凤”。

南瓜酒与攀龙附凤

“红米饭，南瓜汤，挖野菜也当粮。”井冈山地区盛产南瓜，南瓜曾

经养育了红军,养育了中国革命。

在发展社会主义市场经济的今天,井冈山人又利用南瓜做起了特色文章——除了鲜食外,还卖南瓜干,甚至还有人用南瓜酿造南瓜酒,销路很好,赚了不少钱。

南瓜酒一下子引起了我的兴趣,因为我还在当孩童时,同伴就指着邻居山坡上的大南瓜悄悄告诉我:偷偷把南瓜切开一块,把做醪糟的酒曲放进去,然后把切下的一块原封原样盖上,南瓜还会继续长,切口也会愈合;过一段时间,南瓜酒酿好了,插根竹管把酒喝了,用稀泥把插管子的地方抹上,南瓜从外观上看不出有什么改变,只有主人收获南瓜时才会发现只剩下一个空壳。

好像是因为当时酒曲不好找,我没有拿邻居的南瓜来做实验,我也不知道今天井冈山的农民用南瓜酿酒是不是用的这个方法。但他们用南瓜酿酒致富却颇能给人启发——在许多旅游景点,甚至远离城市的山区,人们都非常辛苦地从外边运进啤酒、白酒、可乐供旅游者消费,为什么没有想到开发有本地特色的酒和饮料呢?

发展旅游经济有一条原理,就是要尽量让旅游者在景区多呆些时间,让旅游者尽量多花钱。要做到这一点,就要使旅游者到了景区不仅仅看有特色的风景、参加好玩的活动、还要吃有特色的食品、喝有特色的饮料、买有特色的纪念品。南瓜酒虽然不是名酒,但有季节性、有地方特色,不常见,能给旅游者新鲜感,所以就有市场。

其实,盛产南瓜的地方可以生产南瓜酒,用高粱酿造的咂酒也可以开发。前些年,重庆市一家企业开发咂酒想作为大众产品大规模推向市场,虽然最后未能成功,但在旅游景点小规模生产供游客消费还是有钱可赚的。

除了酿酒以外,还可以用本地特有的植物泡酒。我上个世纪 90 年代中期曾经在重庆万盛黑山上小酒店里喝过用山上挖的新鲜天麻浸泡的天麻酒,在永川“茶山竹海”的“农家乐”喝过农户用山上特产的金樱子浸泡的酒,2005 年在荣昌县的“农家乐”喝过用桑葚浸泡的桑葚酒,味道独特,口感不错。遗憾的是第一量少没有形成规模,第二没有品牌和名气,就连卖酒的人都没有把这当回事,更别说把这做成该景区的一个特色产品了。

成功的产品是重庆南山的桂花酒，香味独特，口感舒适，已经有一定的规模和影响，成为给南山餐饮业增色不少的特色酒，也为南山桂花的综合利用打开一条路。

实际上，一个景区多一个特色产品就给这个景区增添一分魅力，也给当地人增加一个致富门路。

对景区的农民来说，这有个观念问题；而对农村基层干部来说，则有个引导问题，因为这涉及发展特色经济的一个基本方法——攀龙附凤。

所谓“攀龙附凤”就是给已经打开市场的产品配套，做这些产品的上、下游产品——别人种植柑橘发财，我就生产包装柑橘的纸箱、竹筐，或者利用柑橘花提炼香精，或者办加工厂给柑橘分类、打蜡；别人发展养猪业赚钱，我就卖猪饲料、兽药，或者办肉食品加工厂；附近风景区生意兴隆，我就为景区的餐厅种菜、养鸡、养猪，或者生产特色食品，为游客带路、导游、抬滑竿，生产有特色的旅游纪念品都属此类。

攀龙附凤因为借助于已经打开市场的产品，所以减少了开拓市场的风险；还可以避免看见别人养猪发财大家都养猪，别人种柑橘好又都种柑橘，“一窝蜂”去做同一种产品，同质化竞争，结果造成积压滥市，大家都赔钱。

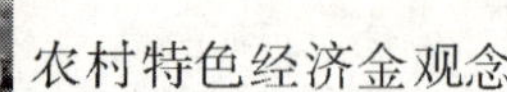

思考与讨论

如果不是跟钱有仇，一般上项目不要搞同质化竞争，尤其是早期的农村特色经济项目，资金紧缺，经不起折腾，失败不起，更要尽量突出特色，靠差异化取胜、靠互补取胜。这样的结局往往是双赢。

由此，“攀龙附凤”不失为一个好思路。

怎么个攀附法？

一是围绕已经走红的产品，做它的产业链、产品链的上、下游产品；

二是深化该产品的内涵，向纵深开掘，深处掘宝。

请想想，附近有哪些可以攀附的成功产品，怎样“攀龙附凤”才能达成双赢？

15　健康产业“钱”途无量

问题

为什么说健康产业大有可为？怎样借助健康产业发展农村特色经济？

金观念

发展健康产业前景光明灿烂，根本原因是有广阔的市场需求。

在国内，随着绝大多数人温饱问题的解决，提高生活质量已经成为许多人迫切要面对的问题；在国外，尤其是在发达国家，对健康的追求早已蔚然成风。

然而，现代生活的快节奏、竞争的激烈、化学农药和化肥的大量使用、环境污染、生活方式的改变等因素又导致人群中很大一批人处于亚健康状态。

鉴于化学药品的毒副作用，许多人把保护自己健康的希望寄托在博大精深的中华医学文化上，把信任的目光投向传统的中医中药。美国、日本和欧洲许多国家都有大量的中草药食品或保健品出售，并且深受消费者喜爱。

当前，唯一遗憾的是由于我国的种植、加工、科研、销售没有跟上，大把的钞票被外国人赚走了，中国人得的实惠太少。

前景灿烂的健康产业

2002年,《农民日报》曾经介绍江西都昌县开发一味名贵中药材带动一个产业兴旺发达的故事*。

这种中药名叫做“菊三七”,据《本草纲目》记载,具有止血镇痛、解毒消肿等功效。过去,此药因藏在深山少人识,没有得到大规模的开发利用。

都昌一位农民经过10多年钻研,摸索出“菊三七”从野外移栽驯化到大面积栽培的技术,培育出菊三七药用保健花卉;该县随即给予大力扶持,使“菊三七”种植面积迅速扩大,到2002年就达到4 000余亩(约267公顷),亩收入3 000元以上。

据说,对该县而言,“菊三七”并不是一个特例,因为在2001年,该县中药材种植面积就达70 000亩(4 667公顷)左右,号称赣北药材大县。

从2002年以来,“菊三七”发展得怎么样?销售形势如何?几年过去,没有看到进一步报道——药材市场风云变幻,影响企业和产品成败的因素太多,谁也不敢打包票说某种产品包赢不输——但是,不管怎么样我都要说,发展中药材种植(尤其是野生药材的驯化和规模化种植)、发展健康产业,思路是对的,前景是非常光明的,值得提倡。

做出这样的判断,当然是有依据的:

第一是世界中草药及其制品市场的持续火爆。近年来,随着人们对化学药品毒副作用的更多了解,欧洲、美国的消费者对中草药的认识越来越深,许多人愿意接受中草药治疗或者服用中草药保健制品。据世界卫生组织统计,全世界大约有40亿人接受中草药治疗。

2003年,中草药及其制品的市场销售额达到230亿美元,并且正以每年10%~12%的速度增长。世界著名的《哈佛商业评论》把中草药现代化与生物科技、网络、移动通讯一起称为未来20年最重要的四大产业;国际医学统计年报则预计,到2006年中草药及其制品的市场

产值将突破350亿美元。

第二是我国中草药资源的急剧减少。近年来，由于国际贸易量的增加和经常出现的滥采乱挖现象，使得我国许多野生中草药资源急剧减少，亟待采取措施加以保护。

据2000年在昆明召开的濒危中药资源保护利用战略研讨会透露，我国野生甘草的经济蕴藏量在20世纪50年代曾经达到200多万吨，到2000年已不足35万吨。

石斛是珍贵中药材，号称“人间仙草”，我国的野生石斛有74种和两个变种，由于滥采乱挖，目前已经枯竭，不得不从国外进口。

一方面是市场需求急剧膨胀，另一方面是野生资源供不应求，这中间的空白谁来填补、怎样填补？当然只有依靠人工种植。这问题换个角度，其实就是谁来抓这商机？

第三是中草药的栽培正方兴未艾。目前，我国植物药数量已经达到11 146种，但是人工栽培的只有490多种，种植面积在2002年也只有580多万亩（约38.7万公顷），中药产业化的步伐和技术都相对滞后，还有比较大的发展空间。

而且，中草药种植、栽培大多不需要良田沃土，即使是荒山野岭、戈壁沙漠、雪山高原这类贫瘠苦寒之地，都有适宜当地栽培的药用植物，只要有合适的制度进行引导，肯定有人愿意投资，做这利国利民也利己的大好产业。

当然，中草药种植也不能一窝蜂，也要科学决策，要进行缜密的市场调查；市场需要什么，当地最适宜种什么，怎么种，都影响产品最终收益，千万不要千军万马去挤独木桥。如果大家都同时去种某一个或者几个品种的药材，必然供大于求，造成“滥市”。

中草药种植大有可为！中草药种植要脚踏实地、一步一个脚印地做，决不能一哄而起，一哄而散！

＊田超成，武昌宣. 一株草带动一个产业. 农民日报，2002-5-1

思考与讨论

(1)你知道当地有哪些独特的中草药品种,适宜哪些中草药生长吗?

如果不知道,那么你觉得当地谁最清楚本地有哪些独特的中草药品种?

谁最清楚——科研人员最清楚、乡村医生最清楚、攀悬崖登峭壁的药农最清楚。

你向他们请教了吗?

(2)中草药种植必须是绿色的、规范的,如果农药化肥一起上,就没有价值了。但是,怎样保证农民在种植过程中自觉规范地管理,严格按国家有关标准生产呢?

16　一二三　一二三

问题

如何对农业资源进行多方面的综合利用、深度开发，有没有可供借鉴的基本思路？

金观念

对于任何一个农村特色经济项目，从大的方面看，在资源的综合利用、深度开发上，起码都应该从三次产业的角度通盘考虑、认真策划、系统分析，通过这种分析，不仅使项目的效益最大，而且使项目投入最低、抗击市场风险的能力最强。

案例一

一二三规则

大家都知道，从理论上讲，开发农产品要想多增加收入，就要充分利用产品各方面的性质，尽可能延长产品的产业链。那么，具体地讲农产品具有哪些方面的性质，怎样才能够延长产业链呢？

一二三规则就是一个帮助我们思考的工具。

所谓一二三规则，就是把人们划分一次产业、二次产业、三次产业的思维方式运用到农村发展特色经济上来，考虑能否对同一资源进行三次产业的综合开发，从而提高经济效益的一种方法。

现在我们以这些年正在热起来的莲藕为例，来说明一二三规则的可能性和必要性。

对于国人来说，藕是一种受人喜爱的蔬菜。由于在市场上具有较高的经济价值，加上它生长在水里，利用的是农民通常无法用来种植粮食作物的土地资源和水资源；而且生命力强，种起来简单，生长过程中不需要多少照顾和护理；成熟以后，藕在田里可以保存相当长的时间等优点，所以许多农民都愿意种它。

但是，藕又不仅仅是一种农产品，它还可以成为食品工业的原料：人们可以很容易地从藕中提取淀粉——藕粉，也可以直接用藕制作各种风味小食品，如麻辣藕片之类，还可以做蜜饯。

而且，在藕的生长过程中，其又大又圆、色彩碧绿、富有特色富有诗意的叶片——荷叶；红、黄、白、紫，色彩各异、美丽娇艳的花朵——荷花；荷叶与荷花那略带苦味的清香；花瓣掉了以后，兀自挺立的莲蓬；以及莲蓬里面那既可鲜食生食又可晒干后煮熟食用的果实——莲子，和它们生长的环境都具有审美价值，可以供人们欣赏，给人们带来美感，让人们在这样的环境中得到休息和放松。

特别是在中国传统文化中，荷花更有独特的审美象征意义。中国的读书人如果不会背周敦颐的《爱莲说》全文，起码能够念诵"出淤泥而不染，濯清涟而不妖"——这是从古到今多么大的一个免费广告啊！

如果充分利用这些资源，第一我们可以生产销售藕、莲子、荷花以及相关的农产品，这是种植业；第二可以兴办以藕、荷叶、莲子为原材料的食品加工厂，这是二次产业；第三可以吸引城市里的人来赏荷、钓鱼、摘莲蓬、采藕——一句话，兴办三次产业。应该说，对莲藕的开发利用，最起码应该从这三个方面入手。这就是一二三规则。

然而，如果看看种莲藕的情况，就会发现很多地方都是"独一无二"也无三，只知道卖藕，别的资源都白白浪费了；一旦藕的市场行情不好，就只能让藕烂在田里——这也是一种"千军万马过独木桥"的做法，很不可取。

江苏宝应县是国家有关部门命名的"中国荷藕之乡"，据《人民日报》报道，这个县的莲藕种植面积、产量、品质、出口量均居全国之首；

而他们的莲藕出口量之所以高,就是因为全县有莲藕加工厂近 30 家,生产出 7 大系列 400 多个品种的莲藕制品,主要出口国外,在日本市场上已经占到 80% 的份额。加工业不仅能大幅度增加农产品的附加值,还能够为农产品拓展更广阔的市场,在发展农村特色经济中应该予以特别的重视。

过去,成都龙泉驿的农民种水蜜桃也是只顾卖桃子,最近几年他们利用桃园的环境在桃花绽放的季节搞旅游业,狠赚了一笔,以至于卖桃子时都敢说:便宜点没关系,反正农家乐已经找了不少钱了。如果他们再把水蜜桃汁、桃脯和桃木旅游纪念品加工厂搞起来,那会是什么样子?

近年来,一些地方开始醒悟,着手在荷塘旅游上大做文章,虽然刚开始显得粗糙、简单,也是一个可喜的进步,但要强调的是:如果莲藕种植面积达到一定规模的话,加工业也是绝对必要的,而且加工可以由粗到精、由初级到高级逐步发展。

最后,把这规则概括为两句话:特色经济要搞好,一二三都不能少。

案例二

我说荷塘经济

藕的花、叶、果实在国人心目中历来有特殊位置,因为中国历代文人都为之大做广告。从汉代的"江南可采莲,莲叶何田田",到宋儒周敦颐《爱莲说》中的"出淤泥而不染,濯清涟而不妖",再到现代人朱自清脍炙人口的《荷塘月色》,荷叶、荷花、莲子都给人以超凡脱俗的美感。

到了市场经济的今天,人们终于不再简单地把荷叶、荷花、莲子当作藕的副产品,开始发掘它们的商业价值,于是有了荷塘经济、荷花节等等,这是一个了不起的进步。

但真正到荷塘边一看,才感觉所谓的荷塘经济实在是刚刚起

步——因为不少地方的荷塘经济其实就是以荷花为标志的农家乐。而要做成产业，则还嫌太单一。

有朋友道：大话少说，假设是你来搞，你打算如何“丰富”呢？

我说，好吧！本人权作荷花塘主，让你见识见识——

先说吃的，清晨是莲子羹或者藕粉，中午晚上有荷叶稀饭、荷叶粑、荷叶鸡、荷花鱼等几十种与藕、荷、莲子有关的菜肴；小吃有加工厂生产的糖藕丝、盐藕片、麻辣藕丁等藕产品。

要玩，在荷塘中间、之间都有亭子，白天可观赏“接天莲叶无穷碧，映日荷花别样红”——又岂止是红、黄、紫、白、粉、淡绿，上百个品种让你目不暇接；荷塘边可嬉戏、可聊天、可垂钓，晚上则可融入淡淡的荷塘月色；当然也不必要求个个都变成文人雅士，要打麻将、玩扑克也悉听尊便。要照相不光有蓑衣、斗笠，还有古代文人仕女服装出租，让游客在绿叶、鲜花、青山、碧水间，演绎那尘世间无而想象中有的鸳鸯蝴蝶梦。

喜欢品茗的在这里——而且也只能在这荷塘边成为有口福的人了，你不仅能够品尝极品荷蕊香茗，还能亲身参与茶叶的窨制。

下午，随主人一起把茶叶装入一个个纱布小包，再驾着小船把一包包茶放进怒放的荷花花心；晚上，花瓣悄悄合拢，让花蕊中蕴涵的日月精华、天地灵气，浸润、充盈茶叶；第二天清晨，在荷花刚刚绽放之际把茶叶轻轻取出（注意不要碰伤了花瓣），用现汲现煮的井水一冲，抿一口，那种超凡脱俗的清香从口鼻一直香到肺腑，香遍全身上下，顷刻洗净尘世的种种烦恼，让人灵台空明、浑身轻松，觉得此香只应天上有——这样的茶，三五元一杯不算贵吧！（利用起来，就是资源，就能创造财富；如果你不利用，荷蕊的清香也就白白浪费了。）

如果客人季节赶对了，莲蓬熟了，现摘的鲜莲蓬当然别有风味；而坐着小船剥莲蓬的那份闲情逸致更是许多城里人梦寐以求的。这样，荷塘当然不能只种藕用荷，还要有花用荷和籽用荷。

如果荷塘还间种了芡实、菱角等城里人不大见得到的水生植物，养了鱼、虾、螃蟹、牛蛙等水生动物，那带给客人的惊喜和口福又多了几分，而主人的钱包也因此又鼓了几分。

等到客人要走了，荷花、藕片、莲子、藕粉、盆栽荷花、鲜鱼和当地其他农副土特产品干的鲜的早已让他们两手不空，而且还约好了冬天带着孩子来采藕，来看杀年猪，来放鞭炮。

到这个份上，荷塘经济就有点像模像样了。

话已说完而朋友仍呆坐不动，半天才说：那荷蕊香茗定然香煞人也！

——原来，这老茶客已经陶醉了！

思考与讨论

(1)所谓一二三规则，其实还是从广义上说的，还可以进一步细化；但即使这样，它也给我们综合开发利用资源提供了一个基本思路。你觉得这思路有价值吗？

(2)试从三次产业的角度，看看身边的农村特色经济项目有没有可以进一步开发的，想想怎样开发能够获取更高的效益，提出方案。

17　有机农业方兴未艾

问题

什么叫有机农业？
有机农业前景如何？
怎样发展有机农业？

金观念

发展有机农业——有机食品，或者说组织生产绿色食品（二者当然不是相同概念）是发展农村特色经济应该特别重视的一条路子，这是世界潮流之所趋——因为现代人都追求食品的天然、健康、无污染，这是农产品走出国门、走向世界的通行证。

有机农业是在相当长时间内市场都不会饱和的朝阳产业。这么说吧，英国的查尔斯王子，在自己的庄园里都搞有机农业，而且在市场上出售有机食品赚钱，他当然是看准了潮流，也抓住了宝贵商机的。

而对于欠发达地区来说，这又是一个极好的机遇，因为这些地方没被污染的土地多一些，发展有机农业的条件好得多——这是多么宝贵的资源啊！千万重视！千万珍惜！千万要利用好！

案 例

有机农业 商机无限

银杏又叫公孙树，是我国特有的珍稀植物，其果实俗称白果。科学家发现银杏一身都是宝，连银杏树叶都有极高的药用价值，在国际市场上越来越走俏。

据《工人日报》报道，仅美国市场1994年银杏叶制成品的销售额就达20亿美元。1996年，欧盟销售银杏叶提取物87.6吨，1997年就达到160吨。我国每年产银杏叶约20 000吨，但国际市场的需求是50 000吨。

又是我国独有，又是供不应求，按理应该是卖方说了算吧；谁知欧美商人却提出，不要每吨10 000多元的普通银杏叶，宁愿出价每吨25 000元购买天然有机银杏叶。

同样的情况发生在茶叶市场上。近几年，国内外茶叶市场普遍供过于求，茶叶价格持续下跌。但国际市场上“有机茶”却供不应求，价格比普通茶叶高50%以上。据专家介绍，目前，全球有机茶每年销售量为1 600吨，且还在不断增长，而全国有机茶的产量每年只有200吨。业内人士估计在21世纪的头10年有机茶将占领国际茶市10%以上的份额。

那么天然有机银杏叶和有机茶是怎么来的，为什么那样值钱呢？

回答是，这两种产品都要按有机农业的要求：在无污染的环境里种植，在生长过程中不使用农药、化肥、激素和添加剂，在加工、包装、储运过程中不受任何化学物品污染。还要经过国际有机食品认证机构审查并颁证。

而它们之所以值钱，是因为在国外绿色消费、健康消费已成潮流，消费者趋之若鹜，僧多粥少，产品价格自然就上去了。

河南一家公司看到了天然有机银杏叶蕴藏的商机，建立基地，种了30 000多亩（2 000多公顷）银杏，几年来，严格按有机农业的要求管理，产品品质通过了欧盟国际天然有机认证中心的认证，从此稳赚外汇。

由此想到我国边远山区那些没有被污染的环境，是何等宝贵的资源？想到贫困山区茶园和茶厂生产的那些卖不出去的大路货产品，岂不是对宝贵资源的巨大浪费？想到前些年有的地方号召“农民要想富，快种银杏树”而种下的银杏树，果实和树叶找到市场了吗？

显然，“有机农业”对我国贫困地区脱贫和边远山区发展具有重要意义，值得重视，值得推广。

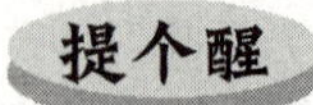

珍惜洁净的土地

一些边远山区的干部埋怨自己任职的地方偏僻、交通不便，外边的物资运不进去，里面的产品出不来——“交通基本靠走，通讯基本靠吼”。

我说，“塞翁失马，焉知非福”，这也许是大自然给你留下一个“金饭碗”——最后的、硕果仅存的没有被污染的洁净土地——要知道，这是世界上越来越少的资源啊！

一些地方提出大力发展绿色食品、有机食品，方向是对的；但却缺乏具体措施，除了鼓励几个企业去申报产品认证，在面上就不知道该从何着手了。

其实，办法很简单，从保护洁净的土地入手。

我的建议是：首先查清当地到底还有多少没有被污染的土地资源，而后尽快采取断然措施保护洁净的土地——确保过去没有使用过剧毒农药、化肥、化学除草剂的土地今后也不会使用，不会被污染。

之所以这样说，是因为在今天这个世界上，没有被污染的洁净土地已经是非常宝贵的资源，必须珍惜，必须爱护，必须善加使用，让洁净土地为我们生产高附加值的有机食品。

山东某企业对于这一点有着铭心刻骨的体验。这个企业向国外出口蔬菜，被外国检测出农药残留物超标；再深究，超标的农药竟然是

十多年以前就已经停止使用的“六六六”——原来，当时土壤受了污染，其残毒一直危害到现在种植的作物，影响到今天的农产品出口。

于是，这些地方的干部群众大声疾呼，希望科学家尽快研制“土壤解毒剂”，帮助农民为土壤解毒，以便攻克外国的“绿色壁垒”，走向国际市场。科学家的回答是土壤被污染后，要消除残留毒性非常困难，成本极高。

有机食品生产的“游戏规则”也揭示了洁净土地的价值。

按照国际有机农业运动联合会（IFOAM）制定的有机生产的基本标准，要获得有机食品认证首先必须进行农产品生产方式的转换，这种转换的目的，就是恢复被常规农业耕作方式破坏了的农业生态系统，建设一种充满活力、可持续发展的农业生态系统。

所以，生产有机食品都有一个转换期，这个转换期一般为2～3年，最短的可以只用1年，长的则有经过2～3年仍然不能达标需要再延长的。而影响转换期长短的重要指标之一，就是土地过去的使用情况。如果土地过去没有使用过农用化学品，土地生态条件好，则短；反之，如果过去大量使用人工合成的农药、除草剂、化肥等农化制品，经过2～3年时间有机管理，生态系统仍然不能恢复活力，就需要延长。

这意味着，用洁净的土地生产有机食品，可以提前1～2年达到标准，产品早日上市；而过去使用过农药、化肥、除草剂的土地，即使经过2～3年转换也未必能够达标，换句话说，2～3年以后产品都未必能通过有机食品认证，两者之间在经济上的差距是不可同日而语的。

当然，要看到，保护洁净的土地也不是一件容易的事，许多地方的“父母官”从政绩、从眼前利益考虑是不愿意做这种利在长远的工作的，这迫切需要强有力的制度安排。

为了农业的明天，请珍惜洁净的土地——从今天开始！

注意：有机食品的市场前景总体看好，但是，对于具体的产品市场在哪里首先要找到；生产有机食品有一个周期，而且消费市场目前主要在国外，所以先找准销售市场建立联系再动手，这样，可以避免生产出产品没人买，避免挫伤生产者的积极性。

思考与讨论

(1)你那里还有多少洁净的土地,保护起来了吗?利用起来了吗?

(2)你那里有发展有机农业的条件吗?是否打算利用起来生产有机食品?

18 小虫虫 大路子

问题

昆虫产品开发利用前景如何？

捉虫子、养虫子真能带来可观收入？

金观念

开发自己独特的赢利空间

在进行农村特色经济产品开发时，一定用注意寻找属于自己的独特的赢利空间。

昆虫产业就是这样的项目。

就以捉竹虫为例，没有竹子不行；有了竹子，但竹子少了，不成规模也不行；有了成片的竹林，没有竹象鼻虫的较大规模繁殖也不行。

有了大片竹林、有了大量的竹虫繁殖，若没有吃虫的习惯、没有捉虫的劳动力（按说，许多妇女看见肉乎乎的竹虫幼虫，是会吓得浑身起鸡皮疙瘩大声尖叫的，肯定不会去捉虫子；如果当地劳动力价格比较高，干别的工作更来钱也没人去捉虫子）、没有一个大的消费群体还是支撑不起当地的竹虫产业。

正是因为这一个个“没有”的限制，使得别的地方无法生产这种“产品”，在一定区域一定时间内，使这种竹虫成为独特的商品，这就是常说的：“人无我有”。没有大量的竞争者、没有替代产品，这当然也意味着带有一定程度垄断性质的利润空间。

养马蜂更是，人们常用"捅马蜂窝"比喻惹了麻烦，说明招惹马蜂有比较大的风险。人们平常见到的马蜂都是野生的，别人都无法利用，偏偏有人摸索出新技术能够驯养它、利用它，那么，他所开创的赢利空间就是独特的。

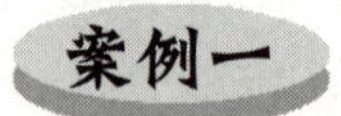

捉竹虫、养马蜂趟出致富路

——谈昆虫产品的开发

每到夏末秋初，捉竹虫就成为广东省广宁、怀集等地农民的一大外快。

所谓竹虫，就是竹象鼻虫的幼虫。竹象鼻虫把卵产在竹笋里，孵化出来仅米粒大小，由于猛噬嫩竹笋，一星期左右就长到手指头粗细。竹虫长大，这棵笋也就被害死了。

广宁等地竹林繁茂，漫山遍野，当地农民在八九月间上山，只要发现尾端枯黄的竹笋，把笋尾剥开，一条又白又胖的竹虫就束手待毙了。

这种竹虫营养丰富，蛋白质含量高，加工好以后香酥可口，极受食客欢迎。据《广州日报》报道，农民卖出鲜的竹虫，每千克20多元，酒店餐馆买回去，把竹虫肚子挑破，挤出腹中黑水，或煎或炸或炒，每千克卖到76元。

农民上山捉竹虫，堪称"一石三鸟"：消灭竹虫保护竹林，此一功也；人工灭虫不用农药既节省了农药费又保护了环境，此二功也；竹虫卖钱，增加农民收入，此三功也。

人们说广东人善吃："长翅膀的飞机不吃，长腿的板凳不吃，其余通吃"，但捉竹虫这件事又证明广东人不仅善吃，也善于开发吃的资源，并从中找到发财门路。

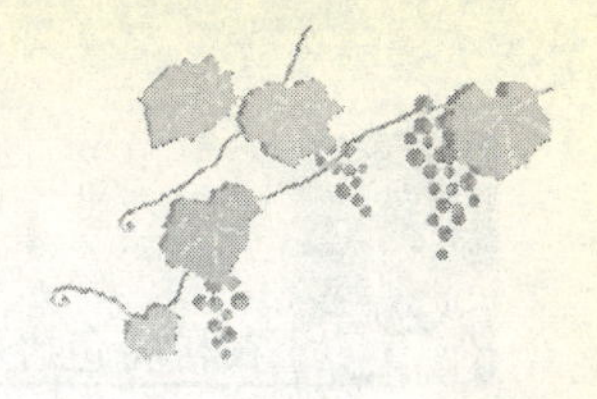

正为广东人的精明叹息之时，不久，又见新华社报道广西天峨县瑶族农民驯养马蜂取蜂蛹卖钱的事，就更觉得中国农民在致富路上表现出来的创新精神和智慧令人赞叹了。

要驯养马蜂先要找到蜂窝，据说当地农民在山林中放昆虫食物为诱饵，等马蜂来吃时将它抓住，用线轻轻地捆在马蜂身上，拴上一片鸡鸭的绒毛作为标志，然后把俘虏放了，让它充当领路人，再跟踪追击，找到马蜂老窝。

擒贼擒王，要驯服一群马蜂先要抓住蜂王。当地农民的办法是，穿上用土布做成连体的防蜂蜇的衣服，找到马蜂窝以后，点燃特制的药香将蜂群熏昏，然后小心翼翼地打开蜂窝，从中找出那位体形特别大，屁股特丰满的蜂王，为防止迁到驯养地以后它再带领蜂群远走高飞，要把它的翅膀给剪断，把她和窝里的马蜂都装入特制的容器中，既不能闷着它们，又不能让它们醒后逃掉。

让马蜂在人工设计的新家中安家落户也是非常精细的活儿：一要选择那种适合马蜂生长的地方挖地洞；二要注意地洞能防风防雨，地洞的木门上要给马蜂留下进出的小洞；三要在把马蜂放进去的同时，放进一部分昆虫作为马蜂的安家粮食，还要用纸浆把木门糊好。

待马蜂在新家中安居乐业，繁衍后代，人丁兴旺以后就可以取蜂蛹了，为维持蜂群的生长，不能把蜂蛹一次全收光。

据说，一位叫蒋加林的农民养马蜂10多窝，每年取蜂蛹100多千克，收入3 000多元。他又带领65户农民养马蜂400多窝，给这些农民闯出了一条切实可行的致富之路。

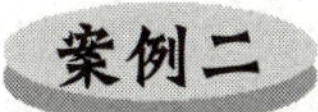

案例二

把蚯蚓做成产业

一听见蚯蚓这个词，那些上个世纪80年代养蚯蚓上当受骗的人就会义愤填膺：少来骗人！

但这次没有丝毫炒作的意思，请看下面新华社报道的三则新闻：

一则是中国科学院生物物理研究所的科学家成功地从特种蚯蚓中分离出“蚓激酶”，这种药可用于防治人的心脑血管血栓类疾病。而由中科院生物物理研究所北京百奥药业有限公司实施的“蚓激酶系列产品及蚯蚓产业化工程”已于2001年获得国家计委批复，列入该年度国家高技术产业项目计划。

据悉，这一工程将投资7 000多万元，形成年产蚓激酶胶囊1亿粒、针剂3 000万支、药用蚯蚓1 000吨的能力。

另一则消息来自墨西哥，该国的科研人员开发出一种天然美容品，这种美容品是用某种红蚯蚓的分泌液和胡萝卜的某些提取物配制而成的，具有保持皮肤湿度，使皮肤充满活力、延缓皮肤衰老的功效。据说这种美容品将被制成润肤膏、唇膏和油脂类化妆品于近期投放市场。

当然，这种分泌物可做化妆品成分的红蚯蚓也不是在路边随便挖一锄翻出来的就可以，这是一种特殊的蚯蚓，它吃水果和蔬菜，要求体温最好保持在18～20℃之间，这种蚯蚓生活的土壤要求酸碱度保持中性。

第三则消息报道的是北京环卫部门开始大面积运用蚯蚓处理城市生活垃圾，据海淀区环卫局的人介绍，一吨蚯蚓一天可吃掉一吨垃圾。众所周知，目前城市生活垃圾正越来越成为令人头痛的污染源，不管是焚烧还是填埋都要花很高的代价。

但用从日本引进的蚯蚓“大平2号”对付城市生活垃圾却很有效，这种蚯蚓最喜欢吃厨房里产生的各种有机物——瓜皮果屑、食物残渣之类，甚至连卫生纸也不放过。一吨蚯蚓一天可以吃掉同其重量相等的垃圾，然后排泄出半吨蚯蚓粪便，这蚯蚓粪是一种高级有机肥料。

其实，前两则消息所提到的产业技术含量高，资金投入大，适宜于大企业运作；而最后这条消息倒是实实在在为一些农户指引出一条方便可行的产业化路径。

随着城市人民生活水平的提高，对牛肉、牛奶及猪肉的需求日益扩大，因而养牛场、养猪场越来越多。这些地方产生的牛粪、猪粪污染环境，处理起来成本也不低，所以，不少饲养场周围粪便堆积、污水横

流、臭气熏人。而如果有人大量饲养蚯蚓并利用蚯蚓处理这些动物粪便，第一，可清除污染；第二，生产出的蚯蚓可以作鱼饵出售，可以养鸡、鸭或做饲料；第三，蚯蚓排出的粪便可以做花肥或作为有机肥肥田，或直接在上面种菜、栽花出售。一举三得，当然值得一试。

事实上，用蚯蚓处理奶牛场粪便已是成熟技术，早在上个世纪 80 年代末 90 年代初，上海就已试验成功并通过科委鉴定。

变废为宝，蚯蚓的确可以做成产业。

案例三

害虫，毒杀不如吃掉

从前，有一家人住在大山脚下，他家地里长的蔬菜经常被山里的野鹿群偷吃，于是这家人就买回砒霜，洒在蔬菜上。第二天早上一看，菜地里东倒西歪的，全是浑身发黑中毒而死的野鹿；这家人一面把鹿尸往山沟里扔，一面铲掉地里的蔬菜——菜上有毒，人也不能吃了；同时，他们还非常解气地说："看你们谁还敢偷吃我家的菜！"

相信任何一个文明理性的现代人看见这家人的做法都会觉得愚蠢，仅从经济的角度看：买毒药要花钱；鹿肉明明是美味，可有毒不能吃了；不仅不能吃，你还得花劳动力把鹿尸处理掉；扔在山沟里的鹿尸腐烂会污染环境，鹿尸内的毒素还可能造成二次污染。同时，不让鹿吃的蔬菜人也不能吃了，蔬菜浪费了；另外，残留在土壤里的毒素还会被以后在这块地里生长的粮食或蔬菜吸收，进而危害食用这些东西的人的健康。

从现代理念说，这家人的做法是对社会财富的极大浪费，是对环境的极大破坏，还违反了《野生动物保护法》，今天的人不会干这类蠢事的！

但是且慢，今天的人真的不会干这类蠢事？不见得！

最近六七年，北方蝗虫成灾，蝗虫铺天盖地，所过之处，几乎所有植物都被吃得光秃秃的，据统计，蝗灾每年发生面积在 2～3 亿亩（约

1 333～2 000 万公顷)。为灭蝗,国家每年动员数十万人、喷洒化学药品数千吨、耗费资金几千万元,也只能防治其中一小部分(2003 年灭蝗 5 000 多万亩,折 333 万公顷)。花钱仅仅是一个方面,大量喷洒化学农药,在杀死蝗虫的同时,也大量杀死蝗虫的天敌,破坏生态系统;天敌少了,就难以从根本上抑制蝗虫的爆发。而且,化学农药的残毒还要相当长的时间才能分解,也对生态系统造成巨大危害。

当然,面对蝗虫的大规模爆发,临时采取化学灭杀也许是不得已而为之;但要考虑长期、可持续的治理,肯定要找别的思路。

其中思路之一就是——吃掉它!

蝗虫是害虫,但为什么说它是害虫?不就是因为它争抢人类和人类饲养的经济动物的食物吗?

再想想人类饲养的动物,有哪一种像蝗虫这样繁殖快、食性杂、什么都吃,而且不生病?再加上蝗虫的虫体又是高蛋白——中国农大周强先生在《农业重大虫害的无害化和资源化治理》一文中指出:"研究表明:中华剑角蝗、短额负蝗、中华稻蝗等蝗虫鲜重蛋白质含量高达 26%,干体蛋白高达 66%～85%,富含 18 种氨基酸,其中人体所需的 8 种氨基酸占总量的 36%,作为食用的动物性蛋白营养源具有明显优势。"

换句话说,仅仅从蛋白含量看,蝗虫与鹿肉相比,也差不了多少,把它们大规模地毒死、扔掉,其实是对资源的巨大浪费;完全应该把它作为人类的一个蛋白质来源。

再设想一下,如果有一天,有专家发现蝗虫有补肾壮阳的功效,效果比伟哥还要好,你认为蝗虫还可能泛滥成灾吗?

那么,我们该怎么样吃掉那可恶的漫天飞舞的蝗虫呢?总不能让人们站成横排,张大嘴巴,等蝗虫飞过来就嘎吱嘎吱的大嚼吧?

这里,我要隆重推荐天津人历史上的吃法:把蝗虫油炸过后,做成椒盐味,卷进大饼里大嚼——除了嚼得满嘴喷香外,还解气:哈哈,你大嚼我的庄稼,我就大嚼你!

广东人也吃蝗虫,吃法更丰富多彩,值得赞许。

还有一策,就是人不直接吃,而是间接吃:驱使鸡鸭冲上灭蝗第一

线，大开杀戒、大快朵颐，吃了害虫长了肉，长成“绿色食品（当然还需要申报批准）”——因为蝗虫体内没有添加剂，这样养的鸡鸭成本低，价格高，经济效益、社会效益双丰收，还能形成特色经济——新疆百万鸡鸭灭蝗虫走的就是这条路子。

其实，更好的办法是让猪、牛、羊、兔、鱼也加入吃蝗虫的行列。

啊！怎么可能呢？——有人会问；

怎么不可能呢？——我要问。

前面已经说过，蝗虫的蛋白质含量极高，甚至比秘鲁鱼粉的蛋白质含量还要高。秘鲁鱼粉的价格高达5 000~6 000元人民币一吨，如果我们在蝗虫成灾时用机械把蝗虫收集起来，烘干粉碎，做成蝗虫粉，卖给养殖户，是不是猪、牛、羊、兔、鱼也可以吃上蝗虫了。

据说，迁飞时一群蝗虫的重量少则几吨、几十吨，大型的群体甚至达到上百吨。如果有好的制度安排（已经有初步的技术，有待完善），收起来就是饲料、就是一大笔金钱，还不算节约的治蝗经费和更可观的生态账。

这技术如果开发成功，我们不仅可以把中国的蝗虫利用起来，还可以帮中亚国家、非洲国家灭蝗，把这些蝗虫都变成食物和饲料，解救非洲的饥民。

那时，治蝗就变成中国的一个特色产业了！

案例四

林业工作者带头吃松毛虫蛹，好！

2004年7月30日中午，葫芦岛市林业局系统30多位干部职工在该局食堂“大吃大嚼”——这是一次令人赞赏并值得提倡的、颇有创意的工作午餐，因为，他们吃的“美味佳肴”是油炸松毛虫蛹；而且，在当地，他们是第一批吃这玩意儿的人！（见2004年8月1日《辽沈晚报》）

笔者看到这则消息，第一个念头就是要为他们大声叫好——吃得好！

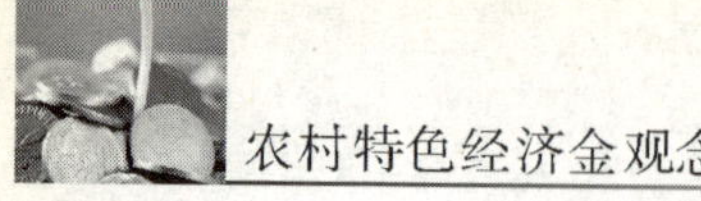

松毛虫长相丑陋，别说吃，想起都让人浑身起鸡皮疙瘩。松毛虫也是这些林业工作者的死敌：葫芦岛市有松林近百万亩（7 万公顷），每年松毛虫发生率约 10%，也就是说，该市每年约有 10 多万亩（7 000 多公顷）松林要遭松毛虫侵害，严重时近 30 万亩（2 万公顷）；松毛虫把林业工作者辛辛苦苦培植的松树啃个七零八落，严重的甚至造成松林成片死亡；为治虫，要投入大量人力财力，大量使用化学药品。化学药品不仅杀死松毛虫，也杀死松毛虫的天敌、污染环境，破坏生态系统。

谁知道丑陋的松毛虫结茧化蛹以后，蛹却是高蛋白低脂肪的美味佳肴？

发现这一秘密的是山东人——在山东的大宾馆、饭店里，松毛虫蛹卖到每千克 70 元还供不应求。山东人吃了本地的松毛虫蛹还不罢休，又把攫食的目光投向葫芦岛市的松林。山东的商人在该市以每千克 22 元的价格收购松毛虫蛹，然后装上冷藏车保鲜，沿高速路直达山东人的餐桌，这样，既饱了山东人的口福，又鼓了山东商人的腰包。据说，到 2004 年的 7 月下旬，山东商人已经在葫芦岛市收购了两吨多松毛虫蛹。

葫芦岛市的林业工作者这才大彻大悟：原来，松毛虫不仅是十恶不赦的、必须用化学药品毒杀的害虫；换个角度、转变观念，松毛虫也是资源，合理利用还能创造财富。

从职业角度，他们算了几笔账：

一个松毛虫蛹孵化成蛾子以后，一只雌蛾大约产卵 600 余粒，300 多个蛹有 1 000 克重，人们吃掉 1 000 克松毛虫蛹，就等于消灭成千上万条松毛虫幼虫。

葫芦岛市每年松毛虫发生面积 10 万亩 ~30 万亩（0. 66 万公顷 ~2 万公顷），以平均每亩 100 株松树、每棵树上有 50 条松毛虫计，正常年景一年约有 5 亿条虫，最多时约有 15 亿条松毛虫；到 2004 年，葫芦岛市约有 280 万人口，如果大家都喜欢上松毛虫蛹这美味佳肴，光满足本地人口腹之需就足以防止松毛虫成灾。

再说吃松毛虫蛹，第一，用绿色的方式消灭了害虫；第二，摘蛹的

人增加了收入;第三,社会增加了蛋白质供给总量,饭店推出了特色菜肴,食客们品尝了美味;可谓一石三鸟,皆大欢喜。

但是,对当地来说,最大的障碍在于,葫芦岛市乃至东三省的老百姓没人吃这玩意儿;为了消除人们的畏惧心理、转变人们的观念、引导消费,这些林业工作者以身作则,带头吃松毛虫蛹。

我为这些林业工作者叫好,不仅因为他们的勇气和他们算的可观的经济账,更因为他们用自己的行动实践着科学发展观——什么叫全面、协调、可持续发展?具体落实到林业,落实到林业病虫害防治上,这种消灭害虫的方式就是。

想想社会每年因此减少支出的杀虫资金,想想不受松毛虫危害而更加郁郁葱葱的松林,想想青山绿水因此少受多少剧毒杀虫药污染,想想松林中无忧无虑、放声歌唱的小鸟和别的昆虫,你难道不觉得林业工作者吃松毛虫蛹的行为是一种壮举?

你难道不叫好?

案例五

宁阳蟋蟀与娱乐经济

7 000 ~8 000 元一只的蟋蟀——一只蟋蟀的身价可当一头牛?真有这价、真有这事?

一听这价格,不少人都会表示怀疑,毕竟,蟋蟀在许多地方都是常见的昆虫,哪里有这么值钱?

但这蟋蟀不一样,这是山东宁阳的蟋蟀。

宁阳的蟋蟀一年要给当地带来1.5亿元左右的收入,蟋蟀因此成为当地老百姓发财致富的财神爷,因而理所当然地成为当地的支柱产业。

宁阳出产蟋蟀的地方主要在泗店、伏山、磁窑等乡镇,其中又尤以泗店的蟋蟀名气最大,当年曾经是进贡给皇帝的贡品。

宁阳蟋蟀天下闻名的原因在于它的好斗且擅长于打斗,号称"天

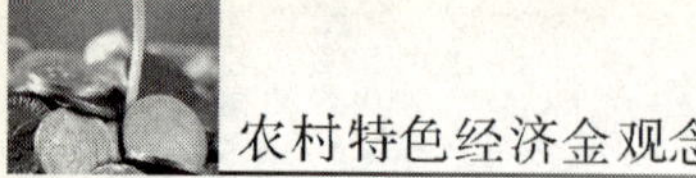

下斗蟀第一虫”。

资料记载，宁阳的蟋蟀在从古至今的斗蟋蟀大赛中，屡屡技压群雄，夺冠称王。

所以，每年秋天，国内外的蟋蟀爱好者纷纷赶往宁阳“网罗英才”，当地人更是不论男女老少倾巢出动，一头扎进青纱帐抓蟋蟀。蟋蟀的上品价格在数千元一只，中档的也在500～600元一只。据当地媒体报道，一个秋季下来，泗店镇的寻常人家抓蟋蟀的收入就能上万元，善经营者收入还可达数万元，再加上蟋蟀产业带动的相关服务业的收入，真是好大一棵摇钱树！

人们不免有点纳闷：不就是个小小的蛐蛐儿，怎么一擅长打架就身价百倍了？莫非也像国外那些擅长打斗的拳王们，拳头硬，拳打得好，人就值钱了？

这算什么道理？

这道理其实很简单，一言以蔽之曰：娱乐经济。

斗蟋蟀是一种娱乐活动，人们观看斗蟋蟀，得到精神上的愉悦，就像观看歌星表演和拳王争霸一样，感到愉快，觉得舒畅，得到了享受，为此哪怕多花几个钱也觉得——值！

这样，我们就看到一位明星出场拍一部电影动辄要价几百万元；一位歌星参加一个演唱会唱几首歌，出场费就是几万、几十万——比普通人几年、几十年，甚至一辈子挣的还要多，凭什么，凭的就是娱乐无价，快乐无价。

因为有那么多的人愿意为看某人演的影片，或者听歌星唱几首歌，而花高价购票，但是电影演得好的影星和歌唱得好的歌星却没几个——物以稀为贵，当然他们就值钱了（请注意：公款追星不在此列！）。

娱乐经济、娱乐经济，娱乐里面有经济——不仅有经济，而且是找大钱的经济。

可以算一笔账：假设我们现在就走在田野上，听见一只蟋蟀在草丛里叫，请问，这只蟋蟀对你来说值多少钱？

如果说，你家就住在附近，天天听蟋蟀叫，已经习以为常了，而且

你也没打算去抓这只蟋蟀，那么，这只蟋蟀对你来说只有生态价值而没有直接的经济价值，因为它生也好、死也好，都和你没什么关系。

如果你饲养了一群鸡，而你此刻又正好有空闲时间，于是你把这只蟋蟀抓回去喂鸡，作为动物蛋白，我们把它当作同样重量的秘鲁鱼粉，按人民币 6 000 元一吨计算，假设这只蟋蟀有 10 克重，那么，它的价值是 6 分钱。

但是，你是河北易县的农民，你抓这只蟋蟀不是当鸡饲料而是把它装进拳头大小、苇子皮编的小笼子里，运到城里卖给城里的小孩玩儿，这仅仅有一点小小的娱乐经济的味道，但是蟋蟀的价值就不一样了，大约可以卖一元钱一个，除去其他成本，蟋蟀升值 10 倍以上。

又假设一个斗蟋蟀的行家看见了你这只蟋蟀，觉得品相不错，让你的蟋蟀同他养的蟋蟀斗一斗，几个回合下来，你的蟋蟀居然赢了，于是他问你：60 元卖不卖？你赶紧成交，因为比起做饲料，这蟋蟀已经升值 1 000 倍，比卖给小孩作玩具也升值 60 倍以上。

但这个价格在蟋蟀市场上只是低档价格，而这个行家带着这蟋蟀斗了几场都大获全胜，他又一转手，这只蟋蟀以 6 000 元的价格出手——请问，你作何感想？

好玩儿的比实用的东西值钱，这就是娱乐经济的特点。

当然，这并不意味着让大家都去抓蟋蟀，而是说在农村发展特色经济时，不能只考虑生产物质产品，还要考虑精神产品和娱乐产品，要有借娱乐发展经济的意识。

尤其是发展旅游业，不光要考虑吃喝，更要考虑玩乐，要想方设法让游客玩得痛快，让游客在玩乐中高高兴兴地大把花钱——当然，违法的事（如黄、赌、毒）不能干。

提个醒

前景广阔的昆虫资源开发利用

昆虫是一种宝贵的资源，具有巨大的开发利用潜力，地球上昆虫种类约180万种,占整个生物种类的90%,科学家预言昆虫将是21世纪最有开发潜力的生物资源。

饲养昆虫有几大优点:

一是对饲料要求非常低,而且饲料的来源广、成本低廉,很多都是常规情况下无法利用的废弃物。昆虫属低等生物,大多食用植物的茎叶和腐败有机物。例如:蝗虫、蟋蟀、蚕等食植物的茎和叶;苍蝇、蚯蚓等昆虫用人粪便和畜禽粪便喂养就行。

二是繁殖迅速,抗病力强。

三是营养丰富。科学家已经测定,昆虫含蛋白质59.39%、粗脂肪12.6%,并含20多种氨基酸,人体所必需的8种氨基酸齐全。作为饲料,昆虫的品质与优质秘鲁鱼粉相近(秘鲁鱼粉每吨价格高达5 000~6 000元人民币)。

四是用途广泛,昆虫可以观赏(如蝴蝶之类)、可以玩(如斗蟋蟀)、可以药用、可以食用,既可以直接利用,也可以间接利用。总之,可以创造许多产品,产生极其可观的财富。

然而,迄今为止,人类除了大规模饲养蚕和蜜蜂以外,对别的昆虫的开发利用还是很不充分的,这就为今天的发展和开拓留下了广阔的空间。

以食用为例,全世界可食用的昆虫有3 000多种。在我国,民间食用的就有100多种,比如蝗虫、竹虫、蝉、九香虫等,老百姓中也有不少人喜欢吃虫子。但是,真正商业化、成规模的昆虫饲养加工企业却极少,所以,昆虫的开发利用前景广阔,效益可观。

2004年11月8日,联合国粮农组织发表的一份研究报告再次向世人证实了昆虫作为食品的可行性,该报告鼓励非洲中部国家的人民食用森林昆虫以解决当地的粮食短缺。报告声称,100克森林昆虫约含53克蛋白质、15克脂肪、17克碳水化合物,还含钙、锌、铁和多种维生素,森林昆虫的蛋白质、脂肪含量甚至比牛肉和鱼还要高。该报告认为,鼓励当地人食用森林昆虫,起码有三大好处:为捉虫子的妇女提供就业机会、虫子可出口创汇、保护了森林。

小小昆虫,潜力可是大大的。

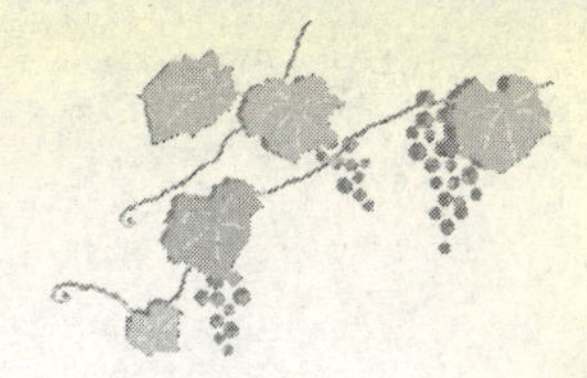

思考与讨论

(1)在此之前,你是否知道昆虫有这么大的开发潜力?

(2)天津人吃蝗虫、广东人吃竹虫、山东人吃松毛虫蛹、河南等地的人吃知了、北京人玩蛐蛐儿——你那里有什么可以开发利用的昆虫?是否打算开发出来,让虫虫变成财富?

(3)从毒杀害虫到利用害虫,化害为利,你觉得这是一种什么变化?这种思路在别的领域里是否也可运用?

(4)“化害为利”的思路与“循环经济”和“科学发展”,三者之间有什么关系吗?

19　知识智慧助农增收

问题

在农村发展特色经济有没有应用创意和智慧的空间？创意和智慧在哪些方面使用，怎样使用？

金观念

农村发展特色经济要苦干实干，但是不能只知道卖苦力和蛮干，而要多用知识、创意和智慧，要巧干；使用知识、创意和智慧可以起到整合物质资源、放大各种资源、增加收益的作用，有点石成金、四两拨千斤的神奇功用，请务必重视。

案例一

发展农村特色经济，多用创意与智慧

目前，推广知识经济和循环经济已经成为许多国家发展经济的法宝，成为抢占先机的战略制高点，成为势不可挡的世界经济潮流。

在农村搞特色经济，也要善于运用这两大法宝。

所谓知识经济，就是在经济运行过程中尽可能多地使用智力资源

(知识、智慧、创意等)替代物质资源,实现经济活动的知识转向。

这话说起来太抽象,还是讲一个具体的事例吧!

连续几年,我国北方蝗虫成灾,据报道,2003 年蝗虫的发生面积就已经达 2.6 亿亩~2.8 亿亩(0.173 亿公顷~0.187 亿公顷)。蝗虫所到之处,除了极少几种植物外,其他一切绿色植物都被吃得一干二净。为了遏制蝗虫蔓延,国家每年都不得不花费大量的人力物力,进行大规模的药物灭杀。

据报道,2003 年,全国 14 个省、区 10 多万人连续作战,投入 3 000 多万元资金,10 多万台喷药设备,3 000 多辆汽车,7 架飞机,仅仅治理了 1 280 万亩(85.3 万公顷)夏蝗*。

这样使用化学药品灭蝗,不仅要投入大量资金和人力,而且药物也杀死了蝗虫的天敌,杀死了草原上其他有益的生物,破坏了生态链,药物残留还污染草原环境,害处极大。而且蝗虫的抗药性也在增强。

那么,有没有别的办法呢?

新疆探索的养鸡养鸭灭蝗就是一个极富创造性、变害为利、一石三鸟的好主意。

我们知道,蝗虫是害虫,它吃掉大量可供人类直接、间接利用的绿色植物,破坏环境。但是,另一方面蝗虫的身体是高蛋白组成的,鲜重蛋白质含量高达 26%,干体蛋白高达 66%~85%,富含 18 种氨基酸,其中人体所需的 8 种氨基酸占总量的 36%,就其蛋白质含量而言,甚至比 5 000~6 000 元一吨的秘鲁鱼粉还好*,为什么不能用作饲料呢?

观念一转变,商机就出现。

新疆人养鸡养鸭治理蝗虫效果极好,鸡鸭大吃特吃蝗虫,不仅保护了草原,节约了用化学药品毒杀产生的成本,蝗虫变成了饲料,蝗虫体内的蛋白质被人类利用起来了;养出的鸡鸭节约了饲料,而且因为是吃蝗虫长大,是没有污染的绿色食品,大受消费者欢迎,养鸡鸭的人都获得了高额利润——养鸡鸭治蝗变成了特色产业。

在农村搞特色经济,"用智力资源替代物质资源"确实有非常广阔的空间。

用鸡鸭代替化学药品消灭蝗虫这是多么值钱的创意啊!

再以福建发明的“赶鸡上山”这一软技术为例，同样在农村发展规模化养鸡，关在笼子里养，要花钱造笼子、费饲料、养出来的鸡和鸡蛋还不如土鸡和土鸡蛋价格高；为什么就不能把鸡赶到山上去养呢？

就这么一变，有了一个新的可行的思路，笼子钱节约了，饲料钱节约了一部分（山上的草籽、虫子、植物根茎等可以替代），避免了鸡成天挤在一起生病；鸡和鸡蛋价格高了；有一半的鸡粪留在山上，促进山上植物生长、改善了生态环境。总之，降低了成本，增加了农民收入，也不需要添置什么设备，多好啊！

再比如，晚上把鸡留在院子里（或者在野外），点上一盏电灯（黑光灯最好），把虫子吸引过来让鸡吃，消灭了害虫，给鸡增加营养、节约饲料，一度电才几角钱，当然划得来。

再说，如果鼓励养鸡的农民承包山林、果园，或者鼓励承包山林、果园的农民发展规模养鸡，一条思路是不是又是一条增收之路，而且种植、养殖兼顾，经济效益、社会效益两全其美。

如果是承包山林，林下种一些药材；如果承包果园，果树下套种一些牧草、瓜类或别的短期作物，又增加一笔收入。

利用果园或者山林中的野花等花蜜资源，还可以养蜜蜂，促进作物增产的同时，蜂产品又是一笔收入。

同样养蜂，拥有新知识的养蜂人就知道，除了收获蜂蜜、蜂蜡等产品，蜂王浆、花粉、蜂胶的价值都比蜂蜜高很多，如果没有这知识，分明可以赚的钱就赚不到。

更进一步，再搞个农家乐，吸引城里人来休闲，看山、看花、看果，消费鸡、蛋、果、杂粮、腊肉、时鲜蔬菜，让他们吃好、耍好，走的时候再买一包，农民又赚一笔。

我们各地农村要发展知识经济，帮助农民致富，其中一个重要的路径，就是各级干部要不断学习，增加自己的知识和智慧，并把这些知识、智慧投入到农村经济运行的过程中，通过这些增收的知识、思路、技术在农村的传播和实施，知识与自然资源结合，部分替代资源或者放大资源，帮助农民一点一点地把资源转变为市场上有销路的产品，帮他们一分一角地增加收入，然后，他们才会一步一步地告别贫穷，走

向富裕。

知识是增收的法宝！智慧是致富的法宝！

＊周强.农业重大虫害的无害化和资源化治理.转引自中国农大

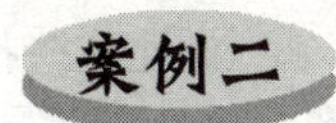

案例二

用创意和智慧包装农产品

如果问:绿豆、小米、红豆、荞麦这几种小杂粮在外观上最明显的差别在哪里?

人们大都会回答:红的、绿的、黄的、白的颜色各不相同。

如果再问:这些颜色与产品销售有什么关系?对产品销售有什么帮助?

很多人都回答不上来,甚至连想都没有想过,有的人干脆直截了当地回答:没关系。

实际上是有关系的,而且大有关系,只是我们没去想,没去研究,没去发现而已。

据《农民日报》报道*,辽宁阜新市的小杂粮加工企业在进行绿色食品认证的基础上,把黄小米、白小米、荞麦米、红豆、绿豆五种小杂粮组合起来,注册了"五彩杂粮"品牌,还设计了几十种精美包装,一下就带动了当地小杂粮销售,产品打进了北京,销到了马来西亚,日本、韩国客商也来洽谈生意,销售价格也大大提高。销售形势好又带动了当地小杂粮生产规模的扩大,收到了牵一发而动全身的良好效果。

"五彩杂粮"畅销的经验很值得从事"三农"工作的人认真研究、品味——粮食还是那些粮食,不就是注册了品牌,改进了包装,怎么一下就"鲤鱼跳龙门",丑小鸭变成了白天鹅呢?这里边看似简单,其实不简单,往深处说,就是本文标题的意思:给农产品加进了创意和智慧,促进了农产品的销售。

那么,他们在小杂粮中加进了哪些创意和智慧,怎么加的呢?

把几种小杂粮组合起来的思路具有创意。绿豆、红豆、小米、黄

豆、荞麦……小杂粮本身是一个大家族,各有各的特色,各有各的功能,市场上的需求、价格都各不相同。但是,从总的趋势看,由于人民生活水平的提高,和对健康的追求,小杂粮越来越受欢迎,把几种小杂粮组合在一起,推向市场,让消费者作为一个整体来消费。消费者买一包几个品种都有了,不仅方便,还让人们吃得更丰富,而且这些搭配也有利于消费者健康,这是一个适应市场的好的创意。

"五彩杂粮"的品牌名字起得好。根据小杂粮色彩多样的特点,加以集中,以"五彩"作为品牌的象征,既合乎小杂粮的实际,又突出了色彩因素。含有多姿多彩的意味,也有多种多样的意味,这个名字叫起来响亮,容易引起消费者注意,遵循了符号规律,具有较高的符号价值。

重视包装,包装设计得很有创意。该地企业投资40多万元,为产品设计出30多种包装,这种重视包装的意识,本身就是极可贵的,因为包装是提高农产品产后传输能力,以及农产品市场适应力和竞争力的重要环节,好的包装能使农产品身价倍增——仍以"五彩杂粮"为例,有一种包装是用一个古色古香的木盒,里边加上金黄色衬布,布中还有一层纸盒,盒里装8袋小杂粮,每袋重400克,包装盒盖上时,就像一本古装书。就这么一包装,3 200克小杂粮最低都卖到66元钱,比起散卖,其身价又何止增加了一倍?

向绿色食品迈进,提高产品品质。这一条之所以放第四,是因为即使不是绿色食品,经过策划包装以后,产品已经畅销,如果再按绿色食品有关规范进行种植,销路和价格会更好,尤其是在国际市场上竞争力会更强,是锦上添花之举。

土里土气的小杂粮,到处都产的小杂粮,一经策划包装,加入创意、注入现代知识与智慧,立刻销路大开,身价倍增,这充分证明"创意"在发展农村特色经济中的重要地位,说明对农产品包装进行现代化策划的必要性和潜力,各级干部和从事"三农"工作的人都应该重视这一点,在农业结构调整、在发展农村特色经济时高度重视"创意"的作用,策划的作用,把更多的知识和智慧注入农产品,让更多农产品像"五彩杂粮"一样,五彩缤纷,走红市场。

* 刘洪波. 五彩杂粮冲击波. 农民日报,2003-1

案例三

苹果“长”字与市场细分

有人问，苹果“长”字，价格翻倍——这事可是真的？回答是：确有其事。

据《环球时报》报道，英国警方为了在公众中进行防盗宣传，向老百姓免费发放“防盗苹果”。

这种苹果表面“长”着提醒人们注意防盗的文字，让老百姓吃苹果的同时，不知不觉地受防盗教育。例如，不少英国家庭安装了“电灯开关计时器”，这种装置能够在家里没人的情况下控制电灯自动时开时关，造成家里有人的假象，迷惑小偷；但是，偏偏很多英国人出门时忘记打开计时器开关；所以，“防盗苹果”上长着“电灯开关计时器”字样，提醒吃苹果的人，出门要打开计时器开关。

苹果长字的方法是，在苹果半成熟的时候，把用蜡纸制成的防盗口号贴上去，等到苹果成熟，揭下蜡纸，口号就印在苹果上了。据悉，仅萨福克一个警察局就订购了 1 000 个“防盗苹果”。

另一个苹果长字的故事发生在山东省高密市大栏乡，据《农民日报》报道，当地农民在苹果表面“长”出了福、禄、寿、禧等字样，结果，普通苹果卖几角钱 500 克，而印字的苹果在春节期间卖到两元钱一个。

这表明，苹果长字以后的确身价倍增——但是，为什么会这样呢？是不是只有苹果上长字才值钱、长哪些字值钱呢？

这就涉及一个市场营销概念——市场细分。过去，商品生产者一般是把市场当成一个整体，考虑的是某种产品的市场行情如何，哪种产品好卖；实际上，同一种产品消费者消费情况却各不相同。

以苹果消费为例，有的苹果被榨成果汁，有的作鲜食用，有的被加工成蜜饯，有的酿苹果醋；而鲜食的苹果又可以分为购买者自己食用和作为礼品馈赠等。不同用途对苹果的要求是不一样的：榨汁的苹果要酸，越酸越值钱；鲜食的苹果要甜要脆、口感要好，作为礼品还要求

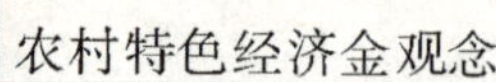

外观漂亮、个头大、色泽鲜艳；做蜜饯和酿醋对苹果的大小色泽外观没有要求，用残次果反而能降低成本。

市场细分就是在生产过程中，针对不同消费群体的特殊要求生产专用产品。榨汁需要酸苹果，就种植果酸含量高，外观不一定好看的苹果；作礼品的苹果不仅个头大、外观漂亮、色泽鲜艳，还根据送礼的需要，在苹果表面长上吉祥喜庆的文字，使其礼品的功能更突出。这样的产品定位准确、功能突出，充分满足了特殊消费群体的需求，所以能卖好价钱。

明白以上道理对发展特色经济大有好处：

第一，在我国，礼品消费是一个稳定的大市场，生产礼品水果很有潜力；

第二，除了苹果，桃、梨、脐橙、柚、哈密瓜等只要体积足够大、表面可加工、能够做礼品的瓜果都可以"长"字或"长"花纹而成为礼品水果；

第三，文字内容除了福、禄、寿、禧外，还可根据送礼的对象细分市场，例如送病人的"早日康复"，送老人的"健康长寿"，送情侣的弄上两颗心的形状，根据用途的不同而图案文字各不相同，丰富多彩；

第四，既然生产礼品水果，就要按照礼品消费的季节和规律，调节时间、组织产品上市；

第五，如果把生产成本控制在企业能够接受的范围内，还可在水果表面"长"简单的广告词或者广告图案——这肯定比企业花钱印些花花绿绿的广告、传单效果好。起码，消费者拿到水果不会像拿到传单那样，顺手就塞进垃圾箱里，他要吃水果就要看一眼，研究研究，就达到宣传企业产品和形象的目的了。

思考与讨论

(1)知识、创意与智慧能够对物质产品起到点石成金的作用、起到放大资源的作用，对这一点，你有什么体会，有什么新的领悟？

(2)俗话说"三个臭皮匠，当个诸葛亮"，说的是知识、智慧和创意也产生在群众中，问题在于我们怎样学习和利用，你打算怎样利用群众中的知识、智慧和创意来发展农村特色经济？

20　怎样办好农家乐

问题

如今，"农家乐"越办越多，怎样才能办出特色，吸引游客？

金观念一

农村有什么好玩的？

农村究竟有什么好玩的？农家乐——除了"农家"，还有"乐"的吗？

这几年，许多城市郊区的"农家乐"越办越兴旺，城里人去农家乐玩的也越来越多。但是，在去过一两次，新鲜感过去以后，一些游客开始问这个问题。

是呵！"农家乐"有田园风光，有没受污染的空气，有带乡土气息的饭菜，但这些只要一到农村就能享受到的，甚至在农家院坝里摆张桌子，一边打麻将、"斗地主"，一边也就享受了——事实上，许多城里人也就是这么过的。有一种说法，许多人去农家乐，说是旅游，其实只不过把牌桌子从城里搬到了乡下。

另一方面，一些办"农家乐"的农民也开始问这个问题——客人来了，除了吃点老腊肉、野菜、苕藤尖，在田坎上散散步，打打麻将、扑克，就找不到"乐"的了，除住宿与伙食之外，也就没有什么可以找钱的方式了。春节前后还可以放放烟花爆竹，平时放似乎也没什么

意思(其实平时放也应该鼓励)。

是不是“农家乐”本来就没有什么好玩的?

不对! 完全不是那么回事,农村生活—农耕文明本来有许多赏心乐事,既可以让游客玩得兴致百倍,又给农家增加了收入,关键在于农民要去开掘这些内容。

一是把农业生产过程“游戏化”、“娱乐化”。对于许多城里人来说,农业生产过程是非常陌生的,不管是春种还是秋收,种植还是养殖,种粮食、蔬菜还是水果。所以,排除掉一些技术性很强,或者太繁重、太繁琐的农活外(一般情况下,不可把客人当壮劳力用),都可邀请客人参与。例如放羊放猪、引水灌田、采果摘菜、掰包谷、挖红苕、刨花生。尤其是那些还可能带点趣味的,或与客人生活有直接关系的,应该特别重视,例如挖红苕,挖回来以后,不妨在农村柴灶灶膛里给客人烧红苕、蒸红苕、熬红苕糖、做红苕粉;刨花生时在地头就点一堆火,让大家把刨出来的花生烧熟吃;摘果子当然更要边吃边摘了。这些项目可以收费,这样不光客人觉得有意思,还能刺激客人消费。

以鲜鱼为例,如果直接问客人是否吃鱼,客人可能还要考虑半天,还有一番讨价还价。而如果告诉客人塘里有鱼,如果要吃鱼,我就把水放掉一些,你们自己去捉,捉回来称了以后再做给你们吃,则年轻人十有八九马上会欢呼雀跃行动起来(当然提供捕鱼工具,并且事先把鱼塘中大部分鱼转移到别的鱼塘里,不然,被他们一追赶,一池塘鱼都被吓死了)。这一次耍得痛快了,说不定下次还愿意来。年龄大的、想钓鱼的,要提供渔具。

如果是属于播种或养殖的项目,还可以请客人留下联系电话,等客人种下的粮食、蔬菜、瓜果收获之时,请客人再来品尝自己的劳动果实。

二是请客人参与农产品加工的过程。农村里的磨子、碾子、石臼在农产品加工中起什么作用,怎样起作用,需要哪些技巧才能掌握好这些工具? 城里人都不一定知道和掌握。所以,在推豆花、碾新米、做麦粑、炒栗子这些活动中,农户不可只顾埋头做出结果,而要

大胆地邀请客人参与加工过程。即使有时客人没点的农产品加工项目也要主动推荐。例如,嫩玉米出来时,不仅要给客人烧包谷、煮包谷,还要推玉米浆并且给客人做玉米饼、玉米团,要有加工的内容。

三是如果有野外采集项目,切莫只知道送上产品,例如雨后拾地耳子,山林里摘野果、拾蘑菇,春天上山采蕨菜等,这些活动因涉及大自然,又有趣味性,若有机会组织,往往令人回味无穷。

当然,组织这些活动一定要注意安全,避免出现伤亡带来无谓的麻烦。

四是请客人参加当地传统文化活动。不要以为只有"泼水节"、"火把节"才是传统文化活动,本地的坝坝舞一样有生命力,乡间男女的对歌照样带有泥土的芬芳。

五是组织一些土特产品品尝。农村人常见的东西,城里人却未必尝过,让他们尝鲜也是一种新的体验,新米、鲜菜、新果,尝到好吃的,当时消费了可能还要带走,农民又增加了收入。

金观念二

捕鱼、捉泥鳅与体验经济

城里人,这些远离农耕文明的可怜游子呵,早已把祖先世代相传的、在土地上生活的基本生存技能丢失得无影无踪了。耕也罢、樵也罢,渔也好、猎也好,平时他们都只能看见活动的结果而无法参与其过程了。

在城里人眼里的泥鳅,要么无奈地挤在农贸市场卖鱼人的盆里处于待宰杀的境地,要么就是摆在超市里包裹着各种调味品且被油炸得鲜香酥脆的泥鳅尸体了。

他们中的许多人从来也不知道泥鳅的鲜活、泥鳅的滑溜和泥鳅在稀泥中"泥遁"的高超本领,也从来没有体验过双手从稀泥中捧起那活蹦乱跳的小泥鳅时的惊喜与欣喜。

于是,他们只能在歌谣中想象那梦幻般的、浸淫着泥土芬芳的鲜活生活:“池塘的水满了,雨也停了,田边的稀泥里到处是泥鳅,天天我等着你,等着你捉泥鳅,大哥哥好不好咱们去捉泥鳅?小牛的哥哥带着他捉泥鳅,大哥哥好不好咱们去捉泥鳅?”——引自中国台湾校园歌曲(作者　佚名)。

但是,反复的咏唱既不能消除也无法抒解这种情结,反而加深人们对这种生活的向往,就像人口渴时喝烈性白酒不仅不解渴反而加重渴感一样。

试问,今日的城里人,尤其是城里孩子,有几个捉过泥鳅,有几个会捉泥鳅?

如果既有条件,又有机会,有安全保障,让他们开心地去捉一次泥鳅,他们难道还会站在岸上观望?

捉泥鳅——这难道不应该成为农家乐的一个保留项目?

既然现在到处都建鱼塘、养鱼供人垂钓并从中牟利(要不为什么钓起来的鱼比农贸市场上买的鱼还要贵?),我们当然可以弄那么一小块地方,让人捉泥鳅玩儿。这样捉住的泥鳅,价格也应该比市场上买来的贵。

有人要问:凭什么?为什么?

回答是:我不仅提供了鱼或者泥鳅,同时还提供了一种新的体验,提供了欢乐(那些歌星、笑星往台上一站,唱几首歌,或者插科打诨几句就几万、几十万元人民币地拿,不就是因为给观众提供了欢乐吗?)。

农家乐,农家乐,不光要到农家还要有欢乐。而制造欢乐的责任,很大一部分要落在农家乐的主人身上,不能让客人来了以后无所事事,最后仍然只好回归麻将桌上或者打扑克取乐。

从体验经济角度看,从曹世潮先生提出的“心经济”角度看,在农家乐这样的环境下,由农家乐的工作人员去把泥鳅捉回来烹熟,简直是对欢乐资源和体验资源的巨大浪费,是对客人宝贵的休闲时光的浪费,是端着金饭碗讨口,真的是“买椟还珠”,愚蠢之极!

农家乐的老板就该问了——我该怎么办?

这么办：房前屋后选择那么一小块田或者在院子里造一块田（便于管理）做泥鳅池，田里的稀泥不要太深，水也不要太深，特别要注意田里有没有石头、瓦块、铁钉、玻璃之类尖利硌脚甚至划破手脚的东西（不管有没有都要反复检查，彻底清除，并且严防有人往里扔这类东西搞破坏），田里放养泥鳅，让它们自然生长，保持较大的密度。（注意：如果密度太小，客人来之前还要从别的地方弄些泥鳅放进田里去，免得半天捉不到一条，扫客人的兴；但是也不能密度太大，捉起来太容易，客人也会觉得没意思。）

客人来了，就主动询问他们，要不要吃泥鳅，要不要捉泥鳅，告诉他们捉泥鳅非常好玩，如果有人还不相信，就带他们到田边，给他们看如何把泥鳅从稀泥里捧起来。一旦客人看到此中有这么大的乐趣，纷纷往田里跳，就有眉目了。

等他们捉了足够多的泥鳅，当他们的面称重量以后，请他们去洗脚休息，这边泥鳅片、泥鳅汤、炸泥鳅，泥鳅豆腐做好了，摆一桌子。如果客人一上桌就有“谁知盘中鳅，条条皆欢乐”、“谁知盘中鳅，条条有故事”的感慨，那就成功了。

同样的方法可以推广到捕鱼上，准备一口鱼塘，水深在50～70厘米之间，安全条件同前面一样，但不一样的是，先选好鱼、称好鱼，再把这些鱼放进鱼塘里，让客人去追捕，主人负责提供鱼勺、鱼罩等小型捕鱼工具，还要准备一些洗干净的短外套供客人换洗。

总之，让客人体验一种新的生活或者劳动，从中得到乐趣，经营者也因此得到利润，这就是体验经济的核心内容，各地兴办农家乐时要善于运用体验经济的理念指导开设项目，乐在客人，利在自己，皆大欢喜。

（附记：写完这篇文章之后，为查询《捉泥鳅》的词作者——非常遗憾，引用了歌词却至今仍未查询到词作者姓名，谨向作者致歉，如有人知道望告知——在网上反复搜索，才发现，在中国台湾，“捉泥鳅”早已是农家乐普遍的娱乐项目。）

思考与讨论

(1)办农家乐,却只有“农家”,没有“乐”,已经是许多地方的普遍现象,你打算怎样改变这种状况,有什么好主意?

(2)农耕文明和有地域特色、乡土气息的文化,是增加农家乐的“欢乐度”的主要资源,了解一下本地属于这类资源有哪些东西?

(3)你打算怎样整理、保护、开发这些传统文明和文化资源?

21　农民真的要上网

问题

什么是农产品产后传输能力？
怎样提高农产品产后传输能力？

金观念

农产品产后传输能力——就是农产品完成生产过程、成为产品以后，从农田转移到消费者手中、从农田到餐桌的能力。这种能力是形成农产品竞争力的关键因素，也是目前中国农村发展的"软肋"*。

一个地方要提高本地的农产品产后传输能力，在硬件方面的主要功夫应该下在加大交通、通讯等基础设施建设上；在软件方面的主要功夫应该下在国内外市场信息的搜集整理并有效地提供给农民、农业服务组织的建立及运行、农产品加工的促进等方面。

各级政府为提高本地农产品产后传输能力所花的钱，在 WTO 的框架下，属于"绿箱"补贴，是被允许的。

* 弗得里克·W·克鲁克博士. 提高农产品产后传输能力. 农民日报，2003-4-1

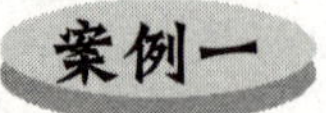

农民真的要上网

2001年6月,江西省抚州市临川区腾桥镇的农民心急如焚:镇里种了数万亩(约几千公顷)西瓜,正是成熟上市时节,但交通运输不畅,眼看到手的收入闹不好就变成了水,怎么办呢?

6月26日,腾桥镇政府在新华网发出求助贴,一石激起千层浪,此文引起网民关注,新华网也跟踪报道此事。然后,其他网络媒体和报纸也关注腾桥的运瓜难。

媒体的报道又引起了江西省委、省府的高度重视,责成有关部门处理好此事。为此,省交通厅厅长到抚洲明察暗访,并与当地交通部门一起寻找解决问题的办法。省交警总队也发紧急通知,要求各地确保运输鲜活农副产品的车辆畅通无阻。

这样一来,到腾桥镇拉西瓜的车辆多了,腾桥的西瓜没有因运输难而出现滞销,还因为在媒体频频亮相而提高了知名度。

如果说,腾桥镇是靠网络救了急的话,那么,河南西平县则是靠网上贸易发了财。

这个县1999年建立了农村市场信息网,依托"西平信息港",发布农产品购销信息,解决农产品滞销问题,取得可喜的效果。目前,全县已有1 500多户农民在网上直销产品,他们足不出户而把生意做到了上海、沈阳等大中城市。去年,全县网上贸易总额达到5 000多万元,网络成了农民致富的好帮手。

这两件事再一次证明一个道理:农民真的应该上网,农产品贸易必须上网,发展农村特色经济一定要充分利用互联网的功能,做好农产品产、供、销、加工等信息传递,让农民在市场上、在生产过程中,保持心明眼亮。

大家都知道,农民在地里种出来或者养出来的产品质量再好,味道再香,在没有卖出去之前都变不成钱。那么,什么地方、哪些人需要这种产品呢?什么地方的价格最好呢?这些问题,守在家里是无法解答的。

要回答这些问题，过去一般就得有人去“跑销售”，到城里，到外地去看、去问、去了解、去推销，通过销售人员的工作，进行产销信息交流，把农民的产品和城市市场连接起来，让产品进入城里，送到消费者的手中，产品最后才能变成钱——而农产品销售，又往往是目前中国农村发展特色经济的“软肋”。

用外国经济专家的话说，形成农产品竞争力的关键因素就是提高农产品产后传输能力——即农产品从农田转移到消费者手中、从农田到餐桌的能力，而目前的中国农村这种能力实在太弱。

但是，互联网的出现使人们看到了改变这一现实的新途径。借助网络，人不必出门而自己的产品信息已经发布到了全国甚至全世界，甚至在网上签订了购销合同。

通过互联网，城里市场上的商人知道了哪里有他们需要的货源、价格如何；他们可以货比三家，选择价廉物美的产品。同样，农民也可以了解各地市场情况，根据情况决定自己种什么、种多少，以及种、养的产品卖到哪里去最划算。

而且，比起派人去了解市场行情，去推销产品，网上贸易成本也相当低廉，不需要车马费，不要住宿费以及外出的其他花费，在网上发布信息的成本相当低：上网费、信息发布费，即使加上一次性投资购买电脑的费用也不过几千块钱——何况，在目前的情况下，农民并不需要一家一户都去买一台电脑，完全可以许多人合用一台电脑。

总之，作为一种新的技术因素，电脑与互联网络的使用对改造传统农业，发展现代农业和发展农村特色经济，特别是对农民推销农产品，确定生产方向具有革命性的影响，其意义作用决不亚于当初推广杂交品种、使用化肥，各地的农业企业、农民和从事“三农”工作的人一定要高度重视，尽早推广应用。

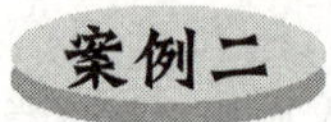

农民怎样上网?

在农业结构调整、发展农村特色经济的进程中,一些地方充分利用互联网这一新型媒体上所传播的市场供求和价格信息,指导农产品种养结构的调整和帮助农民销售产品,取得了令人称羡的成绩。

但是,在中国农村目前普遍的技术、经济水平和基础设施条件下,在农民收入不高的情况下,怎样让更多的农民分享到网络信息就是一个值得研究的问题了。

因为在目前情况下,农村许多地方并不具备上网的基础设施——通讯设施没有普遍入户,而在农村要达到普遍入户需要天价的投入;而且,即使建设好基础设施,农民也未必上得了网——不说一个农户难以承受一台电脑几千元的投入,就是能够承受,也有农户愿不愿意冒这风险、投入后怎样产生经济效益、怎样收回成本等问题。还有买得起会不会用的问题。

河南省西平县的做法是依托县里建立的“西平信息港”,建设农村市场信息网,乡、村、社会团体、农户都参与这个网络。从 1999 年开始到 2001 年,这个县已经建立起信息服务中心 61 个,1 500 多名从事种、养、加工的农户利用这个网络搞起了“电子商务”。该县盆尧乡 2000 年种植秋辣椒 10 000 亩(667 公顷),一半以上的辣椒通过网络贸易销往大中城市。

显然,在一定的区域内建立一个信息服务中心,让农民能通过网络得到农产品购销信息是可行的办法。而且,这个信息中心最好是建立在集镇上,让农民在赶集时就能方便快捷地获得信息。

在信息中心的工作方法上黑龙江省某县也创造出了好的经验,那就是网络——黑板报的互联。即把网上信息抄在黑板报上,供农民阅读,这办法价廉物美,设备简单,有较大的推广价值。

建立信息中心的钱从哪里来呢?这无疑需要各地统筹考虑,如果

把行政、学校、企业、个人的电脑都考虑进来，在许多地方实际上不需要花多少钱就可以解决这个问题。

而且，政府也可以通过赋予经营网吧的特许权、经营执照发放等手段促进农村信息化建设，而不是动辄就要政府拿钱给每个乡镇配备电脑、人员、编制。

再说，随着农村的发展，在乡镇干部和乡村农技站的职能中，信息服务也应成为重要职能，干部应该义不容辞地成为为农民提供可靠致富信息的CIO——“首席信息官”。这是一种结构上的取长补短，干部发挥自己的强项，弥补普通农民的弱项，也有助于干部得到广大农民的拥戴。

把行政力量与市场手段结合，推进农村信息化建设，让农民能够直接、间接“上网”获取信息，无疑是加快农村经济社会发展的捷径。

1979年诺贝尔经济学奖获得者，美国著名经济学家舒尔兹在《改造传统农业》一书中指出：改造传统农业的关键是要引进新的现代农业生产要素。在中国农村开始走向市场、适应市场时，真实、快捷、廉价的来自市场的供求和价格信息，无疑是引导农民把握市场的风向标和晴雨表，能够有效地引导农民稳步走向市场。

利用网络获取农产品供求信息，引导农村特色经济发展，从而增加农业的知识和信息含量，实现农产品与市场需求的对接，最终达到改造传统农业的目的，这应该成为推动农村工作的秘密武器。

而这种改造的甜头，其实就像歌中唱的那样“高高的树上结槟榔，谁先爬上谁先尝”。

提个醒

上网要注意方法

前面讲了运用互联网的好处和必要性。

但是，互联网毕竟问世时间不长，对网上信息的发布、网上交易都还有一个规范的过程（政府当然应该积极介入，规范网上交易的秩序，

打击欺诈行为,促进网络贸易发展),再加上整个社会的诚信度还有待进一步提高,所以,农民或者农村干部、农技人员上网获取市场信息,尤其是进行网上交易都要有正确的态度和科学的方法。

实际上,互联网就像农村乡镇的集市,集市上有好人也有坏人,集市上传播的信息有真有假;我们赶集时既不能对任何人说的话都相信,也不能因为集市上有坏人就不赶集,或者什么人都不敢相信了。

但是,只有坚持正确的态度和科学的方法,才能让我们在享受互联网带来的好处的同时,防止互联网可能带来的伤害。

对待网上信息,一是要收集利用;二是不能轻信;三要通过正确可靠的途径,多渠道反复核实,然后才能使用。

在网上获取信息或者进行交易,首先有三防:

一防虚假信息。当前,在网上有各种各样的致富信息,还有声称能够帮助农民一夜暴富的产品广告、培训广告,这些信息,有的是真的,也有很多是假的。有的是为了推销产品而夸大其词,有的本来就是利用网络设下陷阱,对那些吹嘘只要你买他的产品就能成为百万富翁的信息,要保持高度的警惕,仔细分析,万勿轻信。

二防过时信息。有的信息,本来是真的,不过由于发布时间过长,早已水过三秋,成为明日黄花。但是,一些不负责任的网站还在你抄过来,我转过去,一副煞有介事的样子,如果读者不识别,盲目轻信,就会带来灾难性的后果。所以,得到信息后一件不可忽视的事情就是检查最初发布的时间,看看是否过时。

三防受骗上当。网上骗子,形形色色,利用网络行骗的手法,也各种各样,所以在进行网上交易时,必须慎之又慎,事先要反复核实对方的资信,交易过程中,也必须周密设计,不要盲目汇款或者发货,以免被人卷款或者卷货潜逃。

这里,有几个工具可以为我们判断信息的可信程度提供重要依据:

一是检查信息的第一发布者是否是权威网站。这里的权威网站首先是指国家有关部委设立的网站,其次是指一些主流新闻媒体的网站,再次是一些经过长期实践证明具有较高诚信度的商业网站。

二是利用搜索引擎。键入关键词,对信息进行进一步检索,往往

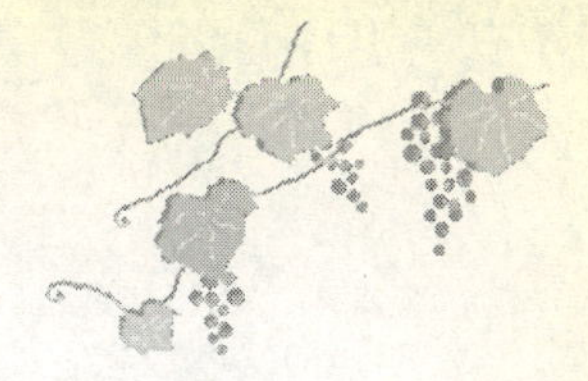

能够寻找到一些足以加深你对相关信息认识的背景材料,这就使人认识问题更全面,判断更准确。搜索引擎是一个有力的武器,用好了,能够起到照妖镜的作用,所以,在网络信息的搜集整理全过程中,要善用、常用、反复使用搜索引擎。

三是信息比对、多渠道多部门核实。这里包括两个层面,一个层面是比对,同一信息在不同网站、不同媒体——报纸、杂志、广播、电视,互相比对,看有没有疑点;看时间、地点、人物、事件、原因、结果这些要素全不全,是否一致;通过比对,帮助判定真假。第二个层面是核实,通过各种人际关系的渠道,对信息作进一步核实,其中,政府、市场和专家意见是必须听的,在此基础上再做决策,失误的可能就小了。

思考与讨论

(1)本地的农产品产后传输能力存在哪些问题,瓶颈是什么,怎样改进?

(2)你有没有利用网络搜集农产品产、供、销信息,并用于指导生产、销售的经验教训?

(3)你觉得网络信息怎样才能制度性、长年地进入农村千家万户,帮助农民增收?

(4)你觉得农村"网吧"是否可以通过"特许"制度,把它和农业信息的搜集、整理、传播联在一起?除此之外,还有哪些不用政府掏钱或者少花钱而能够大大促进农村信息网络建设的办法?

22 让农产品所向无敌

问题

怎样才能让更多的中国农产品
尽快走向广阔的国际市场？

这个问题进一步细化，其实就是中国农民怎样认识并充分发挥自己的比较优势，怎样抓住全球化的历史机遇，发展自己，富裕自己。

这是一个非常艰难的问题，可以从若干方面回答，答案可以写出若干本书。在回答这问题之前，我们要先看两个具体事例。

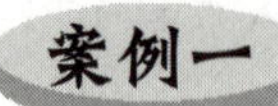

让中国农产品势不可挡

——看中国大蒜如何完胜美国大蒜

中国的蒜农与美国的蒜农为争夺美国市场苦战 12 年，最终于 2003 年决出了胜负。据《参考消息》报道[*]，美国头号大蒜生产商公开声称“我们彻底输给了中国大蒜，我们将不再与中国大蒜斗下去”。不仅不斗，这位大蒜生产商和其他蒜农还转而经销中国大蒜。

美国的大蒜 80% 产于加利福尼亚州的吉尔洛伊市，该市过去自称“世界大蒜之都”，每年要举办有 10 万人参加的大蒜节，要选“大蒜皇后”，还设立大蒜奖学金，选送年轻人上大学。

但这种封闭的田园牧歌式的生产和生活在全球化时代却遭到了挑战:20 世纪 90 年代初,中国大蒜登陆美国。

中国大蒜质优价廉:论味道、论外表的清洁美观,中国大蒜与美国大蒜一样;论个头,中国大蒜比美国大蒜大许多;论价格,中国大蒜的价格只及美国大蒜的一半。所以,中国大蒜在美国大受欢迎。

但是美国蒜农却把中国大蒜视为洪水猛兽,从中国大蒜一进入美国,美国的蒜农就以反倾销的名义,控告中国大蒜对美国低价倾销,企图借助法律筑起贸易壁垒,保护美国大蒜。

由于他们的起诉和游说,1994 年美国商务部裁定中国大蒜对美倾销,对中国大蒜征收 376% 的惩罚性关税。这一招收到了效果,到 1995 年,中国大蒜对美出口量明显下降。

谁知美国大蒜自己却不争气:一是吉尔洛伊市位于硅谷地区,疯涨的土地价格使得种大蒜的成本越来越高,明显不划算;二是连年的气候异常使得大蒜减产。

与此同时,美国消费者对食用大蒜有益健康的认识越来越清晰,对大蒜的需求节节上涨。

在这种情况下,中国大蒜又卷土重来,而且是由号称"世界大蒜之都"的销售公司引进来的,因为不如此,就无法满足消费者的需求。

由于中国的劳动力价格、土地价格都相当低廉,部分中国大蒜在被征收 376% 的高额关税后仍然比美国大蒜便宜;另外还有一些中国企业奋起打反倾销官司,赢得了零关税待遇,它们出口的大蒜当然更具价格优势。

美国人还在抵抗,美国头号大蒜生产商 2002 年仅花在请律师和游说上的费用就达 40 万美元。(合 300 多万元人民币,要卖多少大蒜才能赚到这个数目啊!)

但这抵抗已经是徒劳的了,到 2003 年,这个生产商面对势不可挡的中国大蒜,终于明智地放弃了抵抗,选择了经营中国大蒜,因为他知道,销售中国大蒜赚的钱并不比种美国大蒜少——其实,他早该这么做了,因为按照经济规律,以当地的土地和劳动力价格,种大蒜早已不划算了。

这场贸易战可以看成是关于全球化时代的一场公开课。在全球化时代，资源在全球进行配置，商品在全球范围流通，就像水往低处流一样，是挡不住的。谁能生产出物美价廉的商品，谁就是赢家，不管那个国家用什么办法保护，质次价高的产品终究要被淘汰。中美大蒜对决，虽然隔着太平洋，虽然分属两个不同国度，虽然美国筑起了高高的关税壁垒，虽然持续12年，但到了最后美国人还得向质优价廉的商品低头，向经济规律低头。

这场贸易战也昭示了中国农产品走向世界的基本战略：凭借中国低廉的劳动力价格，凭借中国人的勤奋、吃苦耐劳、善于学习模仿和企业家精神，借助现代种植养殖技术和经营理念，主动适应国际标准、适应各国消费者的需要，生产出具有比较优势、品质一流、价格低廉的农产品。一句话，让中国的农产品独具竞争力，无可抗拒，势不可挡。

对于“无可抗拒，势不可挡”这八个字，许多年龄稍大一点的中国人，其实颇有体会——20世纪80年代，虽然不少中国人对日本没有好感，但家里还是以有一台日本收录机、电视机为荣，这就叫无可抗拒。

而中国农民也在走向世界的过程中增加了自己的收入，提升了自己的素质，完成了从传统意义上的小农向现代农民的飞跃，借此，中国农村也完成农村城镇化和现代化的历史进程。

＊颜亮. 美国蒜农向中国大蒜低头. 参考消息，2003-7-31

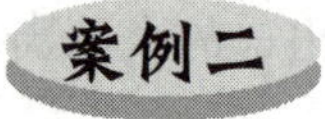

案例二

肥鹅肝、鱼子酱、地下黑块菌

——三大美食三大商机

英国《泰晤士报》于2003年8月4日讲述了一名中国商人试图把中国产的肥鹅肝销往法国的故事＊。

据说这位名叫陈少雄的中国商人1999年在香港凯悦大酒店第一次见识了肥鹅肝及其昂贵的价值——一小份肥鹅肝要价40英镑（折

合人民币 500 多元)，而且居然还颇受食客欢迎。

于是他回到自己的家乡中国广西，投资 2 500 万英镑开发家乡的鹅资源，建成一个年产 1 000 吨肥鹅肝的工厂。为了把肥鹅肝打入法国市场，并避开极有可能出现的贸易保护主义壁垒，陈先生又在法国联系了一家合作企业，由这家企业培训陈先生的员工，传授法制催肥鹅肝的技巧和烹饪肥鹅肝工艺，还可能在法国市场上代理中国肥鹅肝产品的销售。

其实，要读懂这则新闻还需要了解以下新闻背景：

一是肥鹅肝是以特殊的饲料和工艺在鹅体内催肥育成的脂肪肝。这种肝细嫩鲜美，富含多种维生素和大量脂肪，而其中脂肪的大部分是对人体健康有益的不饱和脂肪酸。在西方国家，肥鹅肝、鱼子酱与地下产的黑块菌一起并称为世界三大美食。

二是肥鹅肝、鹅肝酱是法国的传统产品，肥鹅肝又是世界著名的法国菜中最昂贵的一道大菜，所以法国许多生产肥鹅肝的企业把肥鹅肝看做是法国的“国宝”。从某种意义上说，向法国出口肥鹅肝有点类似于向中国出口北京烤鸭甚至满汉全席。

三是如今的法国乃至其他欧洲发达国家生产肥鹅肝已经不再具备比较优势。从品种上看，中国广西的“合浦鹅”产肝性能足以和法国著名的“朗德鹅”相媲美，但“合浦鹅”的繁殖能力却比“朗德鹅”强；从资源拥有量看，中国是养鹅大国，仅广西每年鹅饲养量就超过 1 000 万只，鹅肝资源相当丰富；从产业类型看，肥鹅肝产业是一个资金密集、技术密集与劳动力密集结合型的产业，资金可引进、技术可学习，而中国的劳动力价格极其低廉，法国人显然无法比拟。

肥鹅肝在国际市场上需求量巨大，缺口巨大，价格昂贵。由于各国需求巨大而法国等国家的产量有限，国际市场上肥鹅肝的缺口在 1 000吨左右，特级肥鹅肝的价格保持在每千克 300 元人民币以上。

综合以上情况可以看出，这位陈先生在中国发展肥鹅肝产业是独具慧眼，抓住了商机，企业财源滚滚也是可以期待的。而且在中国发展这一特色产业的好处远不止于此。

第一，大规模生产后将会使肥鹅肝进一步平民化，满足世界上更多消费者品尝世界级美味的需求。(在欧洲的历史上,茶叶、蔗糖等,不都经历了一个由奢侈品到平民化的过程吗?)

第二,带动了中国农民致富。据测算,一个年产肥鹅肝 1 000 吨的企业可直接安排 4 000 人就业,间接带动 3 000 农村劳动力转移,纳税上亿元。

第三,促进了法国等国家的肥鹅肝产业的结构调整和产业升级,推动它们提高劳动生产率。

笔者推荐陈先生借助世界三大美食之一的肥鹅肝和中国的资源优势开发肥鹅肝产业,主要是觉得他发展特色经济的思路值得大家借鉴。

同时,笔者也忍不住想问:在我国东北某些省份也具备鱼子酱的生产条件和资源,地下黑块菌在我国的云南、广东、广西和南方其他一些地方也可以生长,会不会有人在中国把这两大美食也开发成致富一方的特色产业呢?

* 中国人想把肥鹅肝销往法国. 参考消息,2003-8-8

金观念

我的中国特色农业梦

我经常在问自己,中国农民怎样才能早日摆脱贫困,走向富裕?

因此,我经常在琢磨,中国人,尤其是中国农民最宝贵的资源是什么;中国农民要发展,当前最宝贵的机遇是什么。

我觉得,中国人尤其是中国农民最宝贵的资源,不是过去教材上所说的虚幻的地大物博(看看各种重要资源的储量,并算算人均拥有量就知道了),不是数量上的人口众多,也不能简单地说成是廉价劳动力——因为在沿海的一些地方,劳动力的价格也不见得比越南、老挝、印度和非洲国家低;真正最宝贵的资源是中华民族数千年恶劣的生存环境锻炼,再加上中国传统文化培养出来的,依靠诚实劳动摆脱贫穷的强烈愿望(上进心),以及为摆脱贫穷不怕艰难困苦,勇于吃苦耐劳,勤勤恳恳、埋头苦干、任劳任怨的精神。

有了这种精神，别人吃不下来的苦，我们能吃下来；别人降不下来的成本，我们能够降下来；别人觉得无法生存的地方，我们不仅能生存，还能创造出可观的财富。

而我们最宝贵的机遇就是经济全球化。

在全球化的历史潮流中，审视世界农产品供求状况，我们发现，发达国家有许多大宗农产品，价格高得离谱（比如说美国的大蒜、西红柿酱、苹果汁、法国的肥鹅肝、日本的稻草等等），如果用中国的产品或者让中国人来生产，不仅发达国家消费者可以以更低廉的价格享受同样优质的产品，中国农民也可以获取合理的利润。

我们还看到，在这个世界上，许多的发展中国家拥有宝贵的农业资源，却没有得到科学合理的开发利用；一方面资源闲置，另一方面人民却挨饿受冻，食不果腹，衣不蔽体。如果把这些资源交给中国农民经营，则双方都有利可图。

中国农村发展特色经济，就要靠充分发挥这种精神的比较优势，借全球化的东风，扎扎实实地抓住全球化的历史机遇，把这机遇用好、用够、用透——换句话说，把“全球化”这一中华民族发展过程中千载难逢的历史机遇吃干打尽。

我们要立足中国，放眼全世界的农产品市场，审视全世界的各种资源、技术和体制，着眼全球农产品供求状况，来考虑本地优势的开发利用。不惜一切学习借鉴世界各国农业中的先进体制、先进技术，利用全球农业资源，覆盖全球农产品市场。要像目前中国制造的初级工业品占领世界市场一样，让中国制造的各种档次的农产品也占领世界市场。

对其他国家的有较高价值的农产品品种，能够引回来的就引，不能引回来的就去当地生产，只要能够赚钱，能够提升中国人的收入。

世界上还有许多国家有自己富有特色的物种、土地、气候等优势资源，由于各种原因，没有能够充分开发利用，那么，让我们中国人来！我们来买、来租，甚至来打工，靠我们中国人的吃苦耐劳和企业家精神来开发利用。

在今天这个世界上，中国农民要摆脱贫穷走向富裕，又不能像发

达国家当年那样，仗着洋枪洋炮、船坚炮利，到世界各地去巧取豪夺，那靠什么？

靠的就是这种上进心和吃苦耐劳的精神。吃别人吃不下来的苦，赚别人赚不了的钱，走自己独特的现代化道路，也是我们中国人的和平崛起之路。

思考与讨论

(1)你觉得中国大蒜和美国大蒜隔着太平洋的对决给了你哪些启发，说明了什么道理？

(2)肥鹅肝的开发为我们发展农村特色经济打开了什么样的新思路？有什么价值？

(3)你如何看待中国农民的比较优势和全球化的历史机遇？中国农民该怎样抓全球化的机遇？

23 层层扒皮　吃干打尽

问题

农村发展特色经济，怎样充分利用资源，实现资源的效用最大化？

金观念

在发展农村特色经济的过程中，还有一条特别值得人们重视的基本思路，就叫做“吃干打尽”。

所谓“吃干打尽”，就是要通过对资源（农产品、矿产品、自然风光、历史、人文社会等各种资源）进行多层次、多方面、多角度的开发利用，延长产品链，使资源多次增值，力争使资源产生高附加值，尽可能把资源的潜能“吃干打尽”，避免有意无意的浪费，使一定量的资源创造尽可能多的财富。

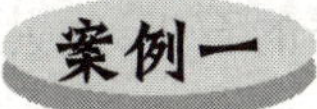

吃干打尽

一个人耗资数百元甚至上千元人民币摆了一台宴席，只吃了其中一样菜，其余就全部倒掉——你怎么评价他？你会痛斥他“有病”？“钱多了烧的”？最起码，你会指责他太浪费，太奢侈。

中国古代有个成语叫做“买椟还珠”，说的是楚国人到郑国去卖珍

珠，把珍珠装在华贵而又华丽的盒子里，郑国人看见包装这么漂亮，产生了强烈的购买欲望，他们买下盒子却把珍珠退还给楚国人——你怎样评价郑国人的这种做法，你觉得现代人还会不会这么做？

如果讲在我们的经济生活中、生产过程中，人们却经常有意无意地这样浪费、这样取舍不当，而且还习以为常——你信不信？

你不会相信，但事实又的确如此。请看下面两件事：

据《人民日报》报道，山东昌邑市有一个山后村，此地出产一种白石头，这石头质柔坚韧、色泽洁白，适宜于雕刻各种石头制品。因此，当地人开采这石头作为建筑石材出售。建筑石材是有一定规格的，人们从开采出来的石头中选择合乎要求的出售，同时，大量不合规格要求的石头和生产过程中产生的碎石就废弃在采石场。

另一件事是《农民日报》报道的，此事发生在山东肥城，当地盛产桃，桃园面积高达 10 万亩（约 6 667 公顷）；除了收获桃子以外，还利用桃园搞旅游；但是，每年桃树都要修剪，剪下的枝条多达数万吨，过去常年被当柴火烧掉。

有人会问，这两件事有什么不妥吗？跟浪费、跟“买椟还珠”有什么关系吗？要知道，几乎所有开采石头的地方都是这么做的，几乎所有果园都把修剪下来的枝条当柴烧。

其实，以上只是两件事的前半部分，后半部分是这样的：

山后村的情况是，后来当地一位农村信用社主任给农民出主意，在开发建筑石材的基础上，把其中一些大小合适的石头加工成小石臼、小石磨等石制品出售，2004 年有 10 万套石制品出口东南亚；另外，还把碎石头渣子加工成建筑用的白石子赚钱。同样的石头，过去只做建筑石材卖，现在，赚了三次钱。

肥城的情况是，当地人发现了民间有桃木可以辟邪的传说，也发现了桃木木质细腻适宜加工的特点，再加上桃园游客多了，对旅游纪念品的需求也大了；于是，他们用桃核加工手镯，用桃枝做桃木剑、桃木如意、桃木首饰盒等工艺品。据说，有的桃农卖桃木工艺品的收入超过了卖桃子的收入，就这一项，全市桃农户均增收 300 多元。

那么，对照后边的做法，以前的做法是不是浪费？

农村发展特色经济的过程中，有一条基本思路叫做“吃干打尽”。

“吃干打尽”就是要通过对资源（农产品、矿产品、自然风光以及各种自然资源、人文资源）进行多层次、多方面、多角度的开发利用，延长产品链，使资源多次增值，尽可能把资源的潜能“吃干打尽”，减少浪费，以尽可能少的资源创造尽可能多的财富。

那么，这两个地方是否就吃干打尽了呢？也还没有。例如，从产品上看，是不是只能生产小石磨和小石臼，可不可以生产比这更大更精致更赚钱的东西——屏风、花瓶、镇纸、笔架、笔筒、围棋子、麻将，乃至于金字塔模型、狮身人面像和别的偶像等旅游纪念品？除了碎石，是否还可以加工石粉？或者做铸石材料？

现在我们再大致看看，围绕桃树有哪些可以“吃”的东西：桃子（鲜）、桃酱、桃汁、桃脯、桃酒、桃醋。桃核：打磨、加工后串起来——项链、手链、坐垫等工艺品；砸开——桃仁（中药材），外壳，烧成活性炭。桃花：可以观赏，发展旅游业；花瓣在中国古代验方中可以加工为化妆品，花粉、花蜜可以养蜂采集。桃园里可以养鸡养兔，可以发展农家乐等。

请问，你那里搞的特色项目，吃干打尽了吗？

鸡蛋怎样“变”出更高价值

鸡、鸭、鹅是农村发展养殖业最普及的项目，禽蛋也是农村最常见的农产品。

我们说，农村发展特色经济，就要充分利用各种资源，创造出更高的价值，更多的财富。仅就养殖业而言，同样的东西，怎么卖，以什么样的形态卖出，价值差异甚大。

那么，鸡、鸭、鹅蛋除了按常规生产，然后通过“倒蛋部队”贩运到城里供人们直接食用外，还能够怎样增值，创造出哪些价值更高的产品呢？

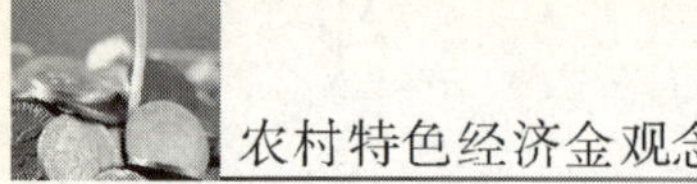

这实际上是一道创造学称之为发散思维的智力测验题，人们顺口就可以说出许多名目来——皮蛋、盐蛋、茶叶蛋、蛋糕、蛋卷等。

但是，作为农村特色经济项目，在实际操作中，除了做皮蛋、盐蛋外，禽蛋的文章从哪些方面做能够"吃干打尽"呢？

其实，说起来也简单，诀窍就是一个"变"字。

"洋"变"土"，在这个世界上，"洋"的东西似乎越来越值钱——只有在鸡蛋上除外，在各地市场上"土鸡蛋"（北方又叫"柴鸡蛋"、"笨鸡蛋"）普遍比"洋鸡蛋"贵，每斤（500 克）起码高出人民币一元钱以上。在人们的心目中"土鸡蛋"营养高、蛋味浓、口感好，所以值钱。聪明人看到了这商机，采用改变饲料、改笼中饲养为在山林中敞放饲养等方式，生产"土鸡蛋"，结果不仅卖出了好价钱，还降低了成本，利润更高。

"高胆固醇"变"低胆固醇"，鸡蛋好吃，加工起来又方便，深受人们喜爱，但是由于鸡蛋的胆固醇含量比较高，令现代社会中的肥胖者、高血压病人、中老年人想吃又不敢吃。那么，有没有可能生产低胆固醇的鸡蛋呢？国外的科学家和养鸡场通过改变鸡的饲料和饮水，给鸡喂维生素和微量元素，改变鸡的生活环境等途径，生产出来的鸡蛋，胆固醇含量比普通鸡蛋胆固醇含量低 55%，中老年人和高血压病人可以放心食用而不必担心影响健康，所以大受欢迎。

普通蛋变"保健蛋"，除了降低胆固醇以外，还可以在鸡饲料中添加中草药和碘、锌、硒等元素生产"保健蛋"，满足人们日益增长的对保健方面的需求。

普通蛋变"日期蛋"，人们吃鸡蛋讲究新鲜，鸡蛋新鲜与否，主要靠消费者看鸡蛋外壳的颜色和借助灯光照一照蛋清蛋黄的状态来辨别，只能辨别个大概，有时难免看走眼。据《人民日报》报道，上海的一些超市出售的鸡蛋采用新办法解决这个问题，就是在蛋壳上打上鸡蛋的生产日期，让消费者一目了然。

据报道，这种鸡蛋每斤（500 克）价格比普通蛋高，但是销路却很好，如果企业生产规模足够大，而且有足够的信誉，讲诚信，这也是个好办法。（但是千万不要耍小聪明乱印日期，否则，砸了牌子，因小失大，得不偿失。）

变“整个卖”为“分开卖”，人们传统的卖鸡蛋方式是“整个卖”，打破了的鸡蛋因此成为“废品”只好降价处理。但是，随着现代食品工业的发展，把鸡（鸭、鹅）蛋作为原料或者添加剂的越来越多，作为原料或者添加剂，并不都需要同时使用蛋清和蛋黄，而让企业临时再分离蛋清和蛋黄也不方便。有的养鸡场看准了这商机，分离生产蛋清和蛋黄，颇受食品生产企业的欢迎，还拓宽了销路，增加了附加值。

《经济日报》报道，湖南衡东县霞流镇李花村，就靠加工咸蛋黄致富，一个村仅这一个项目年产值上千万，2000 年全村人均纯收入达到 5 000 多元，还带动了相关产业发展。

变废为宝，在鸡（鸭、鹅）蛋的加工生产过程中，可能产生一些废弃物，如蛋壳、蛋皮之类，日本人开发出一种装置，能够把蛋壳与里面的蛋皮分离，蛋壳可以做食品添加剂、土壤改良剂、饲料；蛋皮可以做人造皮肤等高附加值产品。

思考与讨论

（1）被浪费的资源就是白白丢掉的财富，你如何看待“吃干打尽”？你在开发利用资源时“吃干打尽”了吗？

（2）要“吃干打尽”，依靠什么？靠思路还是靠科技？

（3）你觉得“吃干打尽”给我们指出了一条什么样的发财道路，是不是可以将别人没有“吃干打尽”的资源进行再开发利用？

（4）看看身边的资源开发，有哪些没有“吃干打尽”，你有什么办法在别人的基础上进一步“吃干打尽”？

24 趋同求异　各得其所

问题

各地农村都在发展特色经济，什么叫“特色”？

在追求“特色”的过程中，如何处理“异”与“同”的关系？

何时求异、何时求同？怎样求异、怎样求同？

金观念一

特色就是差异

我们提倡农村大力发展特色经济，但是，“特色”是什么？

特色难道就是不种粮食，种蔬菜、水果、药材、花木？特色难道就是养鸡、鸭、鹅、兔、猪、牛、羊、马、驴？

如果是这样，那么种蔬菜水果卖不出去，烂在地里是怎么一回事呢？养家禽家畜赔得一塌糊涂又是怎么一回事呢？那不是“特色”了么，怎么找不到钱还赔本呢？

如果不是这样，那特色又是什么？

我的理解是，特色就是在产品（包括服务产品）有市场需求，有生产条件（物质条件、社会环境含法律许可）的前提下所提供产品（包括服务产品）的个性——也就是差异，是生产要素个性化组合的产物，有不同程度的独特性。这种差异满足了现代人类追求生活丰富性、多样性的愿望，因而具有增强产品市场竞争力的特殊功能。

所以，在有市场、有生产条件的前提下，特色就是产品的个性，特色就是差异；差异就是此处与别处、这种产品与别的产品相比的不同之处、独特之处。

这话说得有点玄了，也不符合本书基本不进行理论推演的初衷，还是举例说明吧！

先说旅游，全世界的旅游者都知道，如果要看古代王室陵墓的话，到埃及看金字塔，到印度看泰姬陵，到中国看十三陵；而如果要看王宫的话，法国巴黎的卢浮宫与中国北京的故宫都不可不看。

都是陵墓，人们之所以看了金字塔还要看泰姬陵和十三陵，是因为这三个地方从外观到“内观”都有极大的差异，极不一样，非常独特，所以没有任何一个可以取代另一个。但是，假设这三座陵墓都一模一样，或者大同小异，那么，人们可能任意选择看其中一座，就不会再看别的了。

可以说，旅游业存在的基础，就是因为不同国家、民族、区域存在地理条件、自然风光、社会文化的差异，以及人类追求差异的猎奇心理。所以，各地旅游景点的建设和宣传，一定要追求个性，突出差异，突出与众不同的方面。

再说农产品，虽然同样是梨，人们不会因为吃了“砀山酥梨”，就拒绝吃河北鸭梨，也不会吃了苍溪雪梨就拒绝库尔勒香梨，因为它们的口感、滋味、个头、香味都大不一样，谁也不能代替谁，各自才有存在的必要。如果它们都一个味道，或者大同小异，那么，人们吃了其中任意一种就不必再吃其他的梨了。

不仅口味，成熟时间的差异也极其重要，重庆长寿区产的夏橙，论滋味与其他橙类水果相比差不多，但是产品供不应求，就因为它成熟的季节是在夏天，而别的橙类水果大多在冬季。同理，近年被发掘、

以火箭般速度走红的水果——冬枣,根本原因也在于一般枣在秋天成熟,冬枣却在冬天成熟。

所以,农村调整产业结构、发展特色经济要提高成功率,就应追求差异:小差异小特色,大差异大特色,无差异无特色。

而对于别人成功的经验,我们的态度应该是:求异不求同,学习不跟风。

进一步深究,对于“异”与“同”之间的关系,我们还要说,选择品种时要求异,上规模要求同,同一品种、批次的产品要严格遵守标准,实行标准化栽培和生产,使产品整齐划一,绝对求同。而不同品种之间,为了市场竞争,就要追求差异了。

追求差异之所以可能而且更容易成功,是有道理而且有基础的。

自然物种的丰富性为差异性提供了物质基础:据统计,我国有脊椎动物6 266种,其中陆栖脊椎动物2 404种,鱼类3 862种;我国有植物30 000多种,居世界第三。

人民群众不断增长的、日益丰富多彩的物质和精神需求是追求差异成功的市场基础。

人们追求生活方式的多样化、个性化,不同人喜好的不同是追求差异成功的心理基础。

在这些基础上,我们就能创造出千姿百态、各具特色的产品,从而带来滚滚财源,帮助农民发家致富。

金观念二

产业结构趋同折射人的思维趋同

如果说:“当前某些地方出现的水果蔬菜‘滥市’现象,是在挖坑栽果树和蔬菜下种之前就注定了的,是必然的”——很多人,尤其是农村基层干部肯定不同意。

如果再说“果、菜烂在市场上,根子还在组织者的思想观念上”,

恐怕许多从事农业、农村、农民工作的干部都要跳起来抗议:不要农业一有问题就往农村干部头上泼污水!!!

但是且慢,不管你同意不同意、抗议不抗议,你都得承认这样一个事实,造成许多地方某一种或几种水果蔬菜或其他农产品积压、低价都卖不出去的根本原因,是农业结构调整中出现的产业结构趋同。在某一个区域内,许多人不约而同地种植同一种作物或者养殖同一种动物,结果造成某一种产品(最起码在某一个局部)供大于求,送人都没人要,自然而然就要出现"滥市"。

问题在于,"物以稀为贵"这条反映供求与价格之间关系的金科玉律,这句老话许多人从小就背得滚瓜烂熟,为什么还有那么多人会不约而同地去种植同一种作物,生产同一种产品而造成结构趋同呢?

而且,农业产业结构趋同起码应该包括农产品的品种、品质、市场、价格、档次、上市时间的相同或相近,为什么农民放着世上千条路不好走,非要挤到一座独木桥上来"趋同"呢?

追根究底,就会发现也不得不承认:在当今中国农村,农民在种植养殖上的趋同,源于一些干部规划和引导上的趋同,而干部行为上的趋同,又源于他们对农业结构调整思维方式上的趋同。

这种思维方式就是:追求相同而不追求差异,惯于照搬而不喜欢创新,缺乏想象力,思路狭窄,思维方向单一。

这种思维方式在农业结构调整中的表现就是"跟风",看见某个人或者别的地方种植或者养殖什么东西赚了钱,马上就跟着撵,别人干什么他干什么,完全不管环境、市场容量、生产周期、行情变化。

这样一来,即使是一个好项目,即使完全适合当地的土质、气候,但由于大家一窝蜂地搞同一产品,而市场需求在短期内又没有大幅度增长,最后供大于求,价格下跌,一部分产品卖不出去,造成"滥市"。

——这难道不是在挖坑栽果树和蔬菜下种之前就注定了要失败,难道不是表现在农产品市场根源在干部的思想?

这种思维方式的养成,与干部的市场意识、创新意识、风险意识短缺和经济学素养、科技素养短缺有密切关系。

如果有一定的市场意识和经济学知识，就会看到外地的成功只是为本地的结构调整提供了思路而不是现成的道路；市场风云变幻，别人今年种某种水果赚了钱，我明年再种那种水果就不一定能够赚钱；如果大家不考虑市场容量一窝蜂去搞同一种水果，更只会赔钱。

如果有一定的创新意识、风险意识和科技素养，思路就开阔，就不会生搬硬套，就会千方百计追求差异，努力开创新的、属于自己的独特市场空间。

有差异才有特色，有特色才有市场，有市场才有赚钱的机会——能够多赚钱增加农民收入才是农业产业化的根本目的。

我们搞农业结构调整就应该这样思考问题。

金观念三

求异，怎样求异？

在各地农村发展特色经济的过程中，我们强调特色即差异，强调“大差异大特色、小差异小特色、无差异无特色”，强调“求异不求同，跟市不跟风”，反对一看见别人种什么、养什么、开发什么成功了就一窝蜂地跟着撵，千军万马去挤同一座独木桥。

于是，有人忿忿不平地问：山就是那些山，水就是那些水，地就是那些地，品种也就是那些品种，哪有那么多差异可求？

我说，其实差异也是客观存在，也是无处不在，关键在于你有没有“求”的意识，有没有努力把差异找出来，通过差异来凸显你的特色，从而获取好的经济效益。

以种桃子为例，成都龙泉驿种水蜜桃赚了钱，恰好我这个地方的自然条件也适合种桃，我就要想一想，也种水蜜桃，市场在哪里？如果与龙泉驿隔得不远，我能不能在市场竞争中胜过龙泉驿，等我投产时市场会不会饱和？

差异就是特色！即使非要种桃，内部也有品种差异：他种水蜜桃，我就种蟠桃、美国油桃（品种差异）；他种软桃，我就种脆桃（口味差异）；或者，许多地方都种鲜食桃品种，我就种加工用的黄桃，加工成黄桃罐头，冲击国际市场（产业链差异）。

同理，同样是日用化工产品，你搞色素，我就搞香料；你搞木本香料，我就搞草本香料；你种日化香料，我就搞食用调味香料。

也可以考虑在产业链上求异：你种水果卖果实赚钱，我就在它的上游卖种苗找钱；或者在它的下游，种竹子编包装用的筐、篓找钱；或者为你搞服务，卖农药、肥料，帮你摘果子搞推销；你开发旅游景点让游客参观卖门票找钱，我就修宾馆开饭店供游客吃住，或者做旅游纪念品卖给游客找钱。

也可以在产品的深加工上求异：改变产品形态，例如将鲜果通过加工变成果汁、果酱、果脯、果醋、果味糖果，综合利用深度开发找钱。

还可以在一、二、三产业结合上求异：你只知道种果子卖，我不但卖果子，还将树枝加工成工艺品，并在开花时节和摘果时节搞旅游，开农家乐找钱。

但是，最后还有人追问，假设我这个地方就特别适宜种水蜜桃，种别的什么都没有水蜜桃长得好，也没钱没技术干别的什么，就想利用土地种水蜜桃，那该怎么办？

我说，其实那也没什么，就在同一种产品内部也可以找出极大的差异：别人的水蜜桃以中熟品种为主，我就要主攻早熟和晚熟品种（上市时间差异）；别人走大众路线，我搞中档产品；别人做中档产品，我就做高端产品；别人做大众消费的水果，我专做礼品水果（产品档次差异）；别人占领南方市场，我就种北方消费者喜欢的品种；别人卖国内，我卖国外；同样是国外，你卖欧洲，我卖美洲、澳洲；你卖发达国家，我卖发展中国家（市场空间差异）。

一句话，差异无处不在，关键在于你有没有找出来，并利用起来赚钱。

找吧，下功夫找吧！功夫不负有心人！

思考与讨论

(1)你怎样看待农村发展特色经济的"特色"二字,什么叫"特色"?

(2)你是否认同追求差异就能创造特色这个观点?

(3)你那里有哪些差异明显的资源?创造出特色产品了吗?

(4)你如何理解农产品生产的标准化与追求差异之间的关系?

25 只有善变 才能生存

问题

为什么说调整农业结构、实施农业产业化必须紧跟市场变化?

金观念

善变才能生存,实际上就是紧跟市场的问题。市场风云变幻,农村发展特色经济,不能指望一个产品吃一辈子,甚至吃几代人,必须紧跟着市场需求的变化而不断调整自己的产品,才不会被市场淘汰。换句话说就是:市场变,我也变,永远跟着市场转。

但是,跟市场又不等于"跟风",看见别人干什么我就跟着干什么,往往是别人吃肉你却只能啃骨头;别人赚钱你却赔本。

案例一

从织渔网到织球网的启示

两个同样从事编织的村庄,在面向市场发展特色经济时却出现了不同的结果。

一个村庄地处四川盆地内的浅丘陵地带,村庄周围翠竹掩映、竹影婆娑,村里人家家户户、男男女女都会编织竹席、竹箩筐、筲箕等竹

产品,尤以竹席为村里的大宗产品。30多年以前,我作为知青在这个村插队落户,每当附近的城镇逢场时,便看见村里人担着一捆捆竹席去“赶场”,卖掉竹席,买回煤油、食盐、肥皂等日用品。

2002年我回到这个村里,村庄面貌和24年前我离开时相比,基本没有什么改变——只有一两户人盖了楼房,其余人家还住在生土墙房屋里。一问村里人的经济状况,回答是粮食够吃,现金紧张,再问为何不靠编竹席找钱,村里有人告诉我,现在大家都喜欢睡“麻将块”(机制竹席),手工编织竹席找不到钱了。

另一个小村庄是广东佛山市三水区麦村,据《广州日报》报道*,由于当地有许多人以打鱼为生,麦村的村民就专门编织渔网卖给渔民,麦村的手工渔网由于历史悠久、技术精良而在附近一带颇有名气。后来,机器织渔网兴起,手工编织的渔网无力与机器竞争,只好放弃。

但放弃织渔网不等于放弃编织行业,到上个世纪80年代,麦村村民发现织手套有利可图,就利用自己的编织技术搞起了手套加工,织手套于是成为村里人的主业,村子也被叫做“手套村”。

市场风云瞬息万变,不久,编织手套的市场开始萎缩,眼看麦村又面临危机,恰好有一个客商知道村里人大多会织鱼网,就在村里设立球网加工编织点,提供原料并回收产品。于是,村里人的织网技术又找到了新路子——编织排球、网球等各种球网;目前,全村人口中有三分之一的人从事球网编织,年产球网10 000多张,虽然规模还不算大,手脚快的人一个月也就300元左右的收入,但是,织球网毕竟成为村里人的重要收入来源。

这两个村的事例很有启发意义——一个地方的群众,如果历史上因为某种原因曾经普遍掌握了某一种技术,如种植、养殖、手工编织,或者农副产品加工等,这技术和产品只要不是造枪、种鸦片之类违法的东西,那就是当地的一条致富捷径——哪怕像加工草绳这样的技术,在旁人看起来是非常微不足道的,也是发展特色经济的重要优势。应该大力发掘、充分利用,使之与今天的市场经济接轨,生产当前全球市场上需要的某种产品,从而给本地人带来财富,推动当地经济发展。

当然,市场在不断变化,不同时代的人需要不同的产品。传统技

艺要适应今天的需要，就要进行一些改造——或者改造产品、或者改造产品的用途、或者改造工艺、或者改变市场，但是，决不能轻言放弃。因为改造传统技艺，总比在一个地方的群众中从头普及一种新技术要容易得多，成本也要低得多。

例如，加工草绳不行了可以加工棕绳，或者加工棉绳、塑料绳；又如，编织铺床用的凉席没有市场了，可不可以加工建筑包装用的竹席，或者是为胶合板厂提供原料？再比如，过去那种竹胎藤编的藤椅不流行了，但是钢胎藤编的椅子现在却正时髦，可否换一换骨架呢？还有，农民过去常用的三大件：斗笠、蓑衣、草鞋现在已经很少有人用了，可不可以把这三样做得精致一点、土气一点，卖给旅游者挂在家里做装饰品呢？

总之，传统技艺要适应现代市场经济需要，就必须牢记：市场变，我也变，永远跟着市场转。

＊赵琳琳，周靖宜，黄杰华.昔织网打鱼今织球网“捞钱”.广州日报，2002-12-4

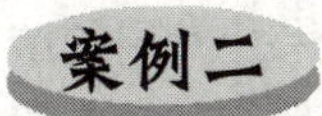

案例二

酸甜苹果一堂课

——甜苹果值钱还是酸苹果值钱

据《经济日报》报道，2002年以来，陕西和河南一些地方的果农又在忙着对自己果园进行“高接换头”——令人奇怪的是，这次，他们是要把甜苹果品种换成国际上有名的酸苹果品种——“澳洲青苹”。

甜苹果比酸苹果好吃，这是众所周知的事实。但果农要换种的直接原因却是，甜苹果不如酸苹果好卖，不如酸苹果值钱，而且是苹果越酸越值钱。

大家都知道，上个世纪80年代以来，由于各地大种苹果，我国目前已是世界上最大的苹果主产国，苹果种植面积和产量都居世界第

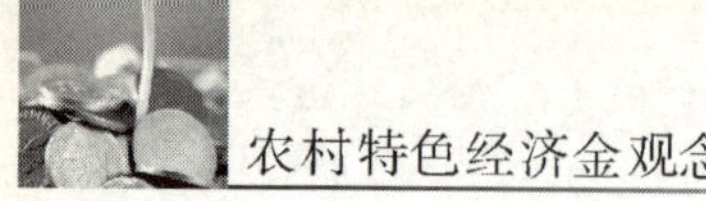

一位。

但是,由于各地在种植苹果时一般种植的是适宜于鲜食的“红富士”、“新红星”等品种,这些品种含糖分较高、口感好、外观好看,在上个世纪80年代至90年代中叶以前市场价格也很好。以至于不少地方也通过高接换头的方式,把原来的酸苹果品种换成甜苹果。

然而,随着各地果园的纷纷投产,“物以稀为贵”这条市场法则又一次展现了它的正确性:那些个头大、色泽鲜、口感好、品质优良的甜苹果,价格开始一路下滑;而且,2000年和2001年,有不少地方出现卖果难。苹果堆积如山却卖不出去,有的果农用“红富士”苹果喂猪,有的果农甚至狠心对苹果树举起了砍刀。

然而,在甜苹果积压难卖的同时,酸苹果却供不应求。

原来,近年来,我国浓缩苹果汁加工企业纷纷兴起,加工的浓缩苹果汁在国际市场上颇有竞争力;但是加工苹果汁需要的是酸苹果,而且是酸度越高价格越高——酸度每提高0.5个百分点,每吨苹果的价格就可提高近1 000元。

令人遗憾的是,由于各地种植的都是鲜食品种,酸度最高只能达到2.0,一般的都在1.0到1.5之间,而国际上加工果汁专用的酸苹果品种酸度远远高于这个数值,像“澳洲青苹”酸度在5.4至7之间。

由于没有酸苹果可“吃”,这些苹果汁生产企业只好勉为其难“吃”甜苹果,由于甜苹果酸度低,不仅要加大企业生产成本,还影响苹果汁在国际市场上的竞争力。

正是在这样的背景下,在这样的市场需求牵引下,一些果农开始大彻大悟,他们意识到了种酸苹果的巨大市场潜力:加工一吨浓缩苹果汁大约需要8吨酸苹果,而目前全国一年要生产浓缩苹果汁20万吨。

从各地方当年纷纷“高接换头”把本地产的酸苹果换成甜苹果品种,到今天一些果农开始把甜苹果品种换成酸苹果品种,仿佛走了一个圆圈。透过这个圆圈,各地在发展特色经济时应该吸取哪些经验教训呢?

第一,发展特色经济要看准市场、紧跟市场,要有前瞻性,但却切

忌跟风,“一窝蜂”地去搞某一种产品。农业,尤其是果业生产的生产周期相当长,农业是几个月,而果业是几年,所以特别要加强预测,要问今天这产品卖这个价格,等到我的果园几年以后投产时,还能不能卖这个价格,而我的果子必须卖到多少钱一斤才有赚头。因此,紧跟市场要先算好账再动手,不能先搞起来再说。搞特色经济是为了赚钱,不是为了好看。

第二,要注意进行市场细分,在细分中寻找商机,特色经济强调独辟蹊径。就以苹果为例,如果大家都在抓鲜食果时想到在果汁甚至果脯专用果上下功夫,岂不是可以少走一段弯路了吗?

其实,不光苹果有个鲜食与加工的问题,柑橘、葡萄、桃子等许多水果都有这个问题。

酸苹果、甜苹果,酸酸甜甜令人回味!

思考与讨论

(1)为了紧跟市场,搞编织的,经历了织渔网—织手套—织球网的历程;种苹果的,也经历了酸苹果—甜苹果—酸苹果的过程,你如何看待这种变来变去?

(2)你觉得“跟市场”与“跟风”有什么区别,怎样避免“跟风”?

(3)你如何看待农业结构调整中的“前瞻性”,怎样才能使自己的决策有“前瞻性”?

26 主动适应国际规则

问题

发展农村特色经济怎样看待及适应国际规则和国际标准？

金观念

俗话说："入乡随俗"、"到那山唱那山的歌"，说的是人到一个地方就要主动适应一个地方的游戏规则。

生产和销售产品也是这样，要想把农产品卖给现代消费者，就得适应现代消费者的要求；要卖给外国人，就得按国际标准来衡量，来要求；而且还得遵守游戏规则。否则，别人根本不允许你进入当地市场。连准入资格都没有，你做什么生意？又从哪里赚钱？

抛弃传统小农经济对农产品质量和规格的随意性，像生产工业品一样生产农产品，做到按标准生产，质量规格整齐划一，按通行的规则交易，这样，我们的农产品才能够适应现代消费者的需要，适应走向国际市场的需要。

案例一

茶叶：标准与市场

茶叶不好卖！这是许多茶农和茶叶生产厂家共同的感叹。的确，

茶叶出口不畅;国内市场也无法消化各地大量增产的各种茶叶,造成茶叶市场的持续低迷。

但是,在扼腕叹息的同时,我们的茶农和茶叶生产厂家是否也应该反思一下茶叶为什么滞销,反思一下自己的思想观念,想一想,茶叶的滞销是否与陈旧观念的束缚有关呢?

也许,不少人还不愿意承认:茶叶不好卖和我们的观念有什么关系?八竿子也打不着的事!

其实大有关系!

首先看看我们评价茶叶的标准,也就是说,在茶农和茶叶生产厂家的心目中,什么是好茶叶。在记者的手边,放着5个属于省市优秀品牌茶叶的产品介绍。这些介绍几乎无一例外地告诉消费者,自己的茶叶外形如何、色泽如何、汤色如何,以及如何香、如何纯正,有的还要加上泡茶时叶片是否芽尖向上等。

应该承认,这些都是中国传统茶文化中评价茶叶好坏的口感和外形指标,是祖先留下来的指标。但是,在经济全球化的今天,在茶被专家誉为21世纪的饮料的今天,国外衡量茶叶好坏的标准是什么?按照国外的标准评价,我们的茶叶质量又如何呢?

2000年7月,欧盟提高了进口茶叶的安全标准。新标准涉及的农药种类多达55种,而且,对茶叶中允许农药残留最大限量值的指标比原来严格100~200倍。换句话说,原来如果要求茶叶中农药残留物检出情况不超过万分之一的话,新标准要求是不得超过一百万分之一、甚至二百万分之一。

新标准实施后,中国对欧盟一些国家的茶叶出口骤减,产品大量积压。

也是在2000年,欧盟对在其市场上销售的30多种茉莉花茶进行农药残留物检验,结果只有3种产品合格。

其实,外国人检验结果与国内检验的情况是一致的。2001年5—9月,湖南省有关部门按照欧盟标准抽检茶叶40批,其中,检出有农药残毒的27批,超标19批,超标率47.5%,茶叶的农药残留物超标情况比同期检测的蔬菜水果还要厉害。

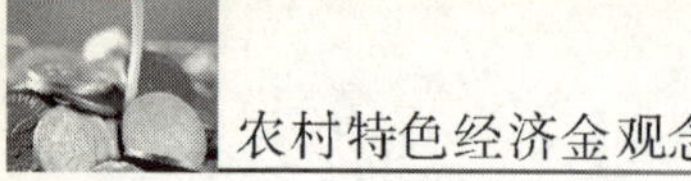

拿我们的企业对茶叶评价的标准和欧盟对茶叶要求的标准对比，就发现差距甚大，可以说有天壤之别。我们强调的是色、香、味、形，欧盟强调的是安全；我们的评价是依据感官模糊的感觉，欧盟依据的是科学检测的数据。

如果做一个比喻，我们的评价更像过去的"媒婆"做媒，说的是"那姑娘又高又白净漂亮"，但过门后才发现虽然白净漂亮，却是开放期肺结核，要传染的。欧盟的标准好像如今的"婚前体检"，高矮美丑黑白先搁一边，先检查身体是否健康，不宜结婚就别结，免得造成悲剧。

标准的差距实际上是观念的差距，试问，在今天的国内外消费者中，有多少人能够欣赏茶的"汤色"如何、"条索"如何、"旗枪"又如何？这些属于茶文化的东西，固然高雅。但是，今天的消费者关心的首先是饮用是否安全；其次是它的功能，能否抗癌、能否减肥、能否降低胆固醇；然后才是茶的色、香、味。如果茶农和茶叶生产销售企业要对现代消费者的胃口，就必须严格达标，做到茶叶生产中不使用有毒农药、化肥，加工销售中避免任何污染；一句话，朝着生产"有机茶"的方向转变，因为"有机茶"在国际市场上价格高而且供不应求。

有人也许会说，我的茶叶不出口，就卖给中国人总没有问题吧？回答是：那也不行。因为随着社会的发展，消费者对于食品安全越来越关注，国家对食品安全的要求也越来越严格，到时候，达不到标准的茶叶就不能在市场上销售。

所以，茶农和茶叶生产销售企业必须转变观念、早打主意，力争早日使自己的产品通过检验、达到标准。不仅如此，还要在茶叶的包装上突出标明：本产品各项指标完全符合中国国家标准（或者是欧盟标准），然后再介绍抗癌、降脂、防止心脑血管硬化的功能，最后再说色、香、味、形，再说文化。

这就叫与国际市场接轨！

案例二

学习 WTO，动口更要动手

2002 年，上海市斥资 100 万元，着手在国际上注册桂花的“国际身份”，一旦得到批准，世界各国涉及桂花的品种创新、出口，都要经过上海的登记、检验和批准（当然要收费）才合法。听到这个消息，我是一高兴，二佩服，三担忧。

高兴的是，在中国十大名花绝大部分被外国人抢先注册的情况下，中国人总算开始觉醒了，继梅花之后，总算又有人开始着手登录另一个国际名录。

要知道，按照国际通行的游戏规则，“名花抢注”是国际植物品种登录的具体要求，任何一种花卉新品种都只有经过国际园艺协会的认证，才具备合法资格，在国际市场上自由交易。

换句话说，即使中国人培育牡丹有几千年历史，有数百个品种，有许多关于牡丹的美丽传说和故事，但是，由于美国人已经在国际园艺协会抢先登录了牡丹的“国际身份”，今后我们培育出牡丹新品种也好，到国际市场交易也好，都要经过美国人的批准才合法；否则，就是“黑户口”，是侵犯美国人的知识产权。美国人要起诉我们，我们就得吃官司、赔钱。

而如果我们的牡丹要得到美国人的批准和认可进入国际市场，就必须给他们交费（价格当然不由我们定），平白无故地受他们的剥削——这就是残酷无情的国际规则，是加入 WTO 以后我们作为后来者必须学习、适应的国际规则。

佩服的是，在精明能干的上海人那里，认真学习、努力掌握 WTO 游戏规则不仅仅是挂在嘴巴上、写在文件上、登在报纸上，而是学以致用，边学边用，具体地落实在行动上，舍得花 100 万去注册桂花的“国际身份”就是一个很有说服力的例子。

其实，各地学习、运用 WTO 本来就应该像上海那样，一边轰轰烈

烈造声势,一边扎扎实实做工作;我们的各级干部就应该一只眼睛盯住国际市场、国际规则,另一只眼睛仔细地审视本地产品,看一看按照WTO的要求我们自己有些什么紧迫的工作要做,并且立即动手做,决不能把WTO当歌来唱。

除了花卉园艺产品,广东最近对自己的名特产品——肇庆“端砚”、佛山“石湾陶艺”和阳江豆豉申报“原产地标记”注册保护。别的地方怎么办?要知道,按照WTO规则,如果原产国没有对本国的某项商品进行原产地的注册认证,其他缔约国则无保护的义务。

令人担忧的是,在我国已经加入WTO的今天,在各地大力发展花卉生产,口口声声要把花卉业做大,要走向国际市场的时候,很多人还没有“名花抢注”这个概念;还不知道我国十大名花中牡丹、芍药、杜鹃、月季、百合等品种已经先后被美国、英国、加拿大抢先注册这一严峻的事实;还没有意识到这个问题制约着花卉出口的严重性。这反映出我们的干部和企业家对WTO规则学习掌握不到位、知识产权意识淡漠,还有由于信息短缺造成的盲目决策——这样参加国际竞争是要吃大亏的。

思考与讨论

(1)在传统的小农经济条件下,农产品生产有标准吗,哪些产品有标准,有什么标准?

(2)你那里的农产品生产、销售打算怎样适应现代消费者甚至外国消费者的需要?为此打算做哪些改变?

(3)你了解国内外有哪些关于农产品生产销售的标准和规格?采取了哪些措施,以便适应和利用这些标准和规格来促进当地农产品生产和销售?

27 刀剪品牌浴火重生

问题

在市场经济条件下，传统名牌产品怎样才能转变成为现代名牌产品？

金观念

历史上的、传统的名牌产品，在今天的市场经济条件下并不能自动变成现代名牌产品，所以，要做大传统特色产品，就必须使传统名牌产品适应今天的市场需求，这就要对传统名牌产品在组织形式、生产方式、营销方式、创新能力上进行脱胎换骨的改造，以提升传统特色产品，增强市场竞争力，使之成为现代名牌。

案例

从“中国刀剪之都”看传统名牌如何铸造现代辉煌

请问，哪里是“中国刀剪之都”？

再问一遍，哪里是“中国刀剪之都”？

对于重庆人乃至四川盆地的人来说，提起“中国刀剪之都”，理所当然地想到应该是重庆市的大足县龙水镇，再问十遍他们也会做出这

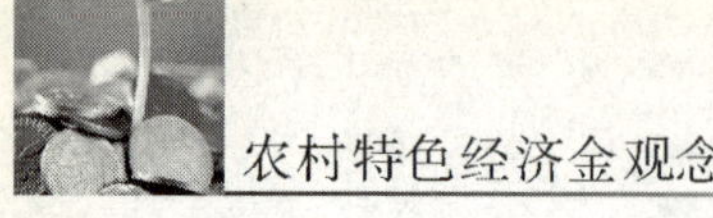

样的回答。

的确，大足龙水镇位居中国三大五金之乡行列，近年来，每年的五金产品产值上10亿，就其规模和影响而言，也算鼎立西南、傲视群雄了。

然而，对不起，不是，真的不是！

据《人民日报》报道*，2002年国家行业权威机构命名的"中国刀剪之都"是广东阳江市。

阳江当时有五金刀剪企业1 300多家、年产值50多亿元、年出口值2亿多美元；而且，刀剪行业的产值近年来以年均30%的速度增长，阳江刀剪号称产量第一、销量第一、出口第一、创新能力第一。

拿了这么多第一，成为"中国刀剪之都"应该是顺理成章的事。

阳江刀剪号称有1 400多年的历史，但是真正的飞跃发展、兴旺发达，成为当地的支柱产业还是近几年的事，是阳江市对刀剪这一传统产品进行制度创新，进行现代化改造以后的事。

我们知道，传统名牌特色产品一般是在手工作坊中生产、在消费者口口相传中树立牌子、以传统的销售方式开拓市场；很显然，在今天，这些方式已经无法保证传统名牌产品能适应现代市场竞争的需要，更谈不上在原有基础上进一步做大做强了。一些传统名牌产品，在今天激烈的市场竞争中萎缩甚至消失就证明了这一点。

传统特色名牌产品要适应现代市场经济，必须在企业的组织形式、生产方式、营销方式上进行彻底变革，引进现代企业制度和现代生产、管理、营销理念，才能在今天激烈的市场竞争中立于不败之地，才能革故鼎新、大放异彩。

那么，阳江对传统的刀剪行业进行了哪些方面的改造、创新呢？

一是组建企业集团，整合资源优势。市里组建了两个企业集团，作为行业龙头，带动行业发展，改变过去行业内部比较"散"的状况，促进了该市五金刀剪行业由传统的家庭作坊式生产经营向规模化、集团化经营转变。

二是促进了技术创新，推进了新产品开发，适应现代消费者的需要。据报道，其中仅阳江十八子厨业有限公司就在同行业中完成六大首创，填补10多项国内制刀史上的空白，获得60多个专利。仅菜刀这种产

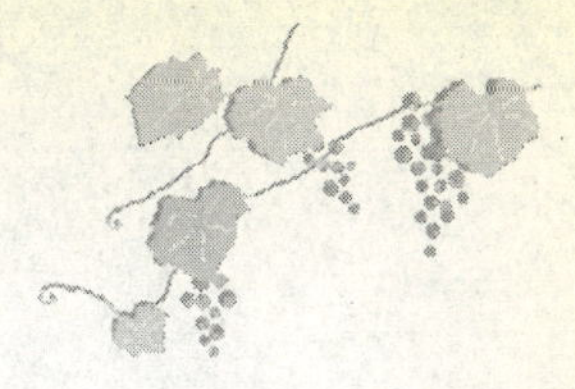

品,就开发出300多个品种。当地还建立了五金刀剪技术开发中心。

三是加大了品牌建设力度。有了企业集团作为抓手,品牌建设就有了飞速发展,该市两家著名的刀剪企业,分别从国家权威机构捧回“中国菜刀中心”、“中国剪刀中心”的招牌,2002年,又被国家行业权威机构命名为“中国刀剪之都”,这些,无疑都增加了阳江刀剪招牌的含金量。

四是行业协会、检测中心、信息中心、物流中心的成立和建设,加快了阳江刀剪融入现代市场经济的步伐。

阳江刀剪的现代化改造说明,传统名牌产品在适应现代市场经济的过程中,企业组织形式要转变为现代企业制度,质量要靠现代质量管理体系保障,商标要靠现代商标注册体系立足,品牌要靠企业形象系统(CIS)来塑造、靠现代传媒的广告来支撑、靠国家权威部门的认证来确认,技术秘密和技术创新产生的新工艺、新产品、新款式都要靠专利制度保护。

各地都有一些传统的名牌产品,也都面临新环境的挑战,其情景恰似逆水行舟,不进则退。

阳江刀剪作为一个典型的例子,演绎了传统名牌向现代市场经济条件下的名牌转变的经典过程,发人深省,值得各地的传统名牌产品生产者研究和借鉴。

*赵京安.打造竞争优势.人民日报,2002-7-19

思考与讨论

(1)看看本地有哪些传统名牌产品,现在的处境如何,原因何在?

(2)本地传统名牌产品中,有没有已经濒临困境的,能否起死回生,并做成现代名牌?

(3)这篇文章的前提是,这种传统产品在今天仍然有广泛的市场需求,离开这个前提,传统名牌产品还有转变的必要和可能吗?

28 草根文化越发值钱

问题

文化、手艺、技能之类的东西能不能用来为发展农村特色经济服务？

金观念

当然能！不仅能，而且这类非物质资源，找钱的潜力一点也不比物质资源差，因为这些资源的社会和文化属性，如果开发利用得好，还会比种田、开矿等物质资源开发更来钱。

案例一

高度重视
非物质资源的保护和开发利用(上)

在发展农村特色经济时，一定要注意发掘开发利用本地的特色资源，从而形成自己的特色产业——这个道理，许多人已经逐渐开始明白了。

但是，在挖掘本地特色资源时，又要注意防止出现一种倾向，那就是见自然资源不见社会文化资源，见“物”不见“人”，见“物”不见“文”。

所谓见“物”不见“人”、见“物”不见“文”，就是把“资源”二字狭隘、简单地理解为纯粹的物质资源，只想找一找我这里有没有什么矿物、动物、植物、景物这些有形的、具体的物质，却忽略了“人”和人的特色、人的技能，忽略了文化。

然而，恰恰是这些在某些人眼里容易被忽略的部分，却有着巨大的经济潜力、可以创造出神话般财富的资源，是一座金山；是阿拉伯神话《一千零一夜》里那装满了金银财宝的山洞，只要你对它说一声“芝麻，开门”，它就会把它那令人头晕目眩的财富贡献出来，造福一方百姓。

空口无凭，还是让我们看一些具体的例子吧。

据《经济日报》报道*，江苏省六合县龙袍镇就是依靠一门绝活儿带动了当地一个产业的发展，这门绝活儿就是当地民间流传的做“蟹黄汤包”的手艺。

龙袍镇的“蟹黄汤包”堪称当地名小吃，据说早在清代就已有名气；如今，每年仍然有数以万计的外地美食家慕名前往，大快朵颐。

然而，到了20世纪90年代，一方面是前往龙袍镇品尝“蟹黄汤包”的食客队伍在急剧扩大，另一方面却是做“蟹黄汤包”的主要原料——当地产的长江绒螯蟹的捕捞量锐减。这种形势迫使生产“蟹黄汤包”的店家不得不从外地购进螃蟹救急。

外地买回来的螃蟹不仅价格高、质量不统一，也没有本地产长江绒螯蟹的独特风味。

与此同时，当地还有不少养鱼、养珍珠的农户，往往因市场风云变幻而遭受挫折。

那么，能不能围绕“蟹黄汤包”这稳定而有巨大需求的产品来搞自己的特色经济呢？

当地领导看到并抓住了这一商机，发动农民利用本地丰富的水面资源，养殖长江绒螯蟹，为“蟹黄汤包”配套。

这可是一举数得的好事：保证了“蟹黄汤包”的口味更正宗、特色更鲜明，降低了“蟹黄汤包”的成本，利用了本地大量的水面资源，降低了农民从事养殖业的风险，增加了本地各相关环节的收入。

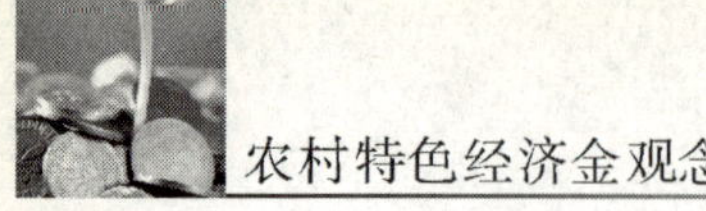

正因为如此，龙袍镇的螃蟹养殖搞得红红火火，生产的螃蟹不仅满足“蟹黄汤包”的需要，还大量销往外地，2000 年该镇的养蟹收入就超过 3 000 万元，“蟹黄汤包”的年销售收入也达到 1 000 多万元。

大力发展螃蟹养殖，又带动了为螃蟹生产饲料的玉米种植、鱼虾捕捞等相关产业。

这就应了民间那句话：一招鲜，吃遍天。

分析龙袍镇发展特色经济的路径，我们可以看出：由一种技艺（在这里就是做“蟹黄汤包”的技术），带出了生产“蟹黄汤包”的食品加工业，食品加工业的需求又带动为其提供原料的螃蟹养殖，螃蟹养殖又带动下游产业。雪球越滚越大，农民的收入就越来越高。

虽然下游产业全部是生产物质产品的，但是其核心却是一门手艺；如果我们忽视这种资源的开发，损失有多大？

那么这是不是一个特例呢？

当然不是。河南嵩山少林寺周围那些武术学校、吴桥的杂技、重庆铜梁县的舞龙都已经形成产业，虽然规模大小不一，但都是靠传统技艺赚钱、赚的是文化的钱，这样，肯定就比那些拼体力、拼资源、拼地力的找钱方式来钱得多，而且轻松些，还属于可持续发展之列。

＊金世凯，吕道峰. 一门绝活儿激活一个产业——看江苏六合县龙袍镇怎样调整农业产业结构. 经济日报，2001-11-6

高度重视
非物质资源的保护和开发利用（下）

我们说传统文化、草根文化是座金山，强调农村发展特色经济时，一定要高度重视传统文化的保护、发掘与开发利用，因为就其经济潜力而言，一点也不比种田、挖矿、养殖差，同时还有可观的社会效益。

这决非空谈，有事实为证——

据《解放日报》报道，上海金山区的“金山农民画”，到2002年这几年间销售5万多幅，总额就已经达到千万元，由农民画图案衍生的贺卡、丝毯、艺术彩盆等产品，年销售额连续多年保持在60万元以上。“金山农民画”不仅给农民带来可观的收入，还成为该区的文化形象大使，先后到美国、日本等几十个国家展出，成为中外交流的媒介。

《中国文化报》2001年曾经报道过陕西省华县柳枝镇梁堡村的农民，在一名从事皮影雕刻的党员民间艺术家带领和传授下，开发传统的民间皮影艺术，发展皮影雕刻，到2001年，该村就有30多户人家成为“皮影雕刻特色文化家庭”，该村也因此成为“皮影雕刻专业村”，皮影雕刻每年可为村里增加经济收入几十万元。

《农民日报》报道，山东高密市姜庄镇聂家庄的农民，把当地传统民间艺术——泥塑进一步发扬光大，捏出的泥塑作品远销到欧美和东南亚国家，该庄80%的农户，每年可以靠泥塑获利4 000元以上*。

类似的知名产品还有云南丽江的纳西古乐、陕西延安的剪纸，都已经走向世界，产生了巨大的经济和社会效益。

其实，文化产品不仅可以兴村、兴乡、兴县，还可以兴国。

英国首相布莱尔1997年上台以后，为振兴英国经济，成立了专门的英国创意产业特别工作组，布莱尔自任组长，这个组就是要研究怎样才能让英国恢复活力。

这个工作组提出的对策是大力发展创意经济。

那么，什么是创意经济？

1998年，英国创意产业特别工作组首次对创意产业进行了定义：“源于个人创造力、技能与才华的活动，而透过知识产权的生成和取用，这些活动可以发挥创造财富与就业的成效。”

根据这个定义，英国将13个行业确认为“创意产业”：广告、建筑、艺术和文物交易、工艺品、设计、时装设计、电影、互动休闲软件、音乐、表演艺术、出版、软件、电视广播。

仔细研究这个定义就会发现，这些都和文化有关，我国更倾向于称之为文化产业。

你别说，经过几年发展，创意产业还真成为振兴英国经济的支柱：

到2000年,创意产业的产值已经在英国居第二位,仅次于金融服务业,英国创意产业2001年出口值高达103亿英镑,1998年,歌星“辣妹”是英国最大的出口项目。

美国的文化产业是世界上影响最大的,美国的文化产品,从1996年开始,就超过了其他所有传统产业,成为最大宗出口产品,目前,美国的音乐制品已经占全球音乐市场份额的1/3,在海外的销售额高达600亿美元。这些产品不仅为美国人赚了钱,还宣传了美国人的价值观和生活方式,增强了美国人的软实力。

看了以上这些文字,你还能说非物质资源不重要、不值钱吗?

具体地说,非物质资源包括哪些具体内容呢?

参照联合国教科文组织关于列入《人类非物质和口传文化遗产代表作名录》的要求,非物质资源应该包括:各类戏曲和相关的面具、道具、服装制作工艺;舞蹈,如民间民族节日舞蹈、祭祀舞蹈、礼仪;音乐,如各类民族民间音乐以及乐器制作工艺;口传文学,如神话、传说、史诗、游戏和故事;各种精湛杰出的传统工艺、手工艺,如针织、织染、刺绣、雕刻、竹藤编织、面人制作、玩具制作和剪纸等。

这些资源在几十年前经过“文化大革命”破坏,近年来,许多地方又不大重视,掌握这些资源的人老的老、死的死,活着的越来越少,一旦这些人再离去,资源就消失了,一旦消失就不可再生。

所以,开发利用的前提是抢救、保护;只有先抢救下来,保护起来,才谈得上开发利用;不管是企业、个人还是政府部门,都应该做好这工作。

仅就发展特色经济而言,这都是一本万利的事啊!

*本文引用的事例分别源自:

顾咪咪.农民画:金山的宝.解放日报,2002-7-20

孟宪春.刻皮影也致富.中国文化报,2001-6-10

叶晓宁.高密“三绝”陈酿新醅分外香.农民日报,2004-5-17

思考与讨论

(1)通过阅读这篇文章,你对"资源"这个概念有什么新的认识?

(2)能不能在身边找出几样非物质资源,想想可以怎样开发利用?

(3)在发展农村特色经济时,怎样开发文化产品,走创意经济的路子?

29 外国特色可叹可学

问题

外国农村搞不搞特色经济？
它们的特色经济是怎么搞的？

金观念

看外国怎样发展特色经济
借鉴国外招数发展自己

当前，农业和农村经济结构调整已经成为各地各级政府增加农民收入、推动农村经济、社会发展的战略性措施，成为农民增收、农村发展的主要动力。在农业和农村经济结构调整过程中，实施农业产业化、发展农村特色经济也已经成为各地的共识。

发展农村特色经济，我们当然需要大胆闯、大胆试的精神，需要埋头苦干；同时，也需要科学的方法，需要学习、借鉴国外发展农村特色经济的经验。这样，我们才能少走弯路、少交学费、也少吃别人已经吃过的亏——这样，我们的特色经济项目才能早日成功。

鉴于此，笔者专门搜集整理并介绍美国、新西兰、荷兰等国家10个发展农村特色经济的思路、项目、产品和经验（其中，日本的“一村一品”运动因对中国农村有着特殊的借鉴意义而在下一章单列），供大家学习、参考。

案例一

美国："新奇士"有何新奇？

加入 WTO，许多人都在说"狼来了"。

其实，对于中国种柑橘的果农而言，"狼"早就来了——2000 年 3 月 28 日，由美国佛罗里达州州长签名，州农业厅长鲍勃·克劳福德亲自押运的 20 箱美国柑橘抵达北京；3 月 30 日，又有 54 箱美国加利福尼亚州产的"新奇士"橙，抵达上海虹桥机场。美国柑橘成为《中美农业合作协定》签订之后，"杀"入中国农产品市场的第一匹"狼"。

进一步说，对果农而言，问题不在于"狼来了"，而在于"狼"在中国大受欢迎：2000 年 4 月，运抵大连的 16 吨"新奇士"两三天内被抢购一空；一个月以后运抵上海的 1 800 箱"新奇士"，两小时之内就被经销商全部买光。要知道，这些"新奇士"当时的批发价格一般都在每千克 9 元左右。

众所周知，中国的柑橘种植面积世界第一、产量世界第三，中国好些柑橘品种口感和综合品质也比"新奇士"好，中国的重庆、赣南等地是世界上最适宜种植柑橘的地区。那么，美国柑橘凭什么大举入侵，"新奇士"究竟有何新奇？

一奇，奇在柑橘有协会，协会负责市场和销售，果农只负责生产。

佛罗里达州有佛州柑橘协会。亚里桑那州和加利福尼亚州的柑橘协会就是著名的美国新奇士橙协会，这个协会是由这两个州 6 500 多户果农、60 多个包装公司自发联合组织起来的民间组织，已经有 100 多年的历史。

美国新奇士橙协会会员的产品由协会统一销售，使用统一的商标"新奇士"，实行统一的区域销售价格，但每周进行调整，协会接受美国政府的农业补贴，再加上会员交纳的会费，所以能够拿出大量资金统一在全球媒体上为"新奇士"大做广告。

美国的果农就依靠协会把自己组织起来，依托协会卖产品，自己只管按协会的要求种好柑橘，不必为销售发愁了。

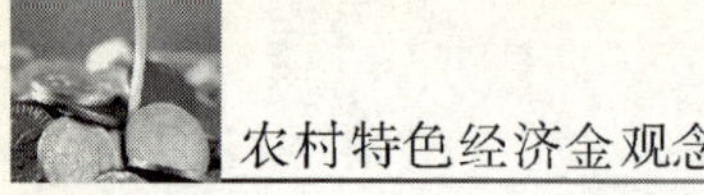

二奇，奇在用电脑安排柑橘的产销，可以做到常年提供，均衡上市，让消费者一年四季都能够吃到新鲜柑橘，这就扩大了消费空间，增加了消费总量。

协会通过品种改良和技术推广形成了美国柑橘一年两个收获季节:4,5 月到 9,10 月为夏橙收获期,10 月到第二年 4,5 月为脐橙收获期,辅之以冷藏保鲜的技术手段,保证常年有新鲜柑橘上市。而在中国市场上,每年 3—9 月基本上见不到国产柑橘,美国柑橘自然就填补空白了。

协会通过派驻世界各地的销售代表搜集市场信息,根据市场情况为果农提出种植计划,还给果农的果树建立了电脑档案,对不同果农的不同品种果树成熟时间有精确到一个星期之内的统计。这样,电脑就可以根据世界各地市场的时间和数量要求,确定由哪一个或者哪几个果农提供产品,使生产与市场精确对接。

三奇，奇在美国柑橘“喝”的占大头，“吃”的占小头。

和中国柑橘以鲜食为主不同,美国 70% 以上的柑橘是用来加工成果汁。据统计,美国在 1996/1997 年度加工柑橘总量 1 131.1 万吨,占世界加工总量的 40.6%,而在中国,到 2001 年柑橘用来加工的只占 5% 左右。果汁营养丰富,运输、贮藏和食用更加方便,市场前景看好。

四奇，奇在美国柑橘严格的标准和采摘后处理，使之具有整齐而漂亮的外观，增强竞争力。

在美国,柑橘采摘是生产过程中唯一完全使用人工的环节。工人们戴着手套,像对待鸡蛋一样,小心翼翼、轻摘轻放、防止碰撞,以保证每个果子表面完好。摘下来的果子运到工厂里,用机器进行筛选、清洗、打蜡后再分级包装,保证每一箱水果不仅大小一致,标准统一,而且外观漂亮整洁、“卖相”好,让消费者一眼看上去就留下一个好印象。

案例二

美国：加州杏仁是怎样做大的？

年销售额10亿美元以上！杏仁能够值这么多钱？

在我的心目中，杏仁是许多中国人都熟悉的东西，过去主要把它当作一味中药。记得小时候还曾经到处去捡别人扔掉的杏核，砸开硬壳取出杏仁，晒干后卖给中药铺，一斤能挣几角钱。

后来才知道杏仁可以做成美味食品，如作为小吃的杏仁、巧克力里面的杏仁、杏仁露等；才知道杏仁是“长寿食品”，因为它富含蛋白质、碳水化合物和维生素E。一位专家声称，每天只要吃一把杏仁（大约30克），就能够满足人体每天需要摄入的全部维生素E。

美国加利福尼亚州杏树种植面积达300万亩（20万公顷），该州的杏仁销往世界80多个国家，一年销售额达10亿美元以上，占世界杏仁供应量的80%，杏仁是该州农业的三大支柱之一。

那么，美国人是怎样种杏仁的，又是怎样把小小杏仁培育成巨大的产业的呢？

科学选育，品种优化。加利福尼亚州的杏树本是18世纪中叶由中国传入美国的，但是经过美国人200多年的选育改良培植，如今已成为专门生产杏仁，且杏仁粒大、饱满、营养价值很高的美国品种了。

科学管理。以杏的收获和杏仁的加工为例：美国人采摘杏是用机器，每当杏子成熟的季节，种植园主就平整土地，除掉地上的石头，用摇树机把树上的杏摇下来，摇树机既能把杏全摇下来又不伤杏树。然后用收获机把杏收进机器，去掉皮和肉，只把杏核送进杏仁加工厂。在加工厂里，杏核由机器进行去壳、清洗、烘烤、消毒、分类等工序后再分别包装，分送到精细加工的工厂和世界各地的商场。

精益求精的深加工。在粗加工的基础上，美国人对杏仁进行进一步的精细加工，加工出120多个种类的制品，例如可以作小吃的极品类，适用于巧克力的米逊类和可以做作料的卡美类等。从物理形状上看，杏仁去皮以后可以加工成片状、条状、碎粒和粉末；从味道上看，既可以原汁原味地进行油炸，也可以根据顾客的要求加入咸、甜、蒜味等不同味道。在美国，加工后的杏仁被加入巧克力、饮料、面包糕点、冰淇淋、作料里，颇受青睐。

有组织的、丰富多彩的营销活动。这里首先要强调的是有组织：1950 年成立的加州杏仁商会，既包括加州种植杏仁的 6 000 多农户，也包括进行杏仁粗加工和深加工的厂商；这个杏仁商会的使命就是推广杏仁产品和提高加州杏仁在全球市场上的占有率。商会的资金由会员缴纳，会员每收获或者加工一磅杏仁就要向商会缴纳 2.5 美分的会员费，美国农业署则向商会提供开拓海外市场的特别资金。应该说，加州杏仁能够占领广大的国际市场，杏仁商会功不可没。

为了把杏仁推销建立在科学的基础上，商会与大学合作，研究杏仁的营养成分，拿出有说服力的数据；在世界各地，商会根据各国的喜好和风俗采用不同的促销方式。就以中国市场为例，10 多年前，加州杏仁进入中国，商会在中国举办了一系列促销和公关活动：杏仁烹饪大赛、饮食与健康讨论会、健美人生巡展、为面包店举行食品研讨会和烹饪学校课程介绍，还出版了《杏仁食谱》。正是因为这一系列卓有成效的活动，中国进口加州杏仁的数量急剧增加；在 1998 年中国还只是加州杏仁的第十二大进口国，但到了 2001 年已经跃居第六位。

中国有一句老话“酒好不怕巷子深”，而加州杏仁的成功事例告诉我们，在今天经济全球化的大背景下、在市场经济的条件下发展特色经济，这句话应该改成“酒好也要勤吆喝”，要放声吆喝、巧妙地吆喝、组织起来吆喝。

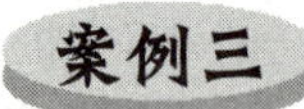

荷兰：花卉王国的秘诀

荷兰，面对北海的西欧小国，面积只有 4 万多平方公里，却是闻名全球的鲜花王国——世界花卉出口大国、花卉交易中心、花卉生产原始材料中心，每年的鲜切花出口量占全球市场的 60%，花卉业年产值

达30多亿欧元(200多亿人民币),近几年,仅郁金香球茎出口额平均每年都接近7亿美元。

据《农民日报》介绍,对于荷兰花卉业的成功经验,荷兰政府农业、自然管理及渔业部归纳为四个方面——

专业化生产。在荷兰花卉业,分工是非常精细的,生产的就管生产,不管销售;销售由拍卖市场负责。在生产中,专业化还体现为一家农户只种植某一种作物,甚至一种作物的一个品种。

这样做的优点是,种一样就把这样种好、种精,这不仅降低了成本、提高了质量,而且形成了规模效益;在促进了品种个性化和技术发展的同时,还防止了花农之间无谓的内耗,避免了大家一窝蜂地去做某一个品种。

在服务上,也有分工极细的专业化公司:育种、温室、运输甚至连栽培用土都有专门的公司负责。

现代化技术的运用。受气候、日照和土壤的限制,荷兰的大部分花卉常年都是在温室里种植;荷兰全国目前温室建筑面积为1.1亿平方米,是世界玻璃温室总面积的1/4。温室不仅保证了花卉不受自然气候的影响,而且还可以对室内气候进行电脑控制,通过电脑操纵的供热和冷却系统、灌溉系统、气候控制系统,创造出最适合花卉生长的条件。

除此之外,温室内部运输和切花加工也大部分实现了电脑控制机械操作。这样,荷兰人不仅创造了世界一流的鲜花产品,还创造了世界一流的温室系统和花卉生产设备。

拍卖市场促进了花卉流通。荷兰的花卉拍卖市场世界闻名,这些市场除了拍卖荷兰和欧洲国家的花卉产品,连南美、亚洲、非洲的花卉和观赏植物也空运到这里拍卖。可以说,拍卖市场奠定了荷兰作为世界园艺交易中心和中转枢纽的地位,是荷兰农业的一大特色。

拍卖市场一头连着农户——所有在这个市场拍卖产品的农户都是市场的股东,股东选举董事会,董事会任命市场管理委员会,市场管理委员会负责市场的日常运作。

在荷兰,花农一般不自行出售自己的产品,而是加入一家拍卖市

场，成为拍卖市场的成员，并且按照拍卖市场的要求，把自己的全部产品送到拍卖市场进行拍卖。

拍卖市场的另一头连着大批发商和出口公司——这些批发商和出口公司在全国许多拍卖市场注册登记，获得席位，并向市场交纳席位费、场地费和产品的包装运输费用。

每天早上，批发商和出口公司的交易员就赶到拍卖市场看货叫价。农户的花卉产品运到市场后，经过拍卖市场的质量检验，其样品被放在传送带上，周而复始地在买主面前展示；与此同时，墙上的拍卖大钟显示花卉的名称、数量和农户的姓名，花卉的价格则从高到低在钟上显示，一旦某一个或几个买主觉得某种花卉的价格合意，立即按下面前的按钮，拍卖钟的指针就停在那个数字上。这时，首先按按钮的人就可以通过话筒告诉拍卖师，自己买多少，然后在电脑上结账。

买到产品后，利用市场提供的现代化保鲜、通讯、运输设施和完善的服务，可以确保花卉在最短的时间内运抵世界各地的花店。

创新和创新机制。创新是荷兰花卉长盛不衰的根本原因，以郁金香为例，这种原产于中国西藏的花卉共有150个自然品种，经过花农几百年的杂交培育，现在已有3 000多个品种。

为了保护育种者的积极性和权利，荷兰政府严格执行有关的知识产权规定，要求生产者必须向某一种花卉的育种者付费并得到特许，才能生产、销售这种花卉，这种机制保证了荷兰花卉的持续发展。

案例四

新西兰：猕猴桃怎样变成了奇异果？

2000年，新西兰的水果公司到北京来举办活动，推销奇异果，客人们到场一看：什么奇异果，不就是咱们中国的猕猴桃吗？但是，在老外口里，这玩意儿还就叫“奇异果”—— Kiwifruit，不仅是堂堂正正的洋名字，还有赫赫的战绩：新西兰“奇异果”的产量占全世界猕猴桃总产量的三分之一，近年来每年向世界70多个国家和地区出口6 000万箱

奇异果，号称世界第一。

人们不禁要问，明明是咱们的中华猕猴桃，怎么就变成了新西兰的“奇异果”呢？

研究猕猴桃“蜕化变质”的“三部曲”对于我国农村引进外来品种，发展特色经济颇有教益。

第一部曲：引种加选育使中华猕猴桃不仅离开了家乡，还改变了模样。中华猕猴桃原产于中国，直到1904年，才从中国引种到新西兰。不过，新西兰人并没有停留在引种上，而是对猕猴桃进行了优化改良。新西兰园艺学家海华特·莱特对中华猕猴桃进行了孜孜不倦的研究，通过反复嫁接、杂交、选育，最后培育出品质更优良，更适宜于商业种植的新品种。

这新品种为猕猴桃走向世界打开了门户，随后，美国、法国、意大利、澳大利亚、日本、南非、智利等许多国家纷纷引种，猕猴桃成为世界性的新兴栽培果树品种。

直到现在，新西兰每年都投入600万以上新西兰币的科研经费，开发新品种、改进口味，研究销售体系，研究猕猴桃的营养成分以及对人体健康的积极作用等。

第二部曲：用新西兰特有的鸟类——KIWI的名字对猕猴桃改名换姓，变成Kiwifruit，使得人们以为这是新西兰的土产水果。KIWI（几维）是新西兰特产的珍稀鸟类，在新西兰，其地位相当于咱们中国的大熊猫；在世界上，人们一听到KIWI，自然而然地就想到新西兰。而把猕猴桃叫做Kiwifruit，就好比我们中国人引进某一种人们不怎么常见的外国水果并改名为“熊猫果”（Pandafruit）一样，消费者仅仅从名字上就会认定这水果是中国原产的。事实上，猕猴桃1952年首次从新西兰出口英国时，用的名字还是“中国猕猴桃”（Chinese Gooseberry），但是出口商觉得这名字不吸引消费者，到1959年就把它改为“奇异果”。

自从猕猴桃被改名以来，除了中国国内消费者，世界上大部分消费者都以为猕猴桃就是新西兰土生土长的水果，而且只知Kiwifruit，不知猕猴桃的真名实姓。

第三部曲：公司加农户的产销方式推进了猕猴桃的大规模标准化生产，以及在全球市场的销售。在新西兰，猕猴桃的出口都是由新西兰奇异果国际有限公司经营的。这家公司每年都进行市场调查，摸清不同国家和地区消费者对于猕猴桃的品种、口味、大小、成熟程度的不同需求，然后，再与果农签订产销合同。果农负责按照公司的要求进行生产，而公司则为果农提供从猕猴桃的生产标准到果品的分类、包装、储存、运输直到销售的全程服务。

在这家公司，产品的包装箱是统一的，每个箱子都印上生产该箱果品的果农的有关许可证编号，如果果品出现问题，公司就可以根据号码找到生产者，追究到底是哪一个果园的哪一棵果树出的问题，为什么出问题，然后对症下药解决问题。这样，有效地保证了产品质量和规格的统一。

案例五

外国人怎样办“农家乐”?

外国也有“农家乐”? 当然有。

只不过不叫“农家乐”，而叫做“务农旅游”、“观光农业”，还包括“绿色旅游”的一部分内容。但是，不管叫什么名字，这些活动和“农家乐”的目的都一样，就是利用农村优美的自然环境、单纯的生活方式，以及对城里人来说显得新奇的农业生产过程，吸引旅游者来旅游度假消费。

国外的“农家乐”也有自己的特色，值得我们借鉴。

一是紧密结合农事，突出农村特色。以日本的务农旅游为例，就完全是在春天的插秧季节和秋天的收割季节，组织旅游者去农村体验农民的生活。这些人到了农村以后，和农民“同吃同住同劳动”——不仅吃、住在农家，还要和农民一起栽秧打谷、挖红薯、采摘蔬菜，选择渔村的就和渔民一起出海打鱼或者收割加工海带。这些旅游者帮农民(渔民)干了活非但没有报酬还要交费——成人每人每次 2.5 万日元

(合2 000元人民币左右),这还没有包括每天的食宿费用。但就是这样,报名者依然争先恐后,趋之若鹜。

而法国的“绿色旅游”则是到偏远的农村,参观葡萄园,参加酿制并品尝、购买葡萄酒,还可以参加喂养奶牛、挤奶和做奶酪的过程。这已经成为法国人喜爱的一种旅游休闲方式。由于游客众多,许多农家每年来自游客的旅游收入已经超过种葡萄、养奶牛和酿酒、做奶酪的收入。

在澳大利亚,过去20年来,看果园品葡萄酒的“葡萄美酒游”已经成为全国44个葡萄酒产区的热门活动,极大地带动了葡萄酒生产和销售。

二是发掘地域优势,突出地方特色。利用当地独特的地理条件或者当地某一种产品——奇花异果佳蔬,组织观赏游、品尝游。例如,以色列北部沙漠里一个只有几百人的村庄,地处沙漠,它们利用特产一种叫“沙果”的果品优势,搞观光农业,游客到那里可以品尝沙果,可以把身子埋在热沙里做沙疗,颇受好评,该村一年接待游客20多万人次,旅游成了经济支柱。

三是建立组织加强管理。在法国,兴办“农家乐”的农户组织了法国农村度假住宅联合会,这个联合会拥有38 000多会员,可以提供42 000处度假住宅,24 000间度假客房。联合会的宗旨是:修复农村建筑遗产,增加农民收入,为城里人到农村度假提供服务。这些服务是多方面的,包括发布“农家乐”广告和开设网站在网上介绍有关信息,让旅游者了解并选择到农村度假的地方和项目;另一方面,也给会员提供游客的信息,提出一些改善或增加服务项目的建议,例如出租自行车、组织游客远足等。

同时,联合会还制订技术规范,规定会员提供的住宅、客房和服务必须达到的标准,确保服务质量。例如,联合会规定:会员出租的住宅必须是有特色的独立的宅院,厨具和浴室设备齐全,具备必要的舒适条件等。

案例六

菲律宾:打工仔一年寄回70多亿美元

我国农村大约有1.5亿劳动力需要从农业转移出来,现在,不少农民离开土地,流向大城市和经济发达地区找工作,这当然是一件好事。但是应该看到,卷入“民工潮”的农民有许多处于盲目流动状态,收入也不高,而且基本上都在国内流动,很少走出国门,全国在海外打工的也不过30万~40万人。

菲律宾全国7 000多万人口,正式登记在国外打工的有400多万,加上从其他渠道出国打工的人员接近700万,也就是说全国人口近1/10在海外打工。这些人分布在世界160多个国家和地区,每年寄回国内的外汇达70多亿美元,成为菲律宾外汇主要来源和重要经济支柱。

这些人做的也是我们的民工完全能够胜任的工作:男的一般在船上、码头、建筑工地等地方干重体力活;女的就当保姆、招待员、服务员。菲律宾在国外打工的人员中,女的占2/3。仅在我国香港,就有10多万人在当保姆,香港人称为“菲佣”。这些“菲佣”月收入在3 000港币以上,雇主还管吃住,比在菲律宾国内就业的大学毕业生收入还高。

劳动力到国外打工,第一,解决了就业问题;第二,腾出了国内的工作岗位;第三,还增加了外汇收入。真是一石三鸟的好事。

当然,劳动力也不是想出去就出去得了的,菲律宾的劳务输出搞得这样好,不是靠民工自己盲目流动,而是菲律宾政府精心组织的结果。

政府健全的机构、严格的管理、优惠的政策推动了菲律宾劳动力走向世界。

据新华社报道,菲律宾从中央到地方已经形成一个完整而严密的组织体系——最上层,总统的几位顾问中就有一个专门为巩固和开拓海外劳动力市场出谋划策的;其次,在劳动和就业部下面设海外劳工

就业署、海外劳工福利署和培训中心，外交部下面设海外劳工事务局；再下面，省市各级都有相应机构。另外，在海外劳工集中的国家，在当地菲律宾使馆派驻劳工事物参赞，帮助劳工找工作、维护劳工权益、协调解决纠纷。

管理上，从出国人员的条件（如年龄、培训要求）到怎样找工作、怎样解决纠纷都有严格的规定。为了保障女性打工者的安全和权益，政府规定，女性18岁以下不能出国打工。

对海外劳工的优惠政策包括：免征个人所得税、建立专门医院为劳工及其家属提供医疗保健方面的方便和优惠，重大节日对劳工回国或与亲人的通讯给予特殊优惠等。

先天的语言优势加上有针对性的教育培训提高了菲律宾劳动力的素质，增强了竞争力。

由于历史原因，菲律宾人的英语水平普遍比较高，这应该是菲律宾劳工走向世界的一个有利条件。但更重要的是他们对劳工进行的有针对性的培训增强了竞争力——以我国香港的“菲佣”为例，这些人都在菲律宾受过相当于我国大专水平的教育培训，懂规矩、懂英语、会做菜、会插花、会照顾病人。一些小事可以看出她们的懂规矩：节假日“菲佣”们聚会都是在公共场所，她们决不会把家人、亲戚、朋友、老乡带到雇主的家里去；饭菜端上桌以后，自动退下，不与雇主同桌用餐；雇主离家再久，也不乱动家里任何东西。

正因为有如此高的素质，“菲佣”在我国香港大受欢迎，别人无法抢她们的饭碗。

案例七

泰国：养虫子也成农民的产业

泰国一些农民近年来大发昆虫财，有的人晚上利用日光灯诱捕虫子卖钱，月收入可达2 000多元人民币，还有的人甚至把养猪场改造成为“养虫场”，因为养虫子更赚钱！

捕虫、养虫来钱的根本原因在于泰国的昆虫市场行情看涨——如今，吃昆虫已经成为泰国饮食文化的新热点，成为一种新时尚。

据《环球时报》介绍，曼谷附近有一家农场，过去养着1 500头猪。但是，2001年这家农场主却不再养猪，改养起了50万只蛐蛐。促使这位农场主改行的原因不仅是养蛐蛐成本低、干净、好管理，更重要的是周期短、利润高——蛐蛐只需要40～45天就可以“育肥”上市，每公斤价格是人民币60多元。在泰国，这样的养虫场已经有上百家，年产值数亿美元，饲养昆虫已经发展成为泰国农村的新兴产业。

那么，是哪些因素推动了泰国昆虫产业的崛起呢？

泰国的养虫业兴起首先依托的是地方传统饮食文化。因为早在100多年以前，泰国东北部的人民就有把昆虫炸来作小吃的习俗。上个世纪90年代，伴随着泰国工业化、城市化的浪潮，大批东北人涌入曼谷寻找工作，在给曼谷带来大量劳动力的同时，也把“食虫文化”带到了这个城市。令人意想不到的是，这种稀奇古怪的食品竟然在曼谷大行其道，风靡一时；各种油炸的、凉拌的、五香的昆虫令曼谷这个大城市的居民大快朵颐，也让许多外来游客品尝到了以昆虫为原料的风味独特的泰式小吃，并给他们留下了深刻的印象。

昆虫食品符合现代人的消费要求。这是泰国养虫业兴起的另一原因。据昆虫学家介绍，作为食品，昆虫具有高蛋白、低脂肪、低热量、低胆固醇、易被人体吸收等优点，是现代人的理想食品；而且，世界上有3 000多种昆虫可以食用，它们不仅营养丰富，还具有生命力强、容易繁殖和饲养的优点，所以，专家断定昆虫会成为人类的重要食物。

泰国农民对市场需求的快速反应能力。这也是该国昆虫产业兴起的重要原因。应该承认，吃昆虫不是泰国人的专利——在南美洲，哥伦比亚人喜食蚂蚁，墨西哥人的昆虫食品达300多种；在非洲，喀麦隆人用棕榈树蛆做佳肴招待客人；在亚洲，印度尼西亚人吃蝴蝶，印度人吃蜈蚣，尼泊尔人喜好蜂蛹；在美国、日本、法国等发达国家也有内容丰富多彩、颇受消费者喜爱的昆虫餐厅。但是，像泰国这样，抓住市场商机迅速形成产业的却不多见。而泰国农民之所以能够做到这一点，和他们长期养成的围着市场的指挥棒转、按市场需求进行生产的

能力有非常密切的关系。正是在这一点上，显示出泰国农民领先一步的市场观念和市场意识。

希望昆虫产业不只是泰国农民的专利。

案例八

丹麦：高科技打造“养猪王国”

北欧国家丹麦，人口仅500多万，面积只有4.3万平方公里，但却是世界上公认的“养猪王国”，每年生产的生猪及猪肉产品大量出口到欧盟各国及美、日等国。

这个“养猪王国”成功的诀窍是：**在生猪生产的过程中广泛采用最先进的现代科学技术，从品种的选育、猪的饲养到疾病的防治，都借助高科技的神奇力量，从而创造出世界一流的猪种、世界一流的现代化饲养技术、世界一流的商品猪。**

长期坚持不懈的品种选育、科学的育种计划、现代生物技术的运用，确保他们始终拥有世界一流的猪种，从源头上占领养猪业的制高点。

俗话说“好种出好苗”，在养殖业，品种的好坏直接影响产品的品质，影响饲养效率的高低，正因为如此，丹麦非常重视猪种的选育。为了优化生猪品种，丹麦国家生猪生产委员会组织实施了全国性的种猪育种计划，联合国内42家种猪场，对丹麦的四大品种种猪进行改良选育。它们纯化品系，利用杂交优势，采用人工授精、无特定病源菌法等新技术，培育出具有长得快、瘦肉率高、料肉转换效率高、繁殖力强、肌肉脂肪含量低等优势，适应市场需求的优良品种。以世界一流的猪种，保证其养猪业的核心竞争力。

芯片技术、电脑控制加上科学饲养降低了成本，提高了效率，确保产品质量稳定，符合有关标准。

丹麦人把电子信息技术运用到养猪业，提高了生猪饲养和管理的科技水平。最令人称奇的是，他们把电子芯片安装在猪耳朵上，实现对猪生长过程的监测和电脑化管理的技术。一头猪只要在耳朵上安装芯片，那么，它的进食状况，它身体状况的变化，生长不同阶段需要的饲料配比，甚至母猪临产前的预兆都通过芯片传递到电脑上，让饲养人员心中有数。

同时，自动化的饲养设施也可根据芯片提供的信息，实现对每头猪的科学喂养——由于每头猪只能单独进食，每次进食的量都是由电脑控制并作了记录。所以，当一头猪想要靠近食槽时，电脑就会根据接收到的芯片信息了解到这是哪一头猪，这头猪上次进食是在什么时间、吃了多少，然后判断这头猪该不该进食，该进食就打开开关；反之，这头猪就无法接近食槽。

运用此技术，饲养 1 000 头猪只要 0.3 个劳动力，生猪 160 天就可育肥出槽，并且猪肉品质合乎标准，整齐划一。

严格的食品质量标准，市场价格的引导，加上政府补贴的推动，都决定了农场主要努力使猪肉成为“绿色食品”。

丹麦人养猪的饲料主要是谷物，也加骨粉、动物蛋白和油菜籽饼，但决不用含有激素的添加剂。这首先是因为欧美各国都有严格的食品标准；其次，绿色食品价格比普通农产品价格高两倍，而且由于政府鼓励发展绿色食品，给的补贴也非常高。所以，农场主都愿意并且努力使自己饲养的生猪和生产的猪肉产品达到“绿色食品”的标准。

案例九

秘鲁：MACA 怎样走红世界？

一种生长在南美安第斯山脉海拔 4 000 米以上高原的植物，一种外形长得像萝卜，刚收获时还有一股令人作呕的臭烘烘怪味儿的植物，一种印加人食用了几千年的常用蔬菜，突然——在全世界走红，红得发紫！

这植物一时间风靡西方各国，形成 100 多种产品；红得目前每年给秘鲁创造 40 多亿美元的收入，号称“秘鲁国宝”；红得让秘鲁政府宣

布:禁止任何单位和个人向国外出口这种植物的种子、根系、叶子、花蕾的天然产品,或只经粗略加工的产品。

这神奇而又神气的植物就是马卡(MACA)。

MACA,是一种能够经受南美安第斯山脉海拔4 000多米高原高寒、强风等恶劣气候,并能在这荒瘠贫寒、几乎寸草不生的土地上茁壮成长的十字花科植物,在秘鲁已经有2 000多年的药用和食用历史。据说,500年前,印加帝国的战士上战场之前就要吃MACA,因为MACA能够使他们精力充沛,斗志昂扬。

吸引现代人的也正是这一点,科学家的研究表明:MACA具有让人减轻压力、降低血压、减少焦虑、稳定情绪、集中注意力、提高人体反应力和大脑思维速度,增强肌体抵抗能力并使人精力充沛的功效。

更重要的是,秘鲁科学家发现:MACA能够使男人的性欲增强180%~200%、精子数量增加一倍以上,而且对人心脏没有副作用。按照秘鲁人的说法,MACA功能可以媲美“伟哥”(实际上,两者的功能是有显著区别的,各有各的侧重),但却是天然药物。

所以,在华人的圈子里,MACA的制成品又被叫做“蛮哥”、“马哥”。

而作为一种特色经济现象,人们关心的是:MACA被印加人使用已经几千年了,为什么最近几年突然走红,而且这么大红大紫?

仔细研究,大约有四方面的原因:

第一,MACA科学研究突破。据秘鲁驻华大使2003年在一次MACA项目研讨会上介绍,MACA引起西方发达国家的重视,还是由于科研的突破。1999年,一位美籍华裔植物学家发现了MACA中的重要活性物质玛咖酰胺和玛咖烯,并且发现这两种植物活性成分对人类生存繁衍有极其重要的作用,这才引起各国对MACA的重视,引发MACA热。

第二,重视在各国的认证和推销。秘鲁非常注重MACA和其他草药按各国的有关规则合法进入当地市场的问题,所以,特别注意在各国的认证,重视在国外的推销活动。

第三,重视对秘鲁传统草药功效的宣传。秘鲁政府经常由官方发

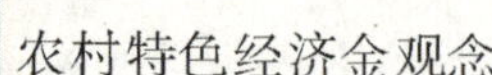

起各种各样的活动,向全世界大力宣传 MACA 和其他秘鲁传统草药的功效,甚至秘鲁前总统藤森在他身居总统职位时仍然不忘在国际上大张旗鼓地宣传 MACA 的神奇功能。

第四,市场需求——现代生活、环境污染造成的现代病增多。随着现代生活节奏加快,人们生活、工作的压力也越来越大,尤其是男人,每天面对种种压力,抑郁症、ED(性功能障碍)患者急剧增加,而全球男人的精子数量却在急剧减少,这些状况都不可避免地刺激了人们对保健药物的需求,而 MACA 正是在这样一种背景下被重新发现,一炮打响,全球走红。

目前,秘鲁年产 MACA 300 ~ 400 吨,并且年年在增加,却只能满足全球需求的一半。

据悉,日本、美国、澳大利亚、西班牙等国都已引种 MACA 成功,而且,中国西部有许多地方完全适合 MACA 生长。

案例十

同为亚洲人,吃饭同样离不开泡菜,同样家家户户自制泡菜,韩国泡菜享誉国际市场,每年出口为韩国换回 10 多亿美元的外汇,中国的泡菜却默默无闻,这一现象值得每一个中国人深思,更要考虑怎样向韩国人学习。

韩国:小小泡菜为何大大赚钱?

每年深秋时节,是大白菜收获的季节,也就是韩国人家家户户大做泡菜的季节——虽然也用萝卜、黄瓜、茄子,但大白菜仍然是韩国泡菜用得最普遍的原料。

韩国泡菜与中国泡菜的做法略有不同:韩国人把白菜洗干净,用淡盐水浸泡 1 ~ 2 天,并把用辣椒粉、姜、葱、蒜、糖、味精、鱼酱、虾酱等作料拌和而成的"料酱"仔细地、均匀地涂抹在腌制过的每一片菜上,然后装缸、装坛密封,放入地窖,在适宜的温度下发酵一个多月即可食用。

韩国泡菜酸咸适度、清爽可口、开胃健脾，是佐餐的佳肴，是韩国人生活中离不开的必需品。据说，韩国的运动员参加奥运会都要带上泡菜，如果吃饭没有泡菜，甚至可能影响比赛成绩。

但是，这些并不能解释韩国泡菜为什么能够在国际市场上畅销，畅销另有原因。

高度重视对韩国泡菜这一传统产品的科研与开发。作为传统食品，泡菜堂而皇之地进入韩国高校的课堂，不少高校开设了泡菜专业；许多地方建立了泡菜研究机构。他们在泡菜的发酵控制技术上做研究，使泡菜的保存期延长到6个月；他们还根据不同人群的消费爱好，开发不同的品种，在韩国生产泡菜最有名的全罗南道，举办一年一度的食品节时，辟有专门的泡菜展馆，馆里陈列着几百种泡菜。强有力的科研当然是百花齐放、推陈出新的基础。

大企业介入泡菜的规模化、工业化生产，深度开发和市场化营销。一些资金、技术实力相当雄厚的大企业不嫌弃泡菜是“小玩意儿”，纷纷进入生产泡菜的行列，使用现代技术，在流水线上生产泡菜，采用现代营销方式，各出高招，打造品牌，从而成为推动韩国泡菜走向国际市场的生力军。

多方开拓国际市场。在开拓韩国泡菜的国际市场上，韩国既重视传统上以米饭为主食的亚洲国家，也重视欧美发达国家市场的培养，他们还针对欧洲、美国消费者的口味和爱好，开发出适合他们消费习惯的泡菜，力争让韩国泡菜覆盖更加广阔的大市场。

注重韩国泡菜知识产权保护，从名字到规格，寸土不让，志在必得，为此不惜动用国家力量打国际官司。自1997年以来，为了“韩国泡菜”，韩国与日本在国际食品规格委员会的会议上两次发生冲突，充分显示了韩国人捍卫民族传统产品的决心和勇气。

据《经济日报》报道*，原来日本本来不时兴吃韩国泡菜，谁知1988年汉城奥运会对韩国泡菜的宣传，竟然使得日本人对韩国泡菜“一见钟情”。

日本人对自己喜欢的东西总是舍得下工夫的，他们通过各种途径、各种方式学习韩国泡菜的制作方法和秘诀，而且真学到了手。用

这学来的技术和秘诀,日本生产的泡菜不仅满足国内需求,而且迅速占领了国际泡菜市场78%的份额。

更有甚者,日本人打算连韩国泡菜的名字都要改掉,改为日式名字"基姆齐",以这个名字推动日本产"韩式泡菜"的国际化。

韩国人看出了日本人的用心,于1997年在国际食品规格委员会的会议上提出,"韩式泡菜"的发明权属于韩国,因此,日本出口"韩式泡菜"必须使用与韩国一致的名称,后来经过国际食品规格委员会裁定,"韩式泡菜"的国际名称按韩国名称发音,从2001年起,日本出口"韩式泡菜"也须用这个名称。

后来,针对日本人想把自己生产的泡菜纳入泡菜国际规格,韩国人又提出自己的《泡菜国际规格方案》提交给国际食品规格委员会,坚定不移地捍卫"韩式泡菜"的知识产权。

＊曹世功.韩国:泡菜背后故事多.经济日报,2002-7-12

思考与讨论

(1)外国人的上述成功经验中有哪些拓宽了我们的思路,值得我们学习借鉴,哪些是我们目前还学不到的?

(2)你身边有没有像MACA、韩国泡菜这类可以走向世界但尚未开发利用起来的大宗农副土特产品?

(3)除了英语之外,你那里的保姆还可以向"菲佣"学习哪些东西?

30 日本的“一村一品”

问题

听说“一村一品”运动源自日本，
这是怎么回事？

金观念

当前，发展农村特色经济，已经成为我国各地各级政府增加农民收入、推动农村经济和社会发展的战略性措施，这也成为农村发展的主要动力。

发展农村特色经济，首先要有大胆闯、大胆试的精神，要埋头苦干；同时，一定要采用科学的方法，也要借鉴国内外农村发展特色经济的经验，学习别人的长处，避免走别人走过的弯路。

我们的邻居日本，有一位名叫平松守彦的省级“一把手”（大分县知事），早在上个世纪70年代末就开始在农村发起“一村一品”运动，这个运动有力地推动了日本的农业结构调整和农民增收，对世界许多国家有巨大影响。

对此，国内除上海、湖北、江苏等地方比较重视，而且曾经进行过大规模的学习借鉴活动外，其他地方还很少见到系统的介绍，以至于在一些地方，包括从事“三农”工作的人对“一村一品”运动也不大了解。

鉴于此，笔者赴日本采访时专门考察了“一村一品”运动，搜集整理了有关日本大分县发起“一村一品”运动与发展特色经济的思路、项目、产品和经验教训，并作一些评说，供大家参考。

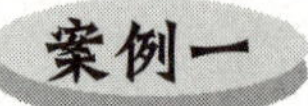

创造不出特色产品，干部上台展览自己

——日本的“一村一品”运动(一)

如果创造不出特色产品，干部自己就要站上展览特色产品的展台现身说法——提出这么严厉要求的是日本大分县知事、“一村一品”运动的发起人平松守彦先生，时间是1980年。

许多从事农村工作的人都知道“一村一品”这个口号，却未必知道这口号源自日本大分县(日本的县在行政上相当于我国的省)。

日本的“一村一品”运动始于1979年11月，当时，担任大分县知事(相当于我国省级“一把手”)的平松守彦先生有感于工业化过程中当地人才、资源纷纷流向东京等繁华的大城市，造成农村凋敝的状况，发起了“一村一品”运动。

“一村一品”运动试图通过发掘本地独特的自然和人文资源，开发有特色的拳头产品——农产品、旅游观光产品，甚至包括民俗、民谣在内的文化产品等，增强区域经济活力。

平松守彦先生提倡“一村一品”是有依据的。1974年，他还在日本国土厅任地方振兴审议官期间，就听说大分县大山町的名产农协会会长提出“种好梅子、板栗，去游夏威夷”的口号，带领农民大量种植当地特产的梅子和板栗，走上了致富路，农民也真的去了夏威夷旅游的故事。1975年7月—1979年4月，他在大分县任副知事期间，也了解到当地年轻人为改变家乡面貌而做的种种尝试，所以，“一村一品”运动是有群众基础的。

作为运动的第一步，就是向全县人民介绍本县各地的特色产品。县里把大分广播电台和电视台共同承办的本县电视宣传节目时间(每年费用约3 500万日元)无偿提供出来，由各市、町、村自己组织制作电视节目：“我们村的骄傲”。

1980年1月6日，播出了第一集《梅子与板栗的产地——大山町》，接着，又陆续播放了《米水津村的养鱼业》、《青年与对虾之

岛——姬岛村》等等。

这一招激活了全县:看到别的村的产品上了电视,许多村都要求把自己的特色也介绍出来,各地为制作自己的节目煞费苦心、你追我赶,形成了竞争的态势。而身边的产品和熟人要上电视,也激起了群众的关注,节目收视率特别高,“一村一品”顿时成为全县人民关注的焦点;平松守彦先生还给那些拍摄得好的节目颁发“知事奖”,更起到了火上浇油的作用。

在此基础上,平松守彦先生又要求各市、町、村把各自的特产拿到大分县农业节上展出,在1980年10月举办的大分县第四届农业节上专门开辟了“一村一品”馆。对那些仍然拿不出自己特色产品的町、村官员,平松守彦先生对他们说:“诸位町长、村长们,如果拿不出东西展览,我建议你们本人连同你们的副手、分管财政收入的干部,三个人站到展览会上,让大家来参观,作个现身说法!”

这样,到1981年的农业节开幕时,大分县各市、町、村都拿出了自己的展品。

思考与讨论

大分县的实践给我们的启迪有三点:

一是在一个地方发展特色经济、开发特色产品,是一种创造,是一场农业革命,因此,需要发动群众,需要形成强大的社会舆论。而在这过程中,尤其是在初期,大众传媒可以起到非常积极的作用。平松守彦先生看到了这一点,把媒体的大力宣传与行政的引导、激励和压力结合,对特色经济的兴起产生了巨大的推动作用。

二是要重视典型引路,用身边的典型教育鼓励干部群众,直观形象,可以起到示范作用,带动大家起而模仿。

三是要充分利用特色农产品展览会、博览会之类的活动,这种活动逼迫各地拿出产品来,既是展览又是比赛,既有压力又有动力,互相比较,互相启发,互相影响,效果极好。

你如何看待这三点启迪?

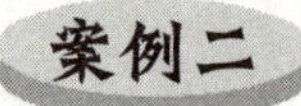

知事上台卖牛肉

——日本的“一村一品”运动(二)

“一村一品”运动使大分县开发出许多新产品,但是,如何把这些产品卖出去呢?

为了扩大销售渠道、扩大大分产品的影响,他们在东京、大阪、横滨等大城市进行了各种各样的产品促销活动,让全国的消费者了解大分、认识大分县的产品。

作为县知事的平松守彦先生目光始终注视着消费量巨大的东京市场,身先士卒,为大分县的特产开拓东京市场冲锋陷阵。

大分县有一种柑橘名叫“加宝司酸橘”,属当地特产。这种柑橘有着独特的清香和酸味,富含维生素C,当地人吃生鱼片、火锅、烤肉都少不了它。为了在东京推销这种特产,平松守彦先生曾经在繁华的东京涩谷地铁站前,身着广告衫,叫卖加宝司酸橘。

大分县自古产牛,当地名牌“丰后牛”1970年曾经在全国获奖,为了让这种牛占领东京市场,平松守彦先生专门赶到位于品川的东京肉类市场,站到拍卖台上,向商人们宣传“丰后牛”的优点,商人们为之感动不已,夸奖:县知事亲自走上拍卖台,全国第一个!纷纷上前同他握手。肉类市场的人告诉平松守彦先生,“丰后牛”要在东京市场站稳脚跟要三年时间,他就坚持在三年内经常去肉类市场。

为了扩大大分县特色产品的影响,1981年,大分县还在东京的大宾馆举办“81大分市场”招待会,邀请政界、经济界、新闻界、文化界等各界名人1 000人,品尝大分县“一村一品”运动开发的新产品。

这是一个别具一格的招待会,因为会上品尝的是“完全彻底的大分风味”。茶,是大分县耶马溪、杵筑等地产的茶叶,因为怕用东京的自来水泡茶影响口感,还专门从大分县的山里取来山泉,运往东京供客人泡茶。菜肴,是大分县的城下鲽鱼、河豚生鱼片、丸子汤;连做菜

的厨师也是从大分县专程赶来的。做丸子汤的老大娘为确保味道正宗,连做汤的锅盆一起带上飞机,飞往东京。就连招待会上的几个法国菜的材料也全部用的大分县产品。

会场中间一个大水槽,里面游来游去的都是大分县运来的活鱼。

这次招待会取得了巨大的成功,客人们离开的时候,许多人对平松守彦知事说,今后一定去大分县品尝那里的美味佳肴。

1984 年、1989 年“大分市场”招待会又举办了两次,越来越热闹,越来越兴旺。

在 1983 年,大分县还向横滨开去一艘“一村一品之船”,船上装载着 250 种“一村一品”运动的产品和积极分子,在横滨港作大展示。

正是由于销售工作做得扎实,大分县“一村一品”运动的产品才能够迅速打开市场,并在市场的引导下健康发展。据平松守彦先生介绍,到 1988 年,“一村一品”运动的产品已经达到 258 个,其中一年销售额达 10 亿日元的有 18 个品种,一亿日元以上的有 124 个品种。

思考与讨论

大分县的成功经验表明:一旦地方开发出特色产品,促销就是头等大事。作为地方领导或者企业首脑,不仅应该为企业出主意、想办法,还应该身先士卒,利用领导人所拥有的各种资源,展开各种形式的推销活动,大力推销本地的特色产品,帮助企业早日打开市场销路。

你打算怎样推销本地的特色产品呢?

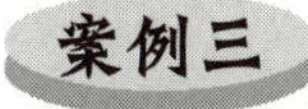

案例三

土烧酒醉了全日本

——日本的“一村一品”运动(三)

大分县的麦烧酒风靡全日本、城里人主动出钱帮农村人办牧

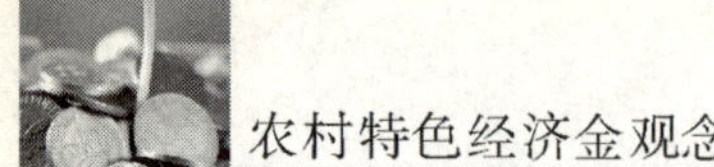

场——这些年来,大分县创造出许多有特色的产品,颇能给人启发。

麦烧酒可以说是“一村一品”运动的象征性产品。

大分县过去一直生产一种麦烧酒,但就连当地人待客也用名酒,而不用在他们自己看来是最低档的麦烧酒。

平松守彦先生回到大分县任职以后,有人告诉他一个喝麦烧酒的办法:在麦烧酒里兑些冷开水,再挤上一些当地特产的加宝司酸橘汁,喝起来口感好极了。

平松守彦先生品尝以后认为这种酒可以打入东京市场;当地人不相信,觉得东京人以喝兑水威士忌为时髦,不可能接受麦烧酒。于是,平松守彦先生决定做个样子给大家看看。

从此以后,平松守彦先生每次去东京都带上麦烧酒,与朋友进酒店就拿出麦烧酒,叫人给斟上。在东京的高级酒店里,带酒去的人非常少见,平松守彦先生不仅要带,还要告诉大家怎样喝味道好,请大家品尝。而且下次去这家酒店,就要求上麦烧酒。经过一段时间这样推销,麦烧酒开始打入东京的高级酒店,连最繁华的银座一带的酒店也有麦烧酒卖了。

不仅如此,只要上电视座谈节目,平松守彦先生就带上麦烧酒、加宝司酸橘,放在桌子下面,讲到有关内容时,就拿出来给大家看:“刚才说的就是这几样东西!”

平松守彦先生引发的“麦烧酒热”以燎原之势席卷全国,大量订单涌向大分县的酿酒公司,生产跟不上,库存产品全部卖光。大分县的麦烧酒产量跃居全日本第一,两家酿酒公司不断扩大生产,纳税额分别居全县第二位和第三位。

汤布院町的“食牛呼喊大会”也富有传奇色彩。

汤布院一带有大片湿草地,适宜养牛;但是农户缺乏资金。有人想出了办法:创办“一头牛牧场”——让城里人拥有一头牛。办法是由城里人出一头小牛的钱,为期5年;农户用这钱购买一头小牛,在5年的时间内,小牛长大,平均能生下3头小牛,农户用其中一头偿还牛主人的贷款,贷款的利息则由农民每年用农副产品支付,还完贷款以后,牛就属于饲养的农户了。

起初，参加这活动的人是靠动员亲戚朋友，后来，由于新闻媒体的宣传，许多人都愿意来投资，弄得汤布院还应付不了。

为了表达对投资者的谢意，也为了让牛主人来看看属于自己的那头牛，汤布院每年举行一次农户与牛主人的联欢会。牛主人及其家属汇集在当地一座山脚下聚餐，吃牛肉。餐后，人们可以面对山谷随心所欲大声呼喊，例如："我想有个女朋友！""妈——我想念你！""明年我还来汤布院！"之类，喊得山鸣谷应，喊声最响的还可以获得奖品。这活动已经形成惯例，每年10月10日，举行"食牛呼喊大会"，电视台还向全国现场直播。

思考与讨论

这两件事说明两个道理：

第一，有些特色产品，咋一看起来不起眼，也没有知名度，但只要产品本身确实有特色，只要有人肯下工夫发掘其特色，同时通过媒体广为宣传，就有可能做大；大分县麦烧酒是这样，最近二三十年间重庆火锅的陡然兴旺发达、名噪海内外不也是这样吗？

第二，在发展特色经济的过程中，应该特别重视策划。有时，一个好点子就能够带出一个产业，好的策划可以使没钱的地方财源滚滚，使一个产品由丑小鸭变成白天鹅，汤布院从只有一片草地到"一头牛牧场"，再到声名远播的"食牛呼喊大会"就充分地证明了这一点。

你打算如何加强对本地特色经济的策划呢？

案例四

起死回生创特色

——日本的"一村一品"运动（四）

大分县米水津村的沙丁鱼干产业振兴颇发人深省。

这个村历史上就从事沙丁鱼干的加工，但是作原料用的沙丁鱼全靠渔民在附近海上捕捞，冬天无鱼可捕，村庄就十分萧条；随着村里捕鱼人减少，这个产业眼看就要衰落了。

1971 年，一个大学生回到村里，他决心振兴本地的沙丁鱼干产业。首先，他改变了过去在原料上单纯依靠本地捕捞的做法，开着车到外地去收购沙丁鱼。刚开始没有冷藏车，他们就在车上装一个容积为6 000升的大罐，里面放入盐和冰防腐。

适宜做鱼干的是一岁大的沙丁鱼，而沙丁鱼群是随着海洋暖流活动，在日本各地海岸产卵；为了收到合格的沙丁鱼，他们追逐鱼汛，开车跑遍全日本，这在当时是独一无二的。

其次，他们改变了过去靠自然风干的加工技术，采用现代冷藏和加工技术，使沙丁鱼干由季节性加工变为全年都可以加工。

再次，他们适应市场的需要，改变了产品的规格和包装。他们根据消费者的爱好把木盒包装的沙丁鱼干改为纸盒包装；每盒的重量原来是 2 000 克，他们发现一家人一次吃不了那么多，就改为每盒 300克，消费者反应不错；后来再一调查发现 300 克也多了，剩下的放在冰箱里要变味；于是采用塑料食品盒，每盒装 10 条，约 100 克，一家人一次就能够吃完。

这些改进大大提高了米水津村沙丁鱼的市场竞争力，其产品不仅占领了日本市场，还销往纽约和洛杉矶；米水津村成为全日本第一个沙丁鱼干产地。

中津江村是一个转变观念，变“废”为宝，实现重新繁荣的例子。

1894 年，这个村子发现金矿，短期内变得非常繁华，但经过几十年的开采之后，黄金采完了。1972 年金矿关闭，村庄因此萧条衰退，变成一个依靠林业生产的山间小村。

那么，村庄下一步怎么发展呢？许多村民主张还是在农业、林业上下工夫。但是，村长斋藤隆一却认为，金子虽然开采完了，可采金对于许多人都是神秘而新奇的事物，所以还可以利用采金留下的坑道和设施发展旅游业。经过艰难的筹备，1983 年 4 月，由村里投资经营的“鲷生金山地下博物馆”终于开张，第一年游客就突破 50 万人次，村里

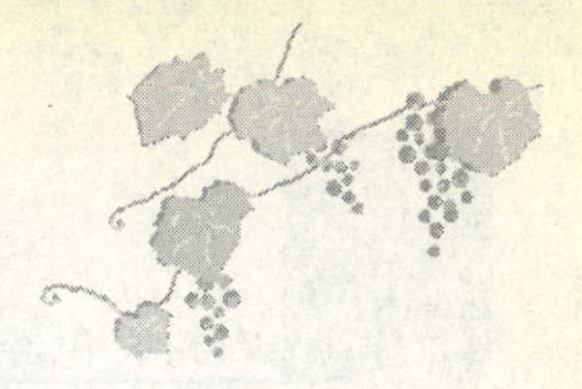

收入超过10亿日元。旅游业还带动了村里农产品销售，旅游旺季村里车水马龙，人流如织；当地特产的山俞菜、猴头菇、黄檗等销量大增，供不应求，中津江村就这样重新兴旺起来了。

思考与讨论

这两个地方的实践说明：一项技术，一个产业，一种资源在历史上、在某个地方的存在必有其合理性和存在的价值；对这一点，发展特色经济时一定要给予充分的认识和高度的重视，因为这可能是一笔宝贵的财富，是一个待开发的金矿。

当然，产业、资源的产生和存在也要依赖一定条件。随着时代的发展，一些条件改变了，产业衰落了，资源枯竭了，但这只意味着传统的生产方式或者资源利用方式不再适应时代的要求；换一种生产方式，换一种资源利用方式，尤其是采用现代观念和现代技术开发传统资源，就有“山重水复疑无路，柳暗花明又一村”的感觉，就会创造出新的特色产品来。

你那里有类似的情况吗？

案例五

成功三原则，启迪后来者

——日本的“一村一品”运动（五）

作为一名发展农村特色经济的探索者，平松守彦先生从日本的“一村一品”运动中归纳出三条成功的原则，这些原则对于我国农村发展特色经济无疑具有极其重要的借鉴意义，现结合具体事例予以介绍。

原则一：立足本地区，面向全世界

平松守彦先生强调，越是有地方特色的东西，越具有世界性——

这实际上是一条规律。在农产品方面,日本的花菇卖到了各国,日本的芥末和生鱼片也传遍了世界;猕猴桃本是中国的一种特产水果,经过新西兰的大力培育和研究,成为风靡世界的水果;还有,人们到了泰国一般都要尝尝榴莲,到了中国新疆都要品尝哈密瓜,也是这一规律的具体体现。

这条规律不光适用于农村发展特色经济,也适用于其他方面,文化就是一个经典的例子:美国新奥尔良的爵士乐,阿根廷的游民歌曲、探戈舞,都是具有浓郁地方色彩的文化产品,但经过提炼和加工却风靡了全世界。重庆火锅是具有鲜明地方特色的餐饮文化,却受到世界各地的欢迎。

尤其是在我国已经加入 WTO 的今天,在发展农村特色经济中更应该坚持这一原则,才能开拓广阔的国际市场,使自己立于不败之地。

原则二:自主自立,竭尽全力

平松守彦先生认为,单纯由上级提倡的运动是不能持久的,而各地用自己的钱,根据自己的判断做事,只要有一线希望、有一点效果就会拼命地去做。

所以,大分县的“一村一品”运动并不是县政府为各地确定哪一个村发展哪一品,而是尊重各地干部群众的意志,完全由各地自己做主,确定当地的“一品”究竟干什么,怎么干;而且也不一定非一村一品,也可以一村两品或三品,为了做大,还可以两村一品,三村一品,县里只是给予支持。

就是在这样的思想指导下,大分县的“一村一品”运动蓬蓬勃勃地开展了起来。据统计,1988 年度“一村一品”运动推出 258 个品种,其中年销售额达 10 亿日元的就有 18 个品种,1 亿日元以上的有 124 个品种。到 1990 年,全县共有 268 个町推出了自己的“一品”,有力地拉动了当地经济发展,十年苦干终于取得了丰硕的成果。

平松守彦先生的观点,再翻译一下,其实就是我们所说的如何充分发挥政府和群众两个积极性的问题,是一个政府在发展农村特色经济中如何服务到位而不越位的问题,当然是非常关键的问题。

原则三：培养本地带头人才

总结“一村一品”运动的经验，平松守彦先生发现，凡是取得成就的地区都必定有优秀的带头人。因此，他认为要想使“一村一品”运动深入持久地进行下去，必须大力培养本地人才，培养带头人。

对于带头人，平松守彦先生认为，首要的条件就是要有极大的勇气和智慧。为此，他特别引用了那个著名的哥伦布竖起鸡蛋的故事——据说，哥伦布发现美洲以后，有人认为哥伦布没有什么了不起，美洲就在那里，不管是谁，只要坐上船就能到达美洲；于是，哥伦布拿出一个鸡蛋，让那些人把鸡蛋立起来站住。结果没有人能够办到，但是哥伦布拿过鸡蛋在桌子上一磕，磕破蛋壳鸡蛋就立起来了。

在平松守彦看来，要在一个地方开发特色产品，带头人就要有哥伦布把鸡蛋竖起来那种打破传统和常规的勇气、智慧、毅力和干劲才行。他不仅能够提出创造性设想，还要像哥伦布那样用自己的勇气感染和影响下属，一起来把设想变为现实。

思考与讨论

(1)你觉得，平松守彦先生总结的“成功三原则”对你那里推动农村特色经济发展有哪些启迪？

(2)你自己在实践中总结出哪些发展农村特色经济的成功经验或者教训可以提供给后来者？

案例六

无愧“亚洲的诺贝尔奖”

——日本的“一村一品”运动(六)

1995年8月31日，被称为“亚洲的诺贝尔奖”的“麦格赛赛奖”颁发给了平松守彦先生。

“麦格赛赛奖”1957年由美国洛克菲勒财团创立，以菲律宾前总统罗蒙·麦格赛赛的名字命名。每年奖励亚洲地区在政府服务、社区领导、国际交流、公众服务等方面做出突出贡献的个人与团体。

奖励平松守彦先生的理由是他探索发展落后地区的最佳途径并取得显著成就。因此，这奖实际上就是颁发给由他发起的“一村一品”运动的。

其实，早在得奖之前，甚至可以说从20世纪80年代开始，大分县的“一村一品”运动就超越了国界，在世界许多国家产生了强烈共鸣。

在大分县的影响下，亚洲的菲律宾开展了“一村一品”、“一地区一主意”活动，马来西亚可德州开展了“一村一品”运动，印度尼西亚东爪哇州开展了“回乡运动”；美国的路易斯安那州开展了“一教区一产品”活动，洛杉矶市搞了“一村一品”节，法国、英国、前苏联都与大分县进行了“一村一品”方面的学习和交流活动。

至于我国与“一村一品”运动的关系那真是说来话长：早在1983年，当时的上海市长汪道涵就意识到这运动的重大意义，为此专门邀请平松守彦先生访问上海介绍“一村一品”运动，并且提出上海也要搞“一村一品”。1985年，武汉市邀请平松守彦先生去介绍他的“一村一品”运动，那以后，湖北省先后派出研修生200多人次前往大分县具体学习“一村一品”的做法；1997年又举办了“97中国湖北·日本一村一品讨论会”，湖北省的一位副省长表示，要充分借鉴大分县“一村一品”的好经验，推动湖北的农业产业化。1999年，又在大分县的别府市举行了“99日本大分·中国一村一品讨论会”交流经验。

那么，“一村一品”为什么具有这么大的影响呢？

这是因为，“一村一品”所要解决的问题带有普遍性，是各国现代化进程中都面临的困境。那就是——在工业化的进程中如何解决农业比较效益下降、农民收入降低的问题，在城市化的进程中如何防止农村的凋敝？

而平松守彦先生发起的“一村一品”运动通过发掘当地农村各方面（经济、文化、生态、区位等等）的比较优势，发展一、二、三产业，创造出至少一种具有较高经济价值和在一定销售半径内名列前茅的产品，

提高了地方产品的比较效益和附加价值,增加了当地人的收入。

而且,按照农业问题专家的说法,“一村一品”运动还解决了农村发展中几个深层次的社会经济矛盾:小生产与大市场的矛盾;低水平传统农业与高科技现代农业的矛盾;农业自身弱质与力求增值的矛盾;剩余劳动力多与转移门路少的矛盾;单一农业与一、二、三产业互补的矛盾。

同时,由于创造的特色产品要求最能够体现当地优势,最能够占领消费市场,质量最优、经济效益最佳,所以,创造特色产品的过程也是促进当地人转变观念、解放思想、走向市场的过程,是有效地促进当地人提高素质的过程。

这样,也就自然而然地推动了乡村的现代化,这就是平松守彦先生提倡的“以造物造就人,以造人造就物”。

鸣谢:《日本的“一村一品”运动》这一组六篇文章中所引用的关于日本“一村一品”运动的大部分具体事例都源于平松守彦先生所著《地方精神的闪光》(郭常义译,南京大学出版社出版)一书,笔者2001年3月应日本政府邀请访问日本时,平松守彦先生接受了我们的采访,详细介绍了“一村一品”运动,让我们参观了专门卖“一村一品”产品的商场和与此相关的科研所,还向我们赠送了《地方精神的闪光》中文版。

在这里,再次向平松守彦先生表示衷心的感谢!

感谢他对中国人民的深情厚谊,感谢他对中国农业发展的真诚帮助,更感谢他对日中友好的贡献!

31 画龙点睛说龙头

问题

发展农村特色经济为什么要靠龙头企业带动？

金观念

“龙头”之所以重要，是因为没有它的带动，“龙身”、“龙尾”都飞不起来。

农村发展特色农产品更是这样，许多产品刚刚生产下来，其实就是一种原料，最多是半成品，消费者还无法直接享用；有的（例如水果）即使是成品，也有一个怎样打扮、怎样包装、怎样让消费者知道，怎样送到消费者手中的问题。

一家一户的小农经济，产品出来后，靠生产者或者其家人担到附近集镇的农贸市场上去卖就解决了；但是，在农产品大规模生产的情况下，这些工作主要就得靠龙头企业来完成。没有龙头企业，就无法上规模的实现农产品从农田到消费者手中的转移（即农产品产后传输），无法上规模的进行农产品加工增值，农民也就难以实现稳定的增产增收。

所以，龙头不论大小，必须有。

而且，只有培育大大小小的“龙头”，让它们飞舞腾跃起来，才能带动千千万万农民致富。

案例一

画龙要点睛

据《重庆日报》报道,只因为引进了一家好的企业,重庆市武隆县2001年一下子种植了6 000亩胭脂萝卜——不是拿来做泡咸菜,而是为了从萝卜中提取食用色素。

胭脂萝卜,神奇的胭脂萝卜,因为萝卜颜色鲜艳得像以前女人化妆用的胭脂而得名。

过去,人们并不知道这鲜艳的颜色有什么用处,只是觉得用这种萝卜做泡咸菜,一坛盐水都被染得鲜红若血,挺好看的。

其实,这色彩就是萝卜中所含的天然色素在起作用,这色素有着极其广泛的用途,尤其是在食品工业领域——从红红绿绿的糖果,到生日蛋糕上五彩缤纷的图案都离不开食用色素。没有食用色素的打扮,人类的食品将黯然失色,人类的胃口也将因此大打折扣。

中国菜讲究“色”、“香”、“味”,而且把“色”排在第一位,说明即使在食品中,“色”依然有着极其重要的作用。

从“色”、“香”、“味”作用于人类感官的距离来看,排第一也有道理:“色”作用于人的视觉,“香”作用于人的嗅觉,“味”作用于人的味觉;视觉是人感官中的“强势媒体”,作用距离远,对人大脑的影响大——所以,勾起人对食品的消费欲望,“色”是重要诱因。

当然,食用色素的要求也非常高,不仅要色彩鲜艳、色调稳定,还必须是无毒无害,没有任何副作用,最好是纯天然的——我们肯定不能用染皮革、兑油漆的颜料来给食品上色;否则,纵然这食品艳若桃李,香飘天外,谁又敢下口?

胭脂萝卜所含的食用色素就符合上述条件。只要把色素从萝卜中提炼出来,就能给企业和胭脂萝卜产区的农民带来可观的财富——国际市场对食用色素的需求非常旺盛,每年需要数千吨,价格也很可观。

但是,从土里生长的萝卜到食用色素之间需要完成一个转变,而

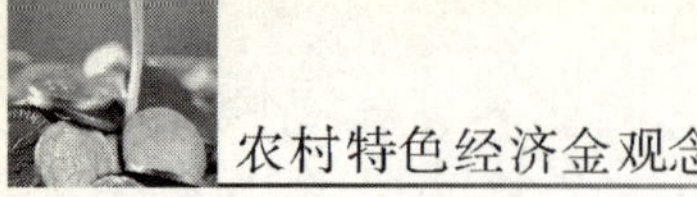

转变要具备条件——要有从萝卜里提取色素的技术、要有资金、要有懂技术懂经营的人才。

具体地说，就是要有人来创办一个企业：这个企业既掌握了从萝卜里提取食用色素的技术，又有钱购买设备盖厂房维持企业资金运转，还有合格的管理者，使企业能够正常运行。

这样，企业从农民那里收购胭脂萝卜，提炼出食用色素，然后把这些色素卖给国外的用户，在这过程中企业赚大钱，农民种萝卜也赚钱，皆大欢喜。

不过，这转变往往也是一个关口，卡住许多项目，难倒许多英雄好汉。

就拿用胭脂萝卜提取食用色素的项目来说，这项目最先并不是由武隆县开发的。而是由涪陵的科技人员发现和开发的，当地人也曾经努力想建立食用色素提取企业，实现从胭脂萝卜中淘金的梦想；但历经曲折，《重庆晚报》等媒体也曾多次呼吁，终未实现由科研成果到商品的跨越，令人痛心疾首。

其实，说穿了就是，缺乏一个强有力的企业家，来把资源、资金、技术、人才整合起来，成为一个企业，让企业运转起来，把资源变成财富——所以，我们说企业家是极其宝贵的资源，要珍惜、要呵护。

“画龙点睛”是一个成语，说的是，古代一个高明的艺术家在墙上画好了龙，但没有画上眼睛，龙也仍然停留在壁画里，一旦“点睛”，龙就腾飞起来，破壁而去。

发展农村特色经济也要重视点睛之笔。这“点睛之笔”就是龙头企业。

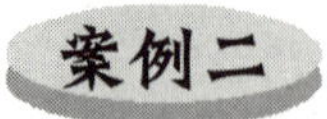

黄桃兴衰话“龙头”

黄桃在上个世纪曾经是重庆潼南县的主要特色产业：那时，三月漫山遍野桃花盛开，游人如织；六月，枝头硕果累累，农民满怀喜悦，忙

着摘桃到罐头厂卖。

当时,外地人到潼南县出差,一般都要买些当地产的黄桃罐头捎回家,因为这种罐头风味独特、口感好。

可是,进入21世纪以来,由于大量黄桃树陆续被农民砍掉,潼南已经没有成规模种植的黄桃;罐头厂也早已不生产黄桃罐头。

而我之所以还对潼南黄桃念念不忘,是因为与之有点缘分——1993年6月下旬,潼南黄桃大丰收却卖不出去,稍一拖延就可能发生大规模烂果,从而严重影响当地农民收入,情况十万火急!

当时,正在潼南采访的我,与当地宣传部新闻干事邓晓东一起,采写了一篇名为《帮帮我们的父老乡亲》新闻稿,为果农呼吁,稿件见报后,当即引起社会各方关注,政府、企业和广大消费者一齐出力,使滞销的黄桃全部销完,十万果农增产增收,脸上露出了笑容。

当时,在读者给我写来的许多信件中,有一位读者告诉我:她买了黄桃,发现黄桃吃起来酸味比较重、咬起来很硬;于是,她问我:潼南为什么要种这种桃,而不种好吃好卖的水蜜桃?当初我曾经向有关部门领导询问过这个问题,却没有得到一个准确的答复;但后来无意中却在一本农业技术资料中找到了答案,并由这个答案引起了对黄桃兴衰更深的认识。

这个答案就是:黄桃是罐头加工用品种,而非鲜食品种。果酸重、果肉坚硬都是适合加工罐头的需要。

事实上,潼南县当初大面积种植黄桃,一方面是因为本地自然条件适宜黄桃生长,另一方面就是因为该县罐头厂可以把黄桃加工成罐头;黄桃的优势也在于罐头加工而非鲜果食用。

吃过黄桃罐头的人很少有人会忘记那独特的风味:酸甜适度、清爽宜人、口感滑爽绵软,如果在冰箱里冰冻一下再吃,感觉更好;如果在吃完又辣又麻又烫的重庆火锅以后,来上一个冰冻黄桃罐头,那份清凉清爽,真是只有品尝过的人才可意会,却不可言传。

所以,黄桃罐头在水果罐头中可谓独树一帜!

但是,进入20世纪90年代以来,在潼南县黄桃种植蒸蒸日上的同时,黄桃罐头加工却江河日下;造成1993年"卖果难"的直接原因,就是罐头厂大幅度压缩黄桃罐头生产量,对原料的需求锐减,使得果农的大量黄桃销售无路。

自1993年那场危机以来,随着该县罐头厂的易主、黄桃罐头产量的进一步萎缩,黄桃树被砍其实已是在劫难逃。

这就是作为加工原料的农产品产业与龙头企业的关系:龙无头不飞!龙头兴,则产业兴;龙头亡,则产业绝无独存之理。

而龙头企业的兴衰又与其经营管理能力特别是市场营销能力有直接关系。

其实,1993年潼南罐头厂减少黄桃罐头生产,就是因为仅仅依靠单一的销售渠道,没有打开广阔的市场。但没打开市场不等于没有市场,笔者就了解到许多消费者当时对黄桃罐头情有独钟,经常有人托人从潼南县捎黄桃罐头。

说起来,隶属于重庆市的潼南县生产的黄桃罐头,一条现成的出路就是通过各种营销措施攀上重庆火锅,逐渐使黄桃罐头成为吃火锅以后的一道必备甜点,这样,就可以创造出巨大的需求,可惜无人做这样的工作。眼看几十年培育的一个特色产业就这么一垮到底。

想想1993年,当时的奔走呼吁,其实仅仅帮农民救了眼前的急,从长远看,还是治得了病,治不了命,悲夫!

如今,潼南县又把竹产业作为特色产业了,据说他们已经吸取了黄桃的教训,在种竹子的同时,狠抓竹子竹笋加工企业的培育建设,这就对了。

俗话说“吃一堑长一智”,希望潼南黄桃这一“堑”能够长许多人的智。

(**附记**:2005年春节前,我又看见了潼南生产的黄桃罐头,令人惊喜,据有关人士介绍,潼南黄桃又在复苏,只是目前规模尚小——而且是罐头生产线易主后的结果,依然是龙头企业带动的效果。真是成也龙头,败也龙头,复苏还得靠龙头,由此可见,发展农村特色经济,一定要高度重视龙头企业的作用,高度重视、积极培养引进,并充分发挥企业家的作用。“画龙”一定要善于“点睛”。)

思考与讨论

(1)为什么说农产品一旦形成了规模,就一定要有龙头企业来带动?

(2)你那里的特色产品有没有龙头企业发挥作用,企业拓展市场的能力如何?

(3)既然龙头企业与特色农产品之间是一种互相依存的关系,是互利的关系,那么,企业与农民任何一方主动出击、在两者之间建立联系,都可以期望给双方带来利益。你觉得,这一点对当地发展特色经济有什么启示?

32　牵牛卖奶话组织

问题

为什么农民在走向市场的过程中
必须组织起来？
组织有什么作用？

金观念

没有组织起来的农民犹如一只只小船，在市场经济的汪洋大海中，这种小船是难以抵挡风浪的，由于条件限制，更无法扬帆远航。

而组织起来的农民，不仅可以通过组织的力量获取市场信息和资金、技术、人才方面的帮助，还可以通过组织发出声音，反映自己的要求，维护自己的利益。

另一方面，农民有了组织，政府对产业、对农民的扶持和补贴也有了"抓手"，可以落实得更好。

这个道理，看了日本"农协"和美国的柑橘协会的作用就更明白了。

案　例

"牛护照"与"牵牛卖奶"

据新华社2002年4月21日报道，当时，在日本广岛的牛肉商店

里出现了“牛护照”[*]。

这种“牛护照”实际上是在商店里销售的新鲜牛肉旁边放一个标签,上边注明生产这牛肉的那头牛的号码和产地的网址。如果消费者要想了解自己买的牛肉是否新鲜,只需要上网按照网址登录,找到牛的号码,就可以知道这头牛什么时候出生、喂的什么饲料、是否生过病、用过什么药、什么时间宰杀的等详细资料,从而保证消费者吃到放心肉。

生而为牛还有“护照”证明身份,不能不说是奇闻。

但问题在于,这种“牛护照”并不是卖牛肉的商人的一种广告“作秀”,而是由日本农业协会广岛分会采取的牛肉质量保证措施,“牛护照”是日本农协颁发的,是经过对养牛农户严格检验和考核,能够确保网上发布内容都是真实的。

“牛护照”一下就让我想起了前些年发生在我国某些地方的“牵牛卖奶”的故事——当时,由于一些人往牛奶里掺水,造成消费者对牛奶的质量不放心,拒绝消费牛奶;而一些养牛农户为了表明自己的牛奶质量可靠、没有掺假,一段时间内每天牵着奶牛上街,当着消费者的面挤奶销售,希望借此树立信用,打开牛奶销路。

发生在日中两国的、关于牛的这两件事,是意味深长的,值得比较研究。

先看“牛护照”与牵牛卖奶相同的主要方面:

第一,牛肉、牛奶都是两国人民的大宗食品,都涉及畜产品质量,直接影响消费者健康,但又无法靠目测来检验其质量。

第二,都是应对危机的对策——在日本,由于疯牛病的影响,消费者对牛肉的产地、新鲜程度特别关注,稍有疑问便拒绝购买;在中国某些地方,当时一些不法之徒往牛奶里加水、加米汤,为了让消费者看不出来甚至加洗衣粉,消费者难辨真假,干脆不喝鲜牛奶了。

第三,都在行政措施力不能及的范畴:在日本,虽然政府为了消灭疯牛病而采取了坚决的措施,但是消费者却不会因此相信自己碰到的每一块牛肉都是健康、新鲜的;在中国,政府对牛奶掺假严厉打击,但消费者仍然无法确信自己购买的每一杯牛奶都是没有掺假的——政

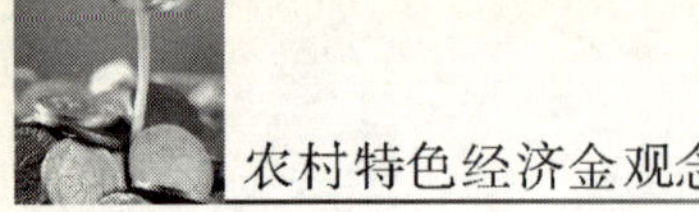

府也不能强迫大家消费。换句话说,两国消费者都需要一个自己信得过、看得见、摸得着的东西,来证明产品的质量。正是这一需求,催生了“牛护照”与“牵牛卖奶”。

再看两者主要的不同,就更有意思:

第一,“牵牛卖奶”是原始的、简单的、直接的、带有农民式机智的、基于“眼见为实”这一古老而朴素道理的应对措施;而“牛护照”却是现代的、虚拟的、高科技的、以现代信用体系和网络系统为基础的质量保证体系。

第二,“牵牛卖奶”成本低、见效快,但只能是临时措施,而且作用范围小、影响极为有限——这道理很简单,奶牛每天走个三、五公里可以当作散步消食,再远就不行了;如果用交通工具运输,又加大了成本。“牛护照”的直接成本低,但间接成本高,网络系统和信用体系的建设都是既需要高额投入又要很长时间的。不过,这两个体系一旦建立起来就可长期使用,作用范围大、影响广泛。

第三,“牵牛卖奶”是个人行为,“牛护照”却是有组织的行动——这是两者最根本的区别。在日本,自从 1947 年自上而下层层建立农协以来,农协就是农民的大管家。农协对农民进行生产指导,为农民组织流通、开展信用服务,帮助农民互助共济。正是在日本农协的帮助指导下,日本农业有了脱胎换骨的变化。

所以,同样面对危机,同样是在政府采取措施以后,中国农民就只能一家一户自找门路;而日本农民却是在农协组织下行动,效果就不一样。

中国农村发展特色经济过程中,农民仍然经常要面对市场风险,所以,建立“农协”、“果协”、“奶牛协会”之类的组织不仅是必要的,而且是紧迫的。

＊何德功.日本出现“牛护照”.

思考与讨论

(1)你如何看待农协组织的作用,你觉得建立这样的组织有必

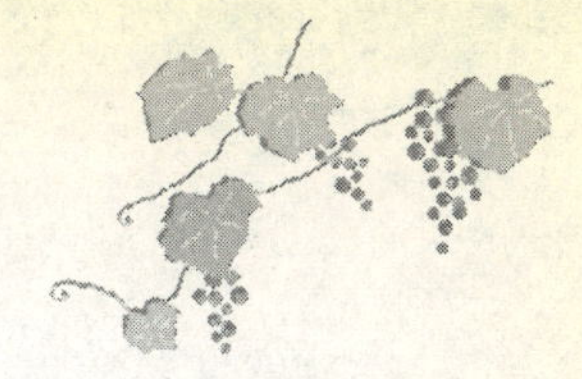

要吗?

(2)协会怎样建立为好?

(3)这类组织会不会出现重叠,会不会加重农民的负担,怎样避免出现这种情况?

33 怎样推广特色产品

问题

为特色农产品作宣传推销，怎样才能做到效果好、成本低？

金观念

运用现代市场营销理念指导，对特色农产品的名字、包装、销售乃至于广告宣传、策划营销都通盘考虑，达到产品好、吆喝好、销售好的效果，实实在在地帮助农民把产品变成金钱。

案例

天天吃橘柑，防癌保平安

“天天吃橘柑，防癌保平安”——请把这两句话反复念三遍，并把它记在心里，有条件请一定照办。因为这两句话反映了一个最新科研成果——吃柑橘可以防癌保健。

据新华社 2003 年 12 月 7 日报道：“澳大利亚联邦科学与工业研究组织（CSIRO）称，他们以 48 项关于柑橘类水果对健康的益处的国际研究为基础，作进一步分析研究，得出了‘令人信服的证据’：常吃橘子、柠檬等柑橘类水果可使口腔、咽喉、胃等部位的癌症发病率降低一半，使中风的发病率降低 19%，同时还能预防心血管疾病、肥胖及糖

尿病。”

2004年12月31日的《科技日报》转引《日本农业新闻》的报道称:吃柑橘抗癌,柑橘越甜,抗癌效果越好。据说,柑橘之所以抗癌,是因为其中含有大量β-玉米黄质,β-玉米黄质比胡萝卜中含的β-胡萝卜素的抗癌效果要强5倍。

——愿所有城里的消费者都看到这两则新闻,愿所有喜欢吃橘柑的人都看到这新闻!

不管别人看到没有,但我看到这两条新闻是笑得合不拢嘴了。我喜欢吃柑橘,但我更为所有种柑橘的农民和吃柑橘的人高兴:真是苍天有眼啊!同时,我也为那些平时不大吃柑橘的人感到惋惜——在现代社会致癌因素越来越多的情况下,这么好的东西居然不知道吃——要多保重自己呵!

看着这两则新闻,“天天吃橘柑,防癌保平安”这句话脱口而出——这句话脱胎于欧洲的健康格言“一天一苹果,医生远离我”和中国的“萝卜上了街,药铺不用开”;这种简洁明了、朗朗上口的健康格言,虽然不如科普文章介绍得那么具体,但却直截了当,一语破的,而且传播起来方便。

柑橘富含维生素、果酸、果糖、纤维素等对人体保健大有益处的成分,当你劝客人吃柑橘时,假设客人问你:吃柑橘有什么好处,你怎么回答?你怎么回答让人印象深刻?其实,讲半天维生素、果酸、果糖对人体的保健作用,还不如一句“天天吃橘柑,防癌保平安”。

“天天吃橘柑,防癌保平安”——这句话念起来像在给柑橘做广告,我毫不避讳,是!这句话既阐释了最新科研成果,又给柑橘类水果做了一个广告。

要知道,中国的果农太需要做广告了,一方面,一些地方的果农种出的柑橘卖不出去,任果子挂在树上自生自灭;另一方面,中国人柑橘产品人均消费量远远低于世界平均水平。13亿中国人,每人每天吃一个橘子,消费量就是一个天文数字。但是,中国果农又没有钱来做广告,不像美国人财大气粗,政府每年补贴大笔资金给柑橘协会,让他们在全世界为美国柑橘做广告。

作为一名记者,我希望这样朗朗上口的顺口溜能够通过各种途径广为流传,提高消费者对柑橘保健功能的认识,也算是义务为果农做广告吧。再说,这也是双赢的事:消费者多吃柑橘防癌保健身体好,种柑橘的果农也多赚点钱,难道不是利人利己,皆大欢喜?

“天天吃橘柑,防癌保平安”——这句话实际上是一个“源”文本,在这个基础上,各地可根据当地出产的具体的柑橘品种,把“橘柑”二字替换为“广柑”、“芦柑”等,也可以化为“天天吃脐橙,防癌保安宁”、“天天吃橘子(喝橙汁),防癌强体质”之类。也许还会创造更精彩的,那我就算抛砖引玉了,多些人帮农民策划、为农民做免费广告,农产品销售形势就能好一些。

“天天吃橘柑,防癌保平安”——对于大量出产柑橘类水果的地方,我也建议用这类具体的广告和宣传替换掉路边那些“把××建设成全国柑橘大县”、“把柑橘做成××的支柱产业”之类大而无当的标语口号。

请问:这类东西究竟写给谁看?要达到什么目的?

过往客人因为你要建柑橘大县就会产生购买欲望?当地农民多种几棵柑橘还管得到你什么支柱产业?这类标语口号说穿了就是代表官员写给上级领导看的,但上级领导真的糊涂到看了你几条标语口号就相信你成为了什么“大县”、“支柱产业”?而且,如果是真正聪明的领导,还会对这种浮华的、大言不惭的卖弄反感。

不如多为柑橘做些广告,哪怕是编顺口溜帮助销售,实实在在地为果农办些实事。

实用招式一

特色农产品宣传推广
要善用“全媒介”

有了优质的特色农产品,还要大力宣传,要多做广告——酒好也

怕巷子深!

——在今天的社会里,不同意上述观点的人恐怕是很少了。

但是,怎样为特色农产品做广告,怎样宣传本地的特色产品却是大有学问的。

不懂这些学问就有可能事倍功半,浪费资源,还收不到好的效果。

有的人在这一点上步入了误区,一讲做广告,就想到上中央或者省、市的大报,或者是中央、省、市电视台。

——应该承认,这些媒体都是强势媒体,影响力大、覆盖面广、公信力强、社会认知度高,在这上面做广告,效果也往往可观。但是,这只是事物的一方面,另一方面是这些媒体的广告价格也很高。偶尔做一次也许还能够承受,如果长期做,就有钱从哪里来的问题了。

而且,正因为钱少,做特色农产品广告特别要计算投入产出,不能一味“贪大求洋”。

而要费省效宏、事半功倍,就要善用“全媒介”。

所谓善用“全媒介”指:一是对各种大众传播媒体都要善加运用,而不是只用其中一、两种;二是对各种广告形式都要了解并根据需要合理运用;三是对各种可供宣传使用的资源要善于整合运用;四是对宣传规律要尊重遵循、对宣传技巧要学习运用,不能自认自己“万事通”,自以为是,结果花了冤枉钱还收不到好效果。

善用各种媒体,我们知道,手机短信被称为“第五媒体”,它的四个“哥哥姐姐”分别是:报纸、杂志、广播、电视、网络,它们各有各的特色和专长,针对不同的受众,成本也不一样;在宣传本地特色农产品时,根据产品销售的不同目标人群而加以区别运用,就能少花钱多办事。

善用新闻报道,大家都知道,媒体进行新闻报道是不收钱也不允许收钱的,但是在媒体上做广告却必须是付费的。那么,新闻与广告究竟有什么区别?这是个极其复杂又高深的问题,可以写出一部书来回答。但从受众兴趣的角度,我们可以说,新闻是媒体认为受众想要知道的事物;而广告是受众并不一定想要知道,但是广告客户想通过媒体让受众知道的事物。一种特色农产品的开发,其中既有属于新闻的内容,也有必须用广告宣传的内容,处置得当,则各得其所;处置不当,新闻变成旧闻、变成工作总结,如果领导又非要宣传,这时,原来不必花钱的内容最后也只有通过广告来实施。

善用社会舆论,以顺口溜、段子的形式,以口口相传的方式宣传本地特色,也是一个非常有效的方式。过去常说的"关东山,有三宝:人参、貂皮、乌拉草";新疆"吐鲁番的葡萄,哈密的瓜,库车的姑娘美如花";"云南十八怪",现在说重庆解放碑美女如云"三步一个张曼玉,五步一个林青霞"——这些难道不是在宣传当地的产品和特色?

不仅如此,这类宣传植根于老百姓的口头语言,成本低、效果好,基本上是不胫而走。关键是要有利用这种形式宣传本地的意识,要善于抓住当地最有特色的某一个或者几个方面进行概括,概括要准确,要精彩、简洁、琅琅上口。

善用交通要道,各种交通要道边的山水、风光、风物,包括广告和标语都在宣传和表现本地的特色,如果你的山水、风光、风物有特色能够吸引人的注意力,就起到宣传本地的作用,关键是要做好。

这样说来,样板田种到公路边本来也是一种广告,但是,如果只种在公路边,却要号称全面推广并代表全部,那就是欺骗了。

有的地方也想到利用交通要道宣传本地,但是方法不对,结果流于形式,甚至适得其反。

其实,一个地方的形象,主要是通过一些具体的感性的东西迭加起来,给人产生的总体印象,这些具体的东西中,企业的产品和人的行为举止都是很重要的因素。

所以,笼统的、大而无当的所谓树立地方形象,是舍本逐末,往往难以收到好效果,还不如具体地宣传本地的特色产品,给人印象深刻些。

当然,好好的资源不知道充分利用,任其闲置,肯定也是一种浪费。

实用招式二

给特色农产品起个好名字

生了孩子就得起个名字,才好称呼;发展特色经济,费尽千辛万苦

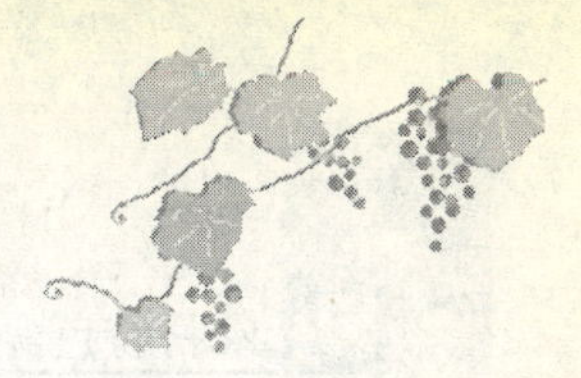

生产出了特色产品，也要给它起个名字。

名字不是小事，古人云：名不正则言不顺，言不顺则事不成。所以，不能随随便便、凑合起个名字，而要有意识地给特色产品取个好名字。

因为名字是产品最直接的招牌，是给消费者的第一印象，名字好不好直接影响产品的销路。

农产品需要好名字，因为一个好名字，听起来响亮，念起来朗朗上口，看上去让人过目不忘，给人的感觉是特色鲜明，它能够吸引消费者，刺激人的购买欲望。

产品有了好名字，犹如人长了一个漂亮脸蛋儿，平白无故总能吸引许多人的注意力，让人多看它两眼——这没有什么道理，但事实就是这样。

可别小看这两眼，在现代社会产品普遍过剩、竞争十分激烈、广告铺天盖地的条件下，就这两眼，说不定消费者就产生了好感，然后就掏出钱包——购买，付款。

所以，给产品起个好名字可以说是在竞争中抢占先机的举措，一个好名字可以创造竞争优势，还可以不知不觉地为产品节省下许多广告费。

一个好名字首先要突出产品的特色，彰显产品的独特个性。前些年，辽宁阜新市把本地产的黄小米、白小米、荞麦米、红豆、绿豆五种小杂粮组合起来包装，并且注册了“五彩杂粮”品牌，一下子销路大开，产品畅销国内外。应该承认，除了策划得好，“五彩杂粮”的名字也起得好。“五彩”突出了产品的颜色特征，激发消费者对鲜艳颜色的认知和记忆，引起人们丰富的想象（毕竟，在现代汉语中，与“五彩”相关联的多是美好的东西），堪称好名字。

重庆綦江县有一个用辣椒加工制作的特色食品，鲜、香、辣，刺激人的胃口、激起食欲，起个名字叫做“饭遭殃”，不仅凸显产品刺激食欲这一特色，而且让人一见难忘。

有的产品名字虽然“土”，但只要突出了特色，依然不失为好名字，例如柑橘中的“冰糖柑”，这个名字就是突出这种柑橘的特点——甜，

而且极言其甜得像冰糖一样；当然这个名字也很“土”（觉得冰糖就是世间最甜的物质是哪些人?），但是，土得让人一听这个名字就觉得质朴、形象；而且从道理上讲，相信叫这个名字的柑橘决不会是酸的。

当然，叫这么个名字却不珍惜，果实还没成熟就摘下来，从而酸掉顾客的大牙，那也是有的；还有，许多地方的柑橘都用“冰糖柑”这个名字，消费者就无法识别真假了。

一个好名字本身要独特，不会与别的产品混淆。从这个意义上讲，地名与产品的连接也不失为一条路子，尤其是那些有极其鲜明地方特色的产品。历史上就有名气的有海南文昌鸡、新疆的吐鲁番葡萄和哈密瓜、重庆的涪陵榨菜和永川豆豉、河南的黄河鲤鱼，这些都是以产品产地名字来给产品命名。

福建龙海市九湖镇的农民大规模种植榕树，利用榕树的根进行艺术造型，制作千姿百态的盆景，取个名字叫“中国根”，在世界各国人民的心目中突出这是具有中国园艺特色的产品，“中国根”畅销世界各地，这个名字功不可没。

这种取名字方法的有利之处是，地方和地名往往是唯一的，这就决定了产品名字的唯一性，而且有的产品可以通过申请“原产地域标志”加以保护。

不利之处在于，这类名字往往难以为某一个具体的企业所垄断，搞不好一个地方生产同一产品的许多企业都可能用这个名字。

一个好的名字最好能够有文化意蕴。有了文化意蕴，作为一个符号，名字就不光代表产品本身，还代表另外一些社会和文化意义，像东坡肘子、金华火腿，背后有关于名人的传奇故事，容易在消费者心中产生亲和力、吸引力并转化为购买力。

农产品中我比较欣赏的一个名字是“妃子笑”荔枝，作为一个文科学生，每当看见这个名字就想起唐代大诗人杜牧的著名作品——《过华清宫》：“长安回望绣成堆，山顶千门次第开；一骑红尘妃子笑，无人知是荔枝来。”总觉得这种“妃子笑”荔枝就是当初唐玄宗下令用快马接力送到宫中，引得胖乎乎的杨贵妃等当红佳丽笑得花枝乱颤的那种。

你说,这荔枝要是不好,唐玄宗舍得下那么大的工夫?以杨贵妃为代表的众妃子能笑得那么灿烂?

不知道是哪位高人为这荔枝取了个这么生动、这么讨巧的名字。

遗憾的是,现在肯在农产品名字上下功夫的毕竟还是少数,这样的好名字也还太少!

目前,在农产品起名字上存在的主要问题是,盲目模仿,千篇一律,没有特色,没有个性。结果是千人一面、平庸雷同,这就难以给消费者留下深刻印象。

思考与讨论

(1)在宣传本地特色农产品时,作者用了两个成语来说明投入与效果:掌握方法与规律的,是“事半功倍”;反之,则是“事倍功半”。请计算一下,前者的投入产出效率是后者的多少倍?

(2)大报和大电视台的广告,动辄以人民币万元为计算单位,那么,“事半功倍”和“事倍功半”这两者差距体现在金钱上,是个什么数字?

(3)你在宣传自己的特色产品时,运用了哪些媒体、哪些方法,效果如何?有没有算过投入产出比?

34 “因地制宜”不是什么

问题

在农村发展特色经济的过程中，应该怎样理解“因地制宜”这个概念？
怎样才能真正做到“因地制宜”？

金观念—

“因地制宜”不是什么(上)

农村在发展特色经济中要注意因地制宜——这是各地各级领导经常强调的、一个极其重要而又非常正确的观点。

强调因地制宜发展经济，是社会进步的一个可喜表现。

因为，在发展农村经济时高度重视地区差异，强调根据各地不同的自然和社会环境，采取相应的对策，是一种按经济规律搞经济建设的表现，是实事求是的体现，这样也能少走弯路。和“农业学大寨”时那种只准“以粮为纲”，其他一律砍光的政策相比，这已经是一个极大的飞跃了。

不过，我们也不能不遗憾地看到，也有个别干部，把“因地制宜”像歌谣一样到处唱；一边在唱“因地制宜”，一边又在做不顾现实情况千差万别而“一刀切”的事——这当然不是“因地制宜”这句话，这条原则本身有什么不对，而是人们对它的把握与运用出了偏差，

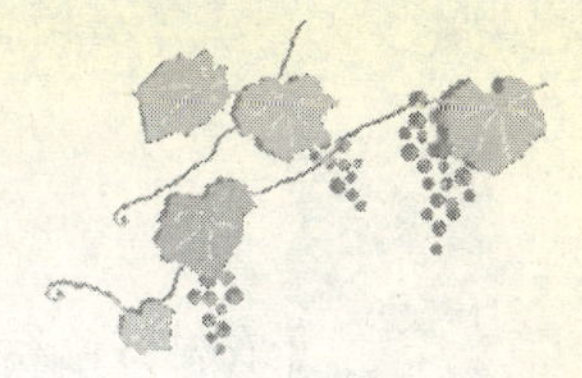

是“因地制宜”被曲解了。

所以,我们特别要探讨“因地制宜”不是什么。

在“因地制宜”这句话中,“地”是主体,“宜”是根据“地”的不同而制定的,那么“地”是什么?

“因地制宜”的地,不光是指农民种庄稼的土地,而是指所在地方的整个大地的总和:高山平地、江河湖泊、泥土石头,既包括旱地也包括水田,既包括良田沃土也包括荒山荒坡、不毛之地,都可以因合理利用而产生财富。

“因地制宜”的地,不光是指我们脚下的这块地皮,还包括在这片土地上生存的各种各样的植物、动物、微生物;也不光指地表我们踩着的这一层表皮,还包括地下埋藏的各种各样矿物——这些都可能因人的合理利用而转变为财富。

“因地制宜”的地,还不光指脚下的大地,还包括这块地上面的“天”——包括经纬度、日照、降水、气温等气候、物候条件——这些都是制约当地经济社会发展的基础因素,也可能是基础优势所在,不可不察。

“因地制宜”的地,还包括从古到今人类在地上留下的一切痕迹和故事。在地球上的生物中,人是最特殊的一群,人类不光生产物质产品,也生产精神产品、创造文化,文化这东西又具有神奇的价值,往往给一个地方带来意想不到的财富。

其实,就是讲耕地,也不是简单地指人们眼睛看见的那层泥土,也还包括肉眼看不见而泥土中含的各种元素、腐殖质、水分,即土壤化学意义上的地。

还应该包括土壤和水中的微生物——享誉中外的茅台酒、财源滚滚的茅台酒,为什么同样的工艺、同样的原料、甚至同样的人,离开茅台镇那个地方酿出来的酒就没有茅台酒那独特的风味和口感,就是因为茅台那个地方土壤和水中拥有独特的微生物群。

但是,如果不在茅台镇建酒厂利用这种优势生产酱香型白酒,而是建化工厂生产硫酸,这种优势的价值就体现不出来,就与别的

地方没什么区别。

“因地制宜”的地，还有个区位问题。所谓区位，就是你这块地与经济中心、与水、陆、空交通要道的距离和关系。为什么有的地方寸草不生而土地价值却号称“寸土寸金”，有的地方土质肥沃价格却非常便宜，就是有区位的差异。可见，区位是影响“因地制宜”的极其重要的因素。

“因地制宜”的地也不仅仅指空间，还包括时间，因为时间与空间本来就不能截然分开。所以，“因地制宜”应该理解为：根据此时此地的条件有针对性的采取措施，得到最好的效果；这里最重要的警示就是，过去的“宜”，并不等于现在就“宜”。

所以，不了解这些，严格地说，也就并不根本了解这“地”的性质，因而也就无法了解这块地究竟在哪方面最有优势，利用这块地生产哪一种产品获取的经济价值最高。

金观念二

“因地制宜”不是什么（下）

了解“地”的种种内涵以后，再来看“因地制宜”不是什么。

“因地制宜”主要不是强调共性和普遍性，而是强调个性和独特性。

要“因地制宜”就不能“跟风”，因为各有各的特点、各有各的优势，也就各有各的“宜”。

“因地制宜”的“宜”不能简单地宽泛地理解为种庄稼；也不能理解为只要什么作物能够生长就种植什么。种植只是第一产业的一部分，而要在市场需求这个大前提下来研究，在一、二、三产业这广阔的领域里来考虑，来综合比较，力争让这块土地的效用最大，创造的价值最高，这样才最适宜，才是真正的“宜”。

如果一定要搞第一产业，“因地制宜”也不意味着非要搞种植业，还应该包括养殖业，或者种、养结合。

如果要搞种植业，“因地制宜”也不意味着只种过去习惯种植的某种作物，选择的范围应该包括粮食、蔬菜、水果、药材、花卉，以及其他经济作物。

如果种粮食，“因地制宜”也不意味着只种传统的大宗粮食作物，如水稻、小麦、玉米等，还应该包括胡豆、豌豆、绿豆、红豆、荞麦等劳动力相对密集、而国内外市场销售形势一直比较好的小杂粮。

如果一定要种传统的大宗粮食作物，“因地制宜”也不意味着非要种目前这个品种。现代育种条件下，新品种不断涌现，在同样的生长条件下，更换新的品种，也许不仅能够提高产量，还能够提高品质，使产品更适应现代消费者的口味，从而卖更好的价钱。

如果一定要种目前这个品种，“因地制宜”也不意味着非要用传统的耕作方式生产产品，如果严格按国际有机食品联合会制订的标准生产“有机食品”，虽然麻烦一点，不用农药、化肥产量稍微低一些，但是节约了成本，产品价格却高出好多，总收入也高得多。而且，在国际市场上，“有机食品”日益走俏，很受现代消费者欢迎。

进一步说，既然“因地制宜”的“地”是一个复杂的社会、人文、生态系统，不是人们望一眼就能把握的东西，那么，“宜”也不是随便、顺口就可以制定的；而应该是科学研究、系统分析的结果。

所以，“因地制宜”不是一句简单的口号，而是一个决策过程，决策一定要科学，否则，就等于拿土地和投资开玩笑。

科学决策离不开民主的保驾护航，既然对于“地”，仅凭我们的见识、我们的知识结构难以全面、准确、深刻地把握，那么，仅凭我们自己拍脑袋制订的“宜”，也就未必真“宜”。所以，“制宜”要广泛听取意见，要多听专家学者的意见，尤其是要善于听反对意见。

如果说“因地”的过程要求我们对“地”了解得深一些、透彻一些的话，“制宜”的过程就要求我们视野开阔一些，思路灵活一些，对市场动向、市场风云变幻更敏感一些，反应更快一些。

所以，“因地制宜”四个字，说起来容易，做起来并不容易。

思考与讨论

(1)你以前是怎样理解“因地制宜”的,现在有什么新的见解吗?

(2)你认为对“因地制宜”该怎么看?

(3)“实事求是”与“因地制宜”之间是什么关系?

35 我们不知道哪些是

问题

在发展农村特色经济时，我们不知道哪些是资源，如何把资源开发利用起来变成财富，怎么办？

金观念

承认我们不知道，虚心向专家请教

首先，问这个问题的人就应该受夸奖，应该受表扬。

因为他知道自己不知道，并且承认自己不知道，这就是实事求是的态度，是对自己、对企业、对资源、乃至于对当地父老乡亲负责任的态度。

古人云："知之为知之，不知为不知，是知也。"

怕的是有了几十万、几百万、甚至更多的钱，或者是自己掌握了或大或小的权力，就不得了了，对自己产生偏见，认为自己什么都知道，是"万事通"，从来都不知道自己在很多领域其实不知道，无知者无畏，盲目决策，那就容易造成失误。

承认自己不知道，承认知识的价值，大大方方地向知道的人学习，下决心向知道的人请教。

可以写信、可以带着你那里东西的实物或者照片或者录像去找专家，向专家请教。

如果能把专家请来考察就更好。

请教专家当然也有学问，一是要找到真正的专家；二是请专家要“软”、“硬”皆备，专业对路当然重要：生物就请生物方面的专家，林业就请林业方面的专家，矿物就请矿业方面的专家；同时还要请教市场销售、经营管理方面的专家。前者可以从资源的开发上提供意见，而后者会帮你考虑市场和赢利的前景。

案例一

常人眼里贱如草，专家一看是珍宝

18世纪末，河南安阳小屯村一带的农民锄地时发现一些石头一样的骨头和碎片，有的上边还刻着奇怪的道道。但是，谁也没有把这当回事，谁也不知道这玩意儿有什么用处，也没人看重它。后来，人们听说这是一味中药，名叫“龙骨”，于是就有人从地里挖出来，三文不值两文地卖给中药铺。

后来，这些“龙骨”在一位名叫王懿荣的国学大师那里被发现了真实身份——原来，这些“龙骨”竟然是3 000多年以前殷商时代我们的老祖宗留下的“国家文秘档案”——当时的人们遇到大事都要用牛骨和龟甲占卜，并且在牛骨和龟甲上刻上为什么占卜，以及结果如何等等，这样，人们才知道，那些石头居然是价值连城的文物，那上面刻的道道就是古文字，是甲骨文。前不久，在一次拍卖中，20多片甲骨文竟然卖出4 800万元人民币的高价。

如今，安阳的人再也不会把地里发现的、刻有文字的骨头，或者龟甲化石，当中药材“龙骨”卖了，因为现在大家都知道那是宝物了。

常人眼里贱如草，专家一看是珍宝——这件事所昭示的规律，对于农村发展特色经济有极大的指导意义——其实，就在我们身边，就有许多东西，我们觉得贱得像“草”，分文不值，但是，专家却知道它有

极高的价值,可以开发利用,做成产业,惠及一方。

山东无棣县从开发利用到保护利用“古贝堤”的历程*,则又一次印证了这条规律。

这一段“古贝堤”位于无棣县境内的渤海湾滩涂上,是大自然的产物——它是渤海后退和黄河入海口变化等特定环境条件下逐步形成的——千百年来,渤海的潮汐和风浪共同作用,把海里的贝类生物一次次推到岸边,日久天长,贝壳堆积如山,这里形成了长达70余公里的“古贝堤”。

当地人世世代代伴着这“贝堤”生长,踏着这“贝堤”赶海,但也仅此而已,没觉得这海堤有什么特别的用途。

直到20世纪90年代中期,一位陶瓷工程师看见了这“古贝堤”,他告诉当地人,组成大堤的贝壳可以用来生产瓷器,而且可以开发出一种前所未有的新型瓷。

啊!“贝堤”有这么大的用处?当地人如梦初醒。尤其是得知“贝堤”的贝壳储量高达3.6亿吨时,更觉得捡了个大金娃娃。经过组织开发,果然研制出“贝瓷”——这是世界上继陶瓷、骨瓷之后的又一种新型瓷。它一问世,就在国际国内连获大奖,具有灿烂的市场前景,将给当地带来可观的经济效益。

就在当地人为“贝瓷”的成功欣喜之时,一批海洋科学方面的专家看见了“古贝堤”,他们更为这大自然的杰作惊叹不已,他们指出,“古贝堤”是中国乃至世界的珍贵海洋遗产,具有巨大的、无可替代的科研、经济和生态价值,在他们看来,挖“古贝堤”的贝壳烧制贝瓷,完全是“高射炮打蚊子”、“顶门杠做牙签”——大材小用,浪费资源。

怎么办?当地领导思量再三,最后还是咬紧牙关,放弃眼前利益,禁挖“古贝堤”贝壳资源,保护珍贵遗产。

没了贝壳,怎么做贝瓷呢?

这一次,又是专家们的意见拯救了贝瓷业,专家认为,“古贝堤”既然是大海的杰作,大海不可能只把贝壳往这一处聚集,其他条件类似的地方也应该有贝壳富集的现象,按专家的意见,果然在如今已离海岸几十公里以外的其他地方的地下找到了丰富的贝壳矿砂,够当地贝

瓷业用数百年。

一道“古贝堤”，三次专家意见，帮助无棣县开发两大产业：贝瓷制造业和由珍贵海洋遗产保护开发带来的第三产业，这实在让人羡慕，发人深省。

只是，我们每个人的身边都可能有这样的“古贝堤”、都可能有甲骨文呵！

* 单保江，王中涛，李政. 我们还有多少没发现的资源. 经济日报，2004-12-9

案例二

青蒿素：迟到的赞扬与早到的威胁

青蒿素，这种从诞生起就带着战火硝烟的神奇中药，在新世纪一开始又有新故事——2001 年 12 月中旬，世界卫生组织一份公报指出“治疗疟疾的最大希望来自中国”，这希望就是青蒿素。

在问世 30 年以后，世界卫生组织终于正式给予青蒿素应有的地位和赞扬。而追问世界卫生组织的承认为什么迟到，又给青蒿素的传奇经历加上浓墨重彩的一笔。

青蒿素诞生在抗美援越的战火硝烟中——20 世纪 60 年代后期，美国大兵与越南军队正在越南的丛林里厮杀时，疟疾（俗称“打摆子”），这个恶魔悄悄降临，使交战双方人员大量病倒。病人是无法打仗的，所以，能否迅速有效地治疗疟疾就成为直接影响战场上胜负的大问题。

当时，美国依仗雄厚的科技实力率先研制出新型抗疟药物甲氟喹，夺得了某些优势；于是，越南领导人向中国政府紧急求援。在中国领导人周恩来总理的亲自关心下，中国的科技人员和医疗卫生工作者立刻动员起来，在全国范围内寻找和研制抗疟药物。最后，在 1971 年通过民间偏方发现了一种野草——青蒿，具有抗疟性，并从中提取出纯天然抗疟药物——青蒿素。

青蒿素与美军使用的甲氟喹相比，具有高效、速效、不产生抗药性、使用方便、价格低廉等优点，一投放战场立见奇效。青蒿素为越南军队最终战胜美国大兵立下了汗马功劳。

俗话说，不是冤家不聚头，转眼到了20世纪80年代，美国人又要和青蒿素打交道了。这次，是世界卫生组织委托美国的一个实验室对青蒿素的抗疟性能进行“复核鉴定”，因为全世界疟疾肆虐，迫切需要优质高效的抗疟药。而这个据说“亲近美国军方”的实验室，仅仅在华盛顿的波托马克河边采集了一种“相当于”青蒿的植物，作了所谓复核鉴定，并得出否定的结论。

“青山遮不住，毕竟东流去。”在全世界每年有3亿人感染疟疾，300万人死于疟疾，很多治疟药物因疟原虫产生抗药性而渐渐失效的情况下，中国的青蒿素治疗疟疾以成本低、见效快、不产生抗药性这三大优点一枝独秀。2001年11月，世界卫生组织与中国政府签订一项对青蒿素再次进行鉴定和批量生产的协议，最终将在世界普及“中国疗法”。

读到这里，相信许多读者都会发出会心的微笑，而笑得最灿烂的则应该是重庆华立控股有限公司的股民和重庆市酉阳县的农民，因为“华立控股”与酉阳正在进行青蒿产业化种植与青蒿素规模化生产的项目，世界卫生组织的协议意味着滚滚财源。

但是，且慢欢喜——就在世界卫生组织公报发表1个月后，新华社报道了日本科学家从草药“鸭肝子”（此文于2002年在《重庆日报》上发表后，一位热心的医生读者提醒我，是否译错了，是否应该为中草药“鸦胆子”，待考）里成功提取新型抗疟药物的消息。据说这“鸭肝子”是生长在中国和东南亚的一种野生药用植物，含有的抗疟物质叫“Quassinoid”，比现有抗疟药物疗效更高。

这意味着什么？这意味着对青蒿素来说，一个新的威胁已经产生；虽然“Quassinoid”距离产业化还有一段路要走，但一个新的竞争者已经实实在在起步。为此，“华立控股”和酉阳县必须加快青蒿素产业化的步伐，必须尽早采取应对措施。

那么，对于农村搞特色经济的人来说，这两件事有什么启示呢？

第一,发展特色经济必须依靠科技、依靠科技人员——如果不是科学家的研究,青蒿也好,"鸭肝子"也好,不过是路边野草,谁知道这些东西有那么大的价值可以开发。

第二,要注意保护和主动开发利用本地独特的动植物资源。现在世界上流行从植物中寻找新药,美国国立癌症研究所每年从25个国家弄来4 500余种植物进行研究,从中筛选抗癌药物。有时候,一种动物或植物开发出来就能带动一方经济。

第三任何特色经济项目都不可能一劳永逸,即使像青蒿素这样具有资源垄断性的项目,(青蒿中的青蒿素含量在千分之五以上才有工业提取价值,在中国,只有地处武陵山区的酉阳等区县产的青蒿,其青蒿素含量高达千分之八左右,)也有可能出现替代产品或新一代产品。所以,农业结构调整必须与时俱进,不断创新,才能立于不败之地。

思考与讨论

(1)心理学告诉我们,知道的东西越多,看见的东西就越多。走在路上,捡起路边一块石头,在我们常人眼里,石头而已;但是,在地质学家眼里,这是什么石头、产生于什么地质时代、分布于什么范围、与这种石头伴生的矿物有哪些,都给你讲得一清二楚,甚至有可能从一块石头发现一种矿物——这就是专家与普通人的区别。怎样看待这种区别在发展农村特色经济中的价值呢?

(2)科学发展到今天,各领域已经分得很细,研究得很深,科学家也不可能全知全能;一旦涉及不是自己研究的领域,即使是科学家也要向有关专家请教。作为普通人,你觉得在发展农村特色经济时遇到我们并不真正懂的问题时该怎么办?

36 在比较中凸显优势

问题

农村发展特色经济怎样寻找比较优势？

金观念

要想寻找到本地的“比较优势”就要善于比较：

要在本地各种资源之间进行比较，本地资源与外地同类资源进行比较，资源优势与劣势进行比较。

通过与周围环境的比较、与左邻右舍的比较、与中心城市的比较、与同类产品的比较，寻找出差异，对自己独有的差异进行经济分析，然后，对这种差异进行有最大经济价值的利用，开发出自己独特的特色产品。

比较时，一定要客观、全面，既要作静态比较也要作动态比较。

在比较过程中，比较者的视野越开阔，比较的范围越大，要素越齐全，方法越科学，优势、劣势凸显得越充分，成功的可能就越大。

案例

在比较中凸显优势

发展农村特色经济要提高成功的把握，首先在于寻找并发挥自己本地的比较优势。

但是,在寻找比较优势时,当事人又往往面临“不识庐山真面目,只缘身在此山中”的困境,身在宝山不识宝。

怎么办?

其实,办法也非常简单:比较——比较优势、比较优势,在比较中寻找优势。

《人民日报》曾经报道过北京郊区的延庆县发展蔬菜种植业的历程*,就是一个不断地扩大比较范围,在比较中逐步寻找到本地经济优势,从而构建自己特色产业的过程。

延庆县是北京郊区的一个山区县,全县面积70%以上是山区,由于海拔比较高,造成该县年平均气温只有8.4摄氏度,比北京城区低好几度——这就形成了该县气候“冷凉”的特点。

如果仔细一想,就会发现,“冷凉”这个词已经不是对延庆自然气候的描述——如果我们只说,延庆的年平均气温是8.4摄氏度,那是描述。但是,我们说延庆“冷凉”,这就是把延庆与区域政治经济文化中心北京相比较的结果,这本身就是一种价值取向,表明延庆试图通过比较与北京建立与此相关的某种联系。(因为如果与哈尔滨或者乌兰巴托比,延庆的气候就是温暖;与海南岛比延庆就是寒冷了。)

“冷凉”不过是一种差异,如何看待这种差异、利用这种差异发展经济,才是关键。

过去,延庆的人更多地把这种差异看做不利因素,看成包袱:延庆的气候和土壤条件适宜蔬菜生长,但是由于气温比北京低,在“大路菜”的生产与销售上,与紧靠北京的区县比,总是赶不上趟,总要晚一个节气——同样品种的蔬菜,别人已卖得接近尾声降价销售时,延庆的头茬菜才下来,怎样卖得出好价钱?所以,过去延庆蔬菜长期无法占领北京市场。

到20世纪80年代中期,当地农民思想观念有了一个大的突破,他们开始把“冷凉”看成一种积极因素,看成资源。

具体表现就是他们不再与北京近郊区县比大路菜,而是发挥“冷凉”的长处,索性延后蔬菜播种时间,发展“错季节菜”,填补北京淡季蔬菜市场。结果一炮打响,延庆成为北京淡季蔬菜供应的主力军。

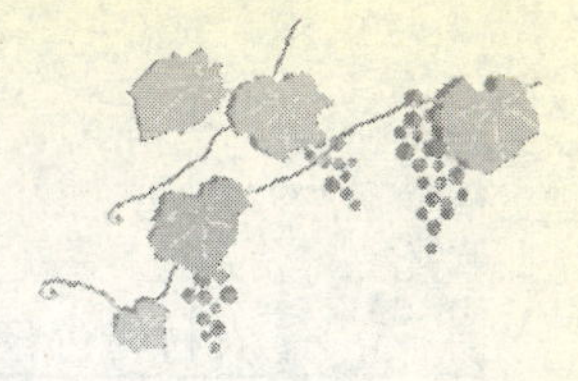

天有不测风云,到20世纪90年代中期,外地大量淡季蔬菜涌入北京市场。与这些蔬菜比,延庆的淡季蔬菜成本高而且规模不大,顿失竞争优势,延庆菜农又出现“卖菜难”。

面对如此激烈的竞争,延庆的蔬菜产业还有没有出路,出路何在?

当地人又在更大范围寻找自己的比较优势:这一次,他们把比较的目光投向境外。

他们发现,延庆蔬菜大规模上市的时节,正值日本、韩国、东南亚各国和我国港澳台地区气候闷热、潮湿多雨的季节,这种气候制约了当地的蔬菜生产。而新鲜蔬菜作为人民生活必需品,其需求弹性较小,所以,只好大量进口。

立足这些市场来反观自己,他们发现,延庆的蔬菜生产不仅有气候的优势,与这些地方比有成本优势,还有依托北京空港和天津港的海、空运输优势。

在细致的市场调查和可行性分析基础上,延庆做出了大力发展夏季出口蔬菜的决策。

通过政策引导和配套设施建设,到2001年,延庆的出口蔬菜种植面积已经达到50 000亩(3 333公顷),收入1 800万美元。除上述地区外,还出口到俄罗斯、英国、荷兰等国。

延庆成功了!

延庆的经验告诉我们,所谓在比较中寻找优势,其实质就是通过这时与那时,此地与彼地各方面条件的比较,在比较中凸显差异,在对差异进行应用分析中找到经济优势的过程。

当然,最终还是要落脚于利用这种经济优势,建立相应特色产业上。

*郭东亮,吴坤胜.2 000万美元是怎样换回的——京郊延庆发展蔬菜出口纪实.人民日报,2002-1-21

思考与讨论

(1)你在发展农村特色经济时是否通过系统的比较来寻找本地的比较优势,作过哪些比较,比较的范围有多大,项目有哪些?

(2)同样是比较,延庆从一开始把与北京城区的温差当包袱,到后来把温差当优势,你觉得观念对比较结果有什么影响?

(3)从与北京城区比较,到与东南亚、日、韩等国家和我国港、澳、台地区比较,思想一解放,眼界一开阔,连隔着一段距离的北京空港、天津海港都成了延庆的优势。这说明什么道理?

37 特色经济致富捷径

问题

为什么说增加农民收入要靠发展农村特色经济？

金观念

农村特色经济
让农民抄近路走向市场

有人问，为什么一讲农村发展就说要发展特色经济，这特色有什么好，我们就非要靠着它？我们搞点别的行不行？

我说，行啊，那你干点什么呢？

既然发展农村特色经济的目的是增加农民收入，那我们就从收入高的地方说起吧。

在国外，当红歌星、电影明星、体育明星是最来钱的人，一场表演、一部电影、一场比赛的收入动辄就是几百万、上千万美元——咱干得了吗？

要不，学国外养比赛用的马，一匹马轻轻松松卖几百万、几千万美元——咱一个村，几年养出这么一匹就够全村人用多少年了。问题是，就算别人送咱们一头赛马的马驹儿，咱怎么养？养得起，养得了，会养吗？

再说小一点，泰国茉莉香米卖几块钱一斤，咱这个地方种的水稻产的大米才卖块把钱一斤,不如我们都种茉莉香米,那多来钱?可是,你从哪里去弄茉莉香米的种子?即使弄到了,茉莉香米是不是适宜在你这个地方的土质和气候,长的米还香不香呢?

是啊,要说这个世界上找大钱的路子也不少,问题是我们有没有这个能耐、有没有这个条件去找那些钱。

有的人一听这话就泄气了,算了,咱还是回家种咱们的老红薯、老玉米、老水稻吧!

我说,这又不对了。

明明你那里适合种药材,为什么几十元、上百元钱一斤的药材你不种,一门心思非要种红薯、玉米呢?

明明你家砌灶台起猪圈用的石头,加工一下运到城里就是几百元钱一个平方米的高档建材,你为什么非要一方面糟蹋财富一方面受这个穷呢?

明明你们村祖上留下的老房子早已成为稀罕的特色民居,可以发展旅游业,可你成天烟熏火燎不算,还在打算哪天有钱了就把它拆了盖小洋楼,你这是怎么了你?

还有,就算你那里特别适合种红薯、玉米、水稻,可不可以搞红薯的深加工,可不可以种更值钱的鲜食玉米,可不可以种产量更高、品质更好的优质水稻品种?这些是不是更来钱?

有的人会说,这当然更来钱了,可是我们不知道啊!

我说,这就是提倡农村特色经济的根本原因之所在,发展农村特色经济,要求我们用最新的观念指引我们行动,要求我们科学地、全面地认识当地的资源、寻找到并且充分利用当地的比较优势,为了做到科学、全面,对过去不了解不知道的就得知道、就得学,学了就用,这样,才能把当地那些闲置的甚至被浪费的各方面宝贵资源开发利用起来,为农民增收致富做贡献。

具体地讲,找到自己的比较优势,在市场竞争中就处于有利的地位、就有利于获取更多的财富。还是以种植业为例:比如说种同样品种的红薯,花费同样的劳动、支付同样的生产成本,你这个地方的土地种出来的红薯吃起来味道就比别的地方生产的红薯好,担到

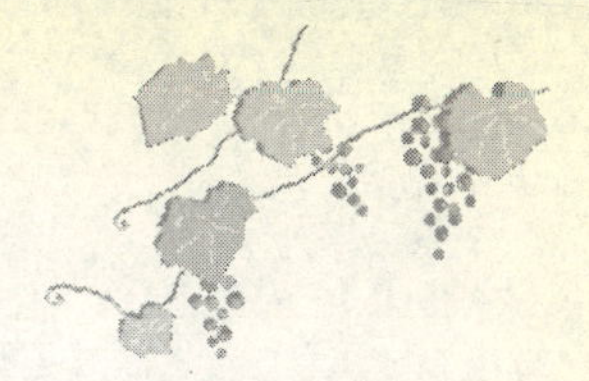

市场上去，卖同样的价格，大家都愿意来买你的红薯——甚至，由于许多人知道你生产的红薯好吃，愿意以每斤(500克)比别人高出一角钱的价格来购买，这是不是就让你在竞争中占据了天然的优势？

那么，你的红薯凭什么比别人的红薯味道好呢？不是因为你技术好、或者品种好，而是因为这块地的土质特别，适宜红薯生长，所以你用来种红薯就能获得优势；但是如果你用这块地种土豆，味道就与别的地块产的土豆一样了，也就没有优势可言了。

其实，发展农村特色经济就是让你找到并且利用你这个地方、你这些人在当今国内外市场上最值钱的方面去合法地找钱，使你在与别的地方、别的人花同样成本、同样力气的情况下，却能够创造出比别的人更高的价值，获得更多的收入——说白了，就是这么一回事。

再说得直白一些，发展农村特色经济就是要让农民少走弯路、直抄近路奔向市场、奔向富裕——就这么简单！

思考与讨论

(1)你认为发展农村特色经济有什么好处？

(2)发展农村特色经济的根本是什么？是不是“找到比较优势，发挥比较优势”？

38　请谁来搞特色经济

问题

农村发展特色经济，应该选哪些人来带头？

金观念

选好带头人，
农村特色经济才能成功

在农村发展特色经济，开发特色产品，关键是人才。

有了人才，才能寻找到资金与技术，才能找到市场，才能实现从特色资源到特色商品的飞跃。

所以，在各地农村发展特色经济时，谁来搞特色经济，始终是一个大问题，也是一个难题。

那么，究竟“谁”最适合搞特色经济，应该让谁来搞农村特色经济呢？

第一个回答就是农民，当地农民。

因为他们熟悉农村，拥有特色资源和一定的农业生产技能，有脱贫致富的强烈欲望，当然应该是发展农村特色经济的主体，是特色经济发展的重要受益者——这个回答无疑是正确的。

但是，光有这个回答又还不够。

因为发展农村特色经济需要资金、技术、人才，需要市场供求信

息。一句话,需要具有创业的强烈欲望,有能够承受市场风险,把握市场风浪,让自己的商品在市场上赢得利润的能力的企业家。

毋庸置疑,目前,许多农民还不具备这种能力;相当一段时间内,也不可能让绝大部分农民获得这种能力。

所以,发展农村特色经济,农民必须要有人带领。

事实上,我们也看到,在许多地方都出现一个能人搞起一个项目,带动一片许多农民脱贫致富奔小康的事例。

这种能人,才是我们强调的农村发展特色经济特别短缺的人才。

这些能人是从哪里来的呢?或者,换句话说,下一步我们该从哪些地方去寻找和发掘这类人才并鼓励他们创业呢?

有四个方面值得特别重视:

一是农民中的佼佼者,包括农民中市场意识特别强的人和那些率先走向城市、走向市场,见过世面,经历过市场经济风雨洗礼的人。例如外出打工返乡者、复员军人、家在农村的城市职工,甚至包括农村长大在外接受各类教育的农村青年等——这叫就地取材。

二是国内外的企业家,这一般都要求有较大优势、较大规模、特色鲜明、利润可观的资源,相对困难一些,但引进一个就能带动一大片,也值得下功夫。

三是农村基层干部,包括县、区、乡镇干部和部分村社干部,这些人熟悉农业、农村、农民,又见过世面,了解城市,接受新事物快,有知识、有胆量、有经验,有一定的组织管理能力,只要创造条件和机会,在发展农村特色经济上,他们是可以大有作为的。

四是城市里的中产阶层(严格地说也包括那些提前退休、提前离岗的人群),引进这些人,第二次"上山下乡",二次创业。这些人有知识、有能力、有资本、有创业欲望,农产品生产、加工行业的技术对他们来说并不算复杂。通过这次创业,既增加他们的财富,解决他们在城市以外的另一套住房,提高其生活质量,于他们自己有利;又推动农产品生产、加工行业的发展,进而带动农村发展、农民增收,于国有功。

在上述四个方面的人才中,前些年比较重视的是前两个方面,这是对的;但是,从长远看,后两个方面在今后将发挥更加长远的作用,决策部门应该考虑,从制度上给予鼓励。

当前,各地强调得比较多的是农民进城,这很对,但只是单向流动;其实,同时也应该鼓励城里人下乡创业,这就形成双向流动。以此实现城市对农村发展的拉动和推动。

这是因为根据中国农村的实际情况,中小规模的特色经济项目将占绝大多数,上述两类人量大面广,创业欲望强,知识结构合理,潜力大,足以担当重任。

另一方面,基层干部分流一举两得:有利于农村特色经济发展,有利于精简机构;城里的中产阶层和其他人士下乡发展特色经济也将是双赢格局。

这里,值得郑重推荐的是江西赣南发展脐橙产业的积极探索*,该地在发展脐橙产业时,大胆出台政策,鼓励机关企事业单位干部职工和城里的个体工商户下乡参与脐橙种植,推动了当地脐橙产业高速度、高水平的发展。

这一招,首先使赣南成为全国闻名的"脐橙之乡",特色产业立了起来;其次是开发利用并绿化了荒山,变荒山这一闲置资源为财富之源;再次是一大批果园主因此致富,进入中产阶层行列;同时,农民进入果园打工也扩大了就业、增加了收入。一句话,整个社会因此受益了。

这是颇能给人启发的,各地农村都应该考虑利用荒山、荒地、闲置土地、林地、水面和其他资源发包——这样一个发展农村特色经济的好机会,明确地界、界定产权、确定使用权,公开招标,以便吸引和鼓励城里的资金、技术、人才流向农村,推动农村特色经济发展,带动农业、农村、农民发展。

当然,也有些朋友对此有不同看法,主要就是如何让当地农民和这些人一起分享发展成果的问题。这是一个需要高度重视的问题,涉及如何处理"公平与效率"关系中的"公平"问题,关系社会稳定;但公平问题完全可以通过制度安排、通过先富者带动其他人群来解决的。

其实,对于欠发达的农村而言,首要问题还是先把蛋糕做大,而且“做大”与“分享”也不是截然对立的事,只要秉持公平的理念、在制度上(具体说在合同上)作好安排,公平与效率完全可以兼顾。只是,决不能一开始就因噎废食。

也许,在这一点上我们仍然需要重温小平同志的名言:发展才是硬道理。

农村不发展,中国就不能健康发展。

科学发展,全面、协调、可持续发展都是发展。

不发展,就没有道理。

* 多丰,冼平. 赣南橙香. 人民日报,2004-11-6

思考与讨论

(1)在你周围的农村特色经济带头人主要由哪些人构成,各种人占的比例有多大?

(2)你如何看待城里人下乡创业,你觉得在鼓励农民进城的同时该不该鼓励城里人下乡创业,形成双向流动?

(3)为了吸引更多的人才参与发展农村特色经济,需要采取哪些特殊的政策?

39 特色经济的坚实基础

问题

发展农村特色经济的基础是什么？

金观念

说说特色经济的基础

前不久，有读者问我，现在一天都讲“农村特色经济”，为什么要搞农村特色经济？农村特色经济会不会又是那种流行、时髦而又来去匆匆的口号？

这是一个非常专业的问题，按说应该由经济学家来回答。我不是经济学家，只是一个长期关注“三农”问题的记者。但是，既然读者问的是我，我也不好让读者失望，只能谈谈我个人对特色经济的理解。

我认为，发展特色经济不是一句简单的口号，而是一种选择，是人类严格按经济规律办事，高效率利用地球表面的自然环境和人类文明进化积淀的成果，从而实现地球各种资源效用最大化的最佳选择。

特色经济是有坚实的基础的，它起码包括自然、生物、人文、市场、消费心理和经济理论基础。

第一,特色经济的自然基础是全球各地多姿多彩各不相同的地理环境和气候条件。

我们人类生活的这个地球在45亿多年的演化过程中,在太阳、水、火和地壳运动等多种因素的作用下,形成了地球表面千姿百态的物理形状、千奇百怪的化学元素组合和储藏、千变万化的地球各地气候——有大海、大江、高山、平原、沙漠、海岛;有常年积雪、有终年炎热,还有各不相同的矿藏。这些不同的环境本身就适宜于形态不同且各具特色的人类经济活动:江河湖海宜于渔,草原宜于牧,山岭宜于猎,平原宜于耕作。如果再把环境细分、产品细分,则经济活动的特色就会更鲜明。

第二,特色经济的生物基础是世界生物的多样性。

生物多样性内涵比较广,主要包括遗传、物种、生态系统和景观的多样性。据估计,全世界约有31万到42万左右的植物品种,动物约有110多万种,微生物至少有10多万种。

这些植物、动物、微生物中,有许多对人类有经济价值;不过,这些植物、动物、微生物并不是普遍地均匀分布在世界各地,而是只生长在适宜于它们各自生存的特殊环境里。

这就决定了有许多对人类有经济价值的产品,都是只在地球的某些地方生产才能品质最高而成本最低,强制性地把只适宜A地生长的某一种产品移植到B地或者C地,要么不能存活,要么产品产量或者品质下降而成本上升。因此,最经济的办法就是A地、B地、C地各自生产本地最适宜也最有特色的产品,然后按价值规律互相交换产品。

第三,特色经济的人文基础是不同地方的人群在文明进化过程中形成的历史文化差异性和丰富多样性。

由于如前所述的地球环境的多样性、生物多样性和生态系统多样性的影响,生活在地球表面不同地方的人群,在几百万年的进化过程中,在对不同的地理、生物和生态系统的适应、开发、利用过程中形成了各不相同的种群,并且形成了各自独特的生产和生活方式,创造出了相互间差异极大的文明,这就是人类种族、文化、历史、

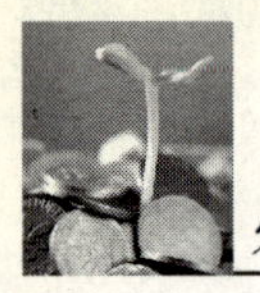

宗教的多样性和差异性。这种差异性也不可避免地反映在人类的经济活动中,反映在相当一部分经济产品上,并且赋予产品以文化特色。

例如,同样是酒,中国的茅台、英国的苏格兰威士忌、俄罗斯的伏特加、墨西哥的龙舌兰酒、日本的清酒、德国的啤酒,不仅有各自独特的风味,还都带有各自地域、生物和民族文化特色。

第四,特色经济的市场基础是全球经济一体化造成的世界大市场。

在当代,由于科学技术的进步,现代化的交通、通讯工具已经把世界各国更加紧密地联在一起,成为“地球村”;加上全球贸易的增长,跨国公司的作用,资金、技术、人才在全球的流动,经济全球化已经成为席卷全球的浪潮。在这样一种状况下,各国只有充分发挥自己的比较优势,生产自己有比较优势和特色的产品,才能在这世界大市场上占据一席之地,才能在竞争中立于不败之地。

第五,特色经济的消费心理基础是世界各国消费者不断增长而又日趋丰富多样的物质与精神需求。

随着生产力的发展,随着物质产品的日趋丰富,越来越多的消费者希望产品在满足人们的物质需求的同时还能满足人们的精神或者审美需求、拓展人的体验。所以,各国消费者越来越看重产品的特色、看重产品的文化意蕴。为什么城里人要去偏僻的地方旅游,发达国家的人要去穷国旅游,就是一种拓展体验,丰富精神生活的需要。

第六,特色经济的理论基础是经济学关于国际分工国际贸易的比较优势理论。

关于这一点我只能点到为止,因为我在前言里说过,本书不进行任何理论推演;有兴趣的读者可以去读亚当·斯密《国民财富的性质和原因研究》、大卫·李嘉图的《政治经济学及赋税原理》和约翰·斯图亚特·穆勒的《政治经济学原理》,或者直接向经济学家请教。

相关链接

中国——“巨大多样性国家”，农村特色经济最有力的支撑

有的人对农村特色经济有疑惑：我们这么大个国家，要是都搞“一村一品”、甚至“几村一品”，哪里有这么多不同的、各具特色的品种？

应该说，这个问题问得很现实。

不过，要是听了中国工程院院士、中国生物多样性保护基金会常务副理事长、著名环境生态学家金鉴明先生对我国生物多样性的介绍*，你就会打消疑虑，转而考虑另外一个问题：如何保护我国宝贵的生物多样性了。

按照金先生的介绍，我国是地球上生物多样性最丰富的国家之一。在地球上100多个国家和地区中，有12个国家，它们所拥有的物种类群加起来，占到世界生物总类群的70%；这些国家被称之为“巨大多样性国家”，我国就是这12个国家之一，排在第八位。

我国丰富的生物多样性体现为“五多”：

一是生态系统类型多。我国幅员辽阔、地形地貌和气候纷繁复杂，从而造就了我国丰富多样的生态环境。不算淡水和海水生态系统，仅陆地生态系统，据初步统计，我国就有599种类型，其中森林212类、草甸77类、沼泽37类、草原55类。

二是高等植物多。我国拥有高等植物32 800种，就高等植物的拥有量而言，我国仅次于巴西、哥伦比亚，居世界第三。我国还是世界上裸子植物最多的国家。

三是动物种类多。我国拥有脊椎动物6 347种，其中特有物种667个；我国有鱼类3 862种，占世界总数22 037种的17%以上；鸟类1 244种，占世界总数9 198种的13%以上。

四是特有属、种多。由于我国的国土有着极其古老的地质历史，加上第四纪冰川对这片土地的影响不大，所以，在这里保存着许多特有属、种动植物，其中包括属于古特有属、种的孑遗动植物如号称活化石的珍

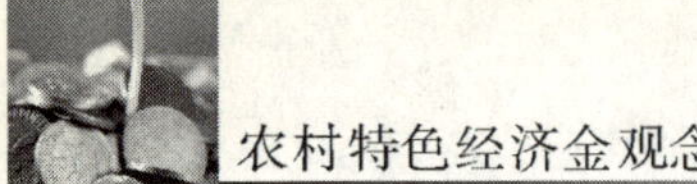

稀动植物大熊猫、白鳍豚、水杉、银杏等，以及新特有种的动植物。我国拥有特有高等植物 17 300 种，占我国高等植物品种总量的57%。

五是栽培植物和家养动物多，多到在全世界堪称独步天下。这是由中华民族长期的农耕文明史和聪明才智决定的，我国共有家养动物品种和类群 1 900 多种，水稻地方品种 50 000 多种，大豆品种 20 000 种，经济树种 1 000 种以上，我国的栽培和野生果树种类总数居世界第一位。我国还有药用植物 11 000 多种，牧草 4 200 多种，以及原产于我国的重要观赏花卉 2 200 多种。

正是如此丰富多样的农作物、家畜品种及其至今仍保有的野生原型和近缘种，构成了我国巨大的遗传多样性资源库，为我国农村发展特色经济奠定了坚实的物种基础。

最后，特别令人警醒的是，我国不仅是生物多样性最丰富的国家之一，也是生物多样性受到威胁最严重的国家之一：在《濒危野生动植物种国际贸易公约》（CITES）中列出的 640 种世界濒危物种中，中国 156 种榜上有名，占 24.4%。这说明，由于缺乏保护生物多样性的意识和措施，人类的活动、不当的开发、外来物种入侵等因素，已经严重损害我国的生物多样性。要知道，物种一旦消失，就永远也找不回来了，而消失的物种很可能关系人类的未来。

为了人类、为了我们的子孙后代，我们必须重视和加大力度保护我国的生物多样性，在保护的基础上进行科学的、可持续的开发利用。

＊邹俊．生物多样性与中国．国际生物多样性日专刊，引自中国生物多样性保护基金会网站

思考与讨论

（1）了解发展农村特色经济的这些基础以后，你对特色经济的前景有什么新认识？

（2）把上述植物、动物、微生物品种进行有选择的排列组合，可以创造多少种对人类有价值的、差异化的商品？

（3）当你知道特色经济有这样坚实的基础后，还担心“一村一品”有那么多花样做吗？

40 特色经济深浅一探

问题

什么是农村特色经济？

具备哪些条件就能够称为农村特色经济？

金观念一

话说农村“特色经济”（上）

什么叫农村特色经济？

这是一个难以用简单的话语下定义的问题，也是一个没有权威的、公认的现成答案的问题。

我为此查找许多经济学书籍，经济学家对此有一些论述、说法。但是，却没有一个确定的、大家认可的权威定义。

我曾经若干次在互联网上用搜索引擎搜索相关内容，如“什么是农村特色经济”、“农村特色经济定义”之类，搜索的结果是给农村特色经济下定义的内容一项也没有。

其中一次，是在凌晨一点过，当时，我搜索“农村特色经济”这词组，得到1 510项结果，我逐项点开、一一检索，一直到第424项，没有发现我要找的内容。其余的条目，据说是因为与这第424项内容相同而被电脑自作主张省略了。

我非常愤慨，跟电脑较上劲了，非要把被省略的条目纳入，重新搜索；这次一直查到最后一项——第992项，依然没有我要找的内容。

检索到的内容大致可以分为两类:一类包括党政官员讲话和文章、政府工作报告、提案议案,都是提倡大力发展农村特色经济的内容;另一类是报道各地发展农村特色经济获得成功、取得成果的。

更有意思的是,在搜索引擎上输入"特色经济"这个词组,得到144 000项检索结果,输入"特色经济理论"这词组,却只有33项结果,省略掉相同内容后,只有16项。

这说明:首先,农村特色经济的优越性已经为越来越多的地方认识,发展农村特色经济已经成为许多地方、许多人的共识;其次,各地发展农村特色经济的实践已经远远走在理论的前面,已经创造出许多辉煌的成就,亟待专家们总结、上升到理论层面,以便更好地指导实践。

当然,也有经济专家对这问题作了一些研究,有一些论述。

我学习了其中一部分专家的论述,觉得把其中一些专家观点概括起来,变成普通读者都能理解的大白话,大约可以从以下四方面理解"特色经济"。

一是要充分发掘当地资源的特色禀赋,展现其独特性。这个资源从大的方面说,包括自然资源、社会资源、文化资源;更具体一些,凡可以利用起来合法地为人类创造财富的一切东西:植物、动物、矿物、微生物、景物、文物、人物、食物、器物、玩物、关系、技能等,重点在发掘其特殊性。

二是充分利用资源的特色优势,运用各种现代加工技术、结合市场需求,创造出适应现代消费者需要的、独具特色的、有竞争力的产品。

有了优势,还要善于把它变成有特色、有竞争力的产品;而且,这种特色,应该与地域性的资源、传统、文化有关,靠特色增强产品的竞争力。

广西巴马瑶族自治县,身体健康的百岁老人比比皆是,是有名的长寿之乡,这当然是宝贵的资源,但是怎么样把资源变成产品呢?有企业想出办法,利用当地土地、水等资源种植蔬菜,然后把蔬菜以"长寿菜"的品牌销售出去,这就把资源优势变成了特色产品。

再以茅台酒为例，当地那独特的土质、水质和微生物群落，是酿造酱香型白酒的独一无二的环境，用这环境来生产醋、生产葡萄酒甚至生产其他香型的白酒，都不如生产酱香型白酒那么有特色、有竞争力。也就是说，只有生产酱香型白酒，这里独特的土质、水质和微生物群落组合的优势，才能得到最充分的发挥，因而生产出最具特色，最有竞争力的产品。

三是借助特色优势取得了好的比较收益的。由于特色经济是建立在充分而又合理地利用当地自然、经济、社会人文优势资源基础上的，因而能以最小的劳动消耗，获得最大的收益。换句话说，优势和特色最后要反映在经济效益上，正因为发挥了优势，所以和生产其他产品比，特色经济应该是比较效益最好的。

四是以上三方面都是在与别的地方或者别的产品比较中显现出来的，所以，特色经济的"特色"，只有把局部和个体放在全局中，以开放的视野，通过对比才能展现出来。

金观念二

话说农村"特色经济"(下)

那么，具备哪些基本条件，才能够发展成为农村特色经济呢?

按照一些经济学家的说法，一个地方农村的一种特色资源，要变成一种有特色的商品，进而形成农村特色经济，一般来说，应该具备以下四项基本条件：

第一，起码是在销售范围内与同类同档次产品进行比较，产品的品质应该具有优势。

这道理比较好理解：套用一句经常用的话就是"人无我有"——这样东西，既然别人无而独你有，那就"物以稀为贵"、皇帝的女儿不愁嫁了。

或者"人有我优"——虽然大家都有,但是我的产品品质特别好。例如,如果某地生产的大米特别香、别的地方的大米都赶不上(例如泰国香米),那么,这就是你的独特优势,你就可以充分利用这个优势,大量生产这种米,占领广大的市场。

那么,是不是这个世界上有了泰国大米,其他地方都只好不生产大米了呢?当然不是。

这是因为,首先,泰国大米产量有限,不可能满足全亚洲广大的、各个层次的消费者的需要;其次,泰国大米从老远的地方运到各消费地来,价格已经变得相当昂贵,很多人买不起;再次,大米是大多数亚洲人的主食,天天都离不得,也没有什么强有力的物品可以替代大米,需求弹性很小。

所以,"人有我优"是有限制的,并不是非要在全世界优、绝对优;只要在比较范围内优、相对优就行。因而,各地农民生产的大米,并不一定要和泰国米比,而只需要和销售范围内的其他同档次的米比较就行。

如果你这个地方生产的大米,成本和周围地方的大米一样,但品质却比他们的大米都好,不仅在本村本镇,而且在本县范围是最好的,那你就可以大胆扩大规模,力争占领本县市场。而如果你的米在周围几个县都算是最好的,就可以把种植面积再扩大,产量再提高,力争占领周围几个县的市场。

第二,如果是生产品质相同或者接近的产品,你的产品成本应该比同类产品要低。

这个道理和上面一点其实是一致的,那就是既然声称有优势,那优势就要具体地在经济活动中体现出来,要么体现在产品品质上,要么体现在产品生产成本上。在成本上的表现,就是生产同样品质的产品,投入比别的产品低,反映在产品的价格上,自然也比别的产品低。

第三,这种产品的产量必须能够形成一定规模。

这就是说,生产的产品除满足当地人的消费外,必须有一定经济规模,能够满足一定规模的外地消费者需要,起码能够支撑一家企业进行规模化生产,获取合理利润。

例如，某村附近有一股矿泉水，含丰富的微量元素，当地人饮用这矿泉水后，身体强健、很少生病——但是，这矿泉水流量极小，仅仅能够满足当地几户人生活所用，这就无法形成规模化生产，也无法形成特色经济。

除非这种矿泉水具有特殊的治疗效果，有极高的价值，能够吸引外地人不计成本赶到当地消费；或者，当地人宁愿喝外地运来的水也要省下这矿泉水赚钱，而这矿泉水又因为其特殊的品质，可以卖出特别高的高价。

否则，即使是作为高级瓶装矿泉水出售，这资源也无法达到经济规模，无法吸引企业投入资金、购买设备、装瓶销售。

第四，产品还应该有一个经济合理的运销范围。

这里，一方面是说产品不仅在生产地有市场，还应该在一定范围内拥有市场、拥有消费者群；另一方面，是说产品的成本，加上运达消费市场所在地的运费后，仍然应该低于当地同类产品的成本，这样，才有市场竞争力。

思考与讨论

(1)你觉得文中这样定义农村特色经济准确吗，有没有更好的说法？

(2)上述这些基本因素能够大致划定农村特色经济的范围吗？

(3)你觉得做这样的界定对指导农村特色经济实践有何价值？有意义吗？

参考文献

1 周起业,刘再兴,祝诚,张可云. 区域经济学. 北京:中国人民大学出版社,1989

2 史忠良,肖四如. 资源经济学. 北京:北京出版社,1993

3 韦伟,王健,郭万清. 中国地区比较优势分析. 北京:中国计划出版社,1996

4 刘再兴,刘天福. 如何发挥地区优势. 北京:中国农业机械出版社,1983

5 周起业. 西方生产力布局学原理. 北京:中国人民大学出版社,1987

6 于光远. 经济、社会发展战略. 北京:中国社会科学出版社,1984

7 童大林. 黄金国土. 北京:中国经济出版社,1988

8 王文长. 李曦辉. 李俊峰. 西部特色经济开发. 北京:民族出版社,2004

9 张丽君. 李澜. 西部开发与特色经济规划. 沈阳:东北财经大学出版社,2002

10 [日]平松守彦著. 郭常义译. 地方精神的闪光. 南京:南京大学出版社,1994

后记

2005年10月15日深夜2时17分——准确地说是10月16日，10月第三个星期日的凌晨，我在电脑屏幕上改完这本书的最后一个字。

然后，两手一甩、身子往后一仰，长长地吁一口气：终于、终于、终于写完了！

从几年前萌生这个念头到现在，好也罢，差也罢，终于可以交卷了——向农村的父老乡亲、向一再鼓励我的朋友和帮我收集资料、抄稿件、录入、校对的亲人们！

最早，只是为农业从业人员和农村干部写一些农村特色经济的小言论；2002年以"农村特色经济深浅谈"专栏的形式，在《重庆日报》陆续见报30余篇以后，却得到好些农民和农村基层干部的肯定和鼓励；再加上目睹农村经济结构调整中出现的一些问题，我发现，一方面农村缺乏这种普及社会科学的读物，另一方面，专家们因为专业太繁忙又无暇顾及。于是，就不知天高地厚地干了起来。

由于琐事缠身，只能断断续续地写，挤时间写。

本来也没打算写这么长，只是到后来已经刹不住车，虽从结构上猛砍，但字数仍然从原定的10万字一直往上冲，截稿时间也一拖再拖。令人欣喜的是，在本书杀青之际，党的十六届五中全会描绘了建设社会主义新农村的宏伟蓝图。"生产发展、生活宽裕、乡风文明、村容整洁、管理民主。"——这20字目标无疑将给中国农民生活和农村面貌带来翻天覆地的变化，这也给了我巨大鼓舞。本书作为一块小小的"砖头"，希望能砌进"社会主义新农村"的大厦里，为新农村建设贡献一份绵薄的力量。

这本书写得最困难的还是涉及经济理论的部分，我不是学经济的，这些年因工作需要读了些经济学书籍，但靠这点经济学知识要完成本书特色理论部分的写作，显然还有差距，只好边写边学、边学边

写，热炒热卖，错误在所难免，还请专家指正。

至于时间花得最多的，却是在知识产权方面。

作为读书人，我尊重每一位作者的创造性劳动和劳动成果；所以，凡直接引用别人的作品，我都注明作者与篇目。即使没查找到作品的作者是谁，也说清楚。

更进一步，对于本书各篇文章中转述别人作品的重要事例、重要论点，我也希望一一标明出处。但是，由于好些文章是几年以前写的，我又丢三落四，一些原始资料找不到了；虽然动员家里人都来查找，也没有完全找齐，可能仍有部分遗漏。在此，谨向这些作者致歉！请原谅，我绝无厚此薄彼之意。

总之，我要对我直接或间接引用过的作品的作者表示由衷感谢——谢谢你们的创造性劳动！

本书能顺利出版，还要感谢重庆大学出版社的张鸽盛、谢晋洋先生，他们从一位朋友处偶然得知本书书稿的存在，当即表示了强烈的出版意愿，并给予优惠的条件——我觉得，他们看重本书的根本原因是想为农民做一点实事。梁涛女士和姚正坤先生对书稿反复打磨，对书的装帧、版式精心设计，使这个"丑媳妇"能以目前这副还算端庄的形象见读者，其责任心和敬业精神令人感动、令人钦佩，在此一并致谢！

最后，还要对拨冗阅读本书的读者表示由衷感谢——如果你肯硬着头皮坚持读到这里，领受这份谢意的话——在这个信息爆炸、信息泛滥的时代，您把自己宝贵注意力的一部分投放于这本小书，本身就是一种关爱，谢谢了！当然，更欢迎批评和讨论！

张小良

E-mail：zxl7032@163.com

2005年12月28日